JN427148

# 비판과 해방의 철학

조항구, 변상출, 양종근, 김겸섭, 홍승용 공저

• 저자소개

조항구 - 경북대학교 철학
변상출 - 대구대학교 독문학
양종근 - 대구대학교 영문학
김겸섭 - 대구대학교 독문학
홍승용 - 대구대학교 독문학

발　행 | 2013년 12월 30일
지은이 | 조항구, 변상출, 양종근, 김겸섭, 홍승용
펴낸이 | 김덕진
펴낸곳 | 열린길
경북 경산시 진량읍 대구대로 201
전화 053) 850-5661~3 | 팩스 053) 850-5669
http://press.daegu.ac.kr/
등록 | 2007년 4월 19일 제2007-3호
찍은곳 | 동아문화사
ISBN 978-89-964981-5-5-04300
정가 | 13,000원

# 비판과 해방의 철학

•들어가며

인간은 불행해지고 죽는 것보다 행복하게 사는 것을 원한다. 또 누구나 행복하게 살기 위해 자신의 처지에서 할 수 있다고 여기는 일들을 무엇이든 하려고 노력한다. 이러한 노력의 인류사적 성과는 엄청나다. 과학기술은 과거 인류가 꿈꾸던 것들을 무엇이든 실현할 수 있을 기세이며, 자유, 평등, 인권, 민주 등의 이념은 지구촌 어디서나 사회생활의 원리로 통용되는 듯하다.

그런데도 인류의 압도적 다수는 공평한 사회에서 자아실현을 추구하며 행복을 누리기보다, 소외된 노동에 시달리며 살아남기에 급급한 실정이다. 특히 신자유주의적 무한경쟁구조가 전 지구를 뒤덮어 버린 이후, 누구도 이 미친 듯한 생존투쟁의 흐름에 제동을 걸겠다고 감히 나서기 어렵게 되었다.

그럴수록 이러한 흐름에 맹목적으로 따르지 않으려는 비판적 사유의 역할은 지대해진다. 오늘의 인류사회를 압박하고 있는 불행이 주로 인간의 손으로 만들어지고 있다는 판단 하에 불행의 원인을 구체적으로 밝혀야, 불행의 끝없는 재생산을 막을 발판을 마련할 수 있을 것이다. 이 점에서 비판은 해방의 전제조건이라 할 수 있다.

우리는 절대다수의 불행이 개인 차원에서 결코 해소될 수 없고, 사회적 조건들을 바꿈으로써만 근본적으로 해결의 실마리를 얻을 수 있다는 공감대에서 출발했다. 헤겔과 맑스, 루카치와 프랑크푸르트 학파 이론가들, 알튀세르와 지젝, 들뢰즈와 가타리 그리고 네그리 등 수많은 사상가들도 이와 같은 원칙에 입각해서 나름으로 문제를 심도 있게 진단하고 해결책들을 제시해 왔다. 물론 원론적인 해결방향이 일치한다고 해서 해답도 동일하리라고 기대할 수는 없다. 우리는 그들의 다양한 성과 못지않게 한계에도 주목하고자 했다. 우리의 입장에서 우리 문제를 푸는 데에 그들의 이론을 참조하면 되지, 그들의 추종자가 될 필요는 없다고 판단했기 때문이다.

그럼에도 불구하고 우리의 텍스트는 본래의 야심과 달리 이들 사상가의 영향권에서 별로 벗어나지 못했다. 그만큼 우리의 문제가 한국 사회만의 특수성에 국한되지 않고 세계사적 보편성에 기인하는 부분도 있을 터이나, 본질적으로는 우리 필자들의 부족한 역량 탓이라고 할 수 있다.

그래도 우리는 오늘의 사회적 불행을 비판적으로 꿰뚫어보고 해방적 대안을 찾고자 하는 우리의 노력이 무의미한 탁상공론은 아닐 것이라고 자부한다. 본 텍스트에서 충분히 전개하지 못한 채 남겨놓은 화두들의 풍부한 의미를 채워가는 일은 필자들과 독자들 각자의 향후 숙제로 남겨둔다.

2013. 5.

비판과 해방의 철학 필자 일동

## •차 례

1

# 주인과 노예의 변증법

조 항 구

## 변증법의 철학자 헤겔

헤겔(Georg Wilhelm Friedrich Hegel)은 1770년 독일의 슈투트가르트에서 태어났다. 2500년 서양철학사에서 헤겔은 죽은 뒤뿐만 아니라 살아생전에도 가장 추앙받은 철학자로 꼽힌다. 그 이유는 그의 철학이 전 유럽에 대단한 위력을 발휘했을 뿐만 아니라 말년에 베를린대학교 총장까지 지내면서 자신의 학파까지 형성되었기 때문이다. 철학사로 보면, 헤겔은 칸트, 피히테, 셸링으로 이어지는 독일관념론의 마지막 주자이다. 그러나 헤겔은 이를 절정으로 끌어 올린 사람이면서 동시에 그의 사망(1831)은 근세철학사의 종결을 의미한다. 즉 헤겔이 사망하면서 현대철학사는 시작된다. 그래서 사람들은 모든 현대철학은 헤겔철학을 계승하거나 아니면 반대해서 발생한 것 둘 중 하나라고 말하기도 한다.

헤겔 사후 헤겔철학을 더욱 유명하게 만든 것은 무엇보다도 이 철학을 현실 변혁 이론으로 변용한 맑스의 공로라고 할 수 있을 것이다. 즉 맑스는 자신 사상에 헤겔의 변증법을 가져왔고, 이것을 다시 레닌이 볼셰비키혁명(1917)에 적용하여 성공함으로써, 결국 한동안 지구의 절반이 헤겔철학의 영향을 받았기 때문일 것이다.

헤겔은 13세 때 친모가 사망한 것, 37세 때 한 명의 사생아를 둔 것을 제외하고는 그의 인생은 전반적으로 순탄한 편이었다. 청소년 헤겔은 공부 열심히 하는 또래 학생과 다를 바 없는 평범한 학생이었다. 당시 일기장을 보면, 헤겔은 고대 그리스비극을 좋아했고 계몽주의를 찬양하되, 이미 이때부터 계몽주의를 개인의 교양문제가 아니라 공동체의 교양문제로 이해하고 있었다. 그러나 튀빙엔 대학교 동기이자 기숙사 동료였던 셸링과 비교하면, 헤겔은 대기만성형 인물이었다. 셸링은 헤겔보다 5살 어리면서도 대학교를 조기 입학할 정도로 천재였다. 셸링은 불과 23세 때 괴테의 추천으로 예나대학교 원외교수가 되어 명성을 날렸지만, 헤겔은 35세가 되어서야 예나대학교의 원외교수가 될 수 있었다. 그렇지만 헤겔이 37세 때 『정신현상학』을 발표하면서 상황은 역전되었다. 그리고 이 책에서 헤겔이 셸링의 이론을 비판한 이유로, 그들 간의 우정은 끝내 회복되지 않았다. 1831년 헤겔이 콜레라 때문에 61세 때 급서한 후, 셸링이 헤겔의 철학교수자리에 부임했다.

헤겔은 왜 철학자가 되었나? 헤겔은 처음에는 아버지의 권유로 목회자가 되기 위해 튀빙엔 대학교 신학부에 입학하였다. 이 때 신학공부의 일환으로 철학을 공부한 적이 있다. 대학 졸업 후 목회시보의 길을 가다가 아버지가 사망(1799)한 후 29세부터 철학에 몰두하였다고 한다. 그러나 헤겔은 왜 철학공부에 몰두하게 되었는지 그의 내면적 동기를 직접 밝히지 않았다. 다만, 헤겔이 그 이후 쓴 논문들을 보면 그 동기를 추측할 수 있을 뿐이다. 즉 헤겔은 「독일 헌법론 제1서문」, 슈튜어트의 국민경제학 연구 등의 정치경제적 주제에 관한 논문을 작성하고 있었다. 물론 이전에도 헤겔은 「뷔르템베르크의 최근 내정에 관하여」라는 정치적 논문을 쓰기도 했다. 게다가 헤겔의 최후의 주저가 정치철학인 『법철학』이고, 사망하는 해(1831)에 쓴 그의 마지막 논문이 「영국 선거법 개정안에 관하여」라는 것을 함께 고려하면, 헤겔이 철학 공부를 하게 된 동기가 주로 현실의 정치경제문제에 대한 관심이라는 것을 추측할 수 있다. 이렇다면 헤겔이 실존적인 개인 고민을 해결하고자 철학 공부를 했다고 보이진 않는다. 이 점에서 헤겔이 대학교 2년인 19세 때 프랑스대혁명이 발생하자 왜 그토록 열광했는지 이해할 수 있을 것이다.

'모든 개인과 마찬가지로 모든 철학이 그 시대의 아들'이라고 주장한 것은 바로 헤겔이었다. 그런데 헤겔의 유명한 이 말은 헤겔 자신의 철학에게도 해당되는 말이다. 헤겔철학이 탄생한 시대는 19세기 전반기의 유럽사회였다. 따라서 이 시대를 훑어보는 것은 난해하기 그지없는 헤겔철학을 잘 이해하기 위한 필요조건이라고 할 수 있겠다.

1806년 독일 예나에서 헤겔이 자신의 최초의 주저서인 『정신현상학』의 마지막을 쓰고 있을 때, 예나는 나폴레옹이 점령하고 있었다. 이 때 헤겔은 숙소 2층에서 말위에 앉아 거리를 행진하고 있던 나폴레옹을 직접 목격한 적이 있다. 당시 36세의 헤겔은 친구에게 보낸 편지에서 '세계정신'을 보았다고 썼다. "황제가 -이 세계정신이- 진지 정찰을 위해 말을 타고 거리로 진군하는 웅자를 보았습니다. 한 지점에 집결해서 말 위에 타고 있으면서 세계를 압도하고 정복하고 있는 이런 개인을 목격하는 것은, 무어라고 형언할 수 없는 기분입니다."[1]

1806년 독일의 예나전투 때 제국 근위대를 사열하고 있는 나폴레옹

1 강성화: 헤겔 「정신현상학」, 『철학사상』 별책 제3권 제17호, 서울대 철학사상연구소 2004, 5쪽.

그러나 그에게 나폴레옹은 단순하게 위대하기만 한 영웅이 아니었다. 이 세계정신은 파란만장한 역정을 거쳐서 그 안에 모든 모순, 역설을 가지고 이제 비로소 탄생한 것이었다. 나폴레옹이 등장한 배경에는 대학생이었던 19세의 헤겔이 열광했던 프랑스혁명(1789~1804)이 있었다. 따라서 프랑스혁명에 대한 이해는 헤겔철학을 이해하기 위한 필수조건이다.

시민들에게 공격받는 바스티유 감옥(장 피에르 루이 로렌트 휴엘 작, 1789)

프랑스혁명은 처음에는 절대왕정체제의 야만적 압제에 반대하여, 이성과 자연의 조화를 주장하는 계몽 철학이 주도하였다. 그러나 혁명전쟁이 끝난 후인 1792년 국민공회가 공화정(제1공화정)을 선포한 후 혁명은 종결되는 듯 했으나, 혁명은 예상치 못한 정반대로의 길로 나아갔다. 즉 비이성적 열정, 폭력이 지배하는 로베스피에르의 공포정치(1793)로 나아갔다. 폭력은 우선 국민공회 안의 두 세력, 자코뱅당과 지롱드당 간에 발생했다. 처음에는 로베스피에르의 자코뱅당이 지롱드당을 숙청하고 권력을 장악했으나 혁명은 또 다시 테르미도르의 반동(1794)으로 지롱드당이 주도하며 로베스피에르를 처형하고 총재정부를 수립했다. 그러나 즉각 이에 대한 반란이 일어났고, 이 반란은 군인 나폴레옹에 의해 진압(1795)되었다. 그런데 약 4년 뒤에는 나폴레옹 자신이 이 총재정부를 전복(1799)하고 통령정부를 수립해 스스로 제1대 통령으로 취임했다. 그러나 나폴레옹은 다시 자신의 통령정부를 무너뜨리고(1804년) 스스로 황제로 등극함으로써, 결국 혁명은 이 혁명을 야기했던 절대 왕정 체제와 같은 체제, 즉 원점으로 복귀했다. 이 같은 프랑스혁명이 겪어가는 정립, 대립, 반전, 통일(종합) 그리고 복귀는 바로 헤겔 철학의 핵심인 '변증법'의 구조와 같다.[2] 헤겔은 이처럼 복잡한 프랑스혁명의 흐름을 잘 '이해'하기 위해서는, 단순한 형식논리가 아니라 변증법적 논리로 '해석'할 필요가 있다고 생각했다. 이처럼 헤겔에게 변증법은 그 무엇에 대한 하나의 '기술' 방식이다. 즉 자연이든 사회이든, 그 대상이 무엇이든 간에, 변증법은 지나온 것, 즉 그것의 역사를 해석하는 방식이 된다.

---

2 T. Z. 래빈: 『소크라테스에서 사르트르까지』, 문현병 외 역, 동녘 1996, 214~215쪽.

프랑스와 달리 당시 헤겔의 독일에는 군주에 대적할 만한 강력한 시민계급이 아직 형성되지 않았기 때문에 프랑스혁명과 같은 시민혁명이 발생할 수가 없었다. 물론 프랑스혁명 직전부터 칸트(Immanuel Kant, 1724~1804)는 프랑스혁명이 표방하는 자유와 계몽의 정신을 독일 땅에서 철학적으로 표현하고 있었으나 이것 역시 현실에서가 아니라 관념의 세계에서만 실현된 것이었다. 이 점에서 헤겔 철학도 마찬가지인데, 어찌 보면 헤겔철학은 프랑스혁명의 이상을 독일의 현실에서가 아니라, 관념 세계에서 실현한 것이라고 할 수 있다.

헤겔 당시 독일은 실제로 혁명이 일어날 수 있는 물질적 조건들이 준비되지 않은 상태였다. 우선 독일은 정치적으로 통일된 국가체제를 갖추지 못하고 분열되어 있었다. 1806년 나폴레옹이 독일을 점령할 때까지 독일의 정식 명칭은 '독일 국민의 신성로마제국'이었다. 그러나 실제 독일의 내부는 민족 통일을 이루지 못하고 황제령, 선거후령, 공국, 대공국, 황태자령, 자치 도시들 등을 포함한 300개 이상의 군소 독립 영방(領邦)국가들로 분열된 상태였다. 이런 사정은 라인동맹(1806~1815)[3], 독일연방(1815~1866)[4]을 거쳐 1871년 독일이

3 1806년 독일을 점령한 나폴레옹이 주도하여 라인동맹을 결성했다. 라인동맹은 프랑스의 속국으로 프로이센 및 러시아와 프랑스 사이의 완충 지대 역할을 수행할 목적으로 독일의 중소 영방국가들을 결성시켜 만든 동맹체제이다. 나중에는 오스트리아 제국과 프로이센 왕국, 헤센 다름슈타트 대공국을 제외한 모든 독일 영방국가가 가맹하였다. 1815년 나폴레옹의 패전 후 해체되었다.

4 1815년 나폴레옹의 패전 후 비인회의에서 결정된 사항으로서 독일의 기존 영방국가들이 38개국으로 통폐합되어 결성된 것이다. 의장국은 오스트리아가 맡았으나 1866년 프로이센=오스트리아 전쟁이후 해체되었다.

처음으로 통일될 때까지 영방국가들의 수가 줄어가고 있었지만, 그 분열에는 변함이 없었다. 그래서 헤겔은 자신의 미완의 논문, 「독일 헌법론」(1799~1802)에서 "독일은 이제 국가가 아니다"라고 말할 정도였다. 경제적으로도 독일은 후진성을 면치 못했다. 각 영방국가는 관료조직 및 상비군의 유지, 사치스런 궁전 생활을 향유하기 위해 영방 내 도시민이나 농민들에게 과도한 조세를 부담시켜 중산 시민 계층으로 발전할 수 없게 했다. 즉 독일은 아직 봉건적이고 농업에 의존하고 있는 후진 사회였던 것이다.

이런 상황에서 대학생 헤겔이 친구인 시인 횔덜린[5]과 함께 '헨 카이 펜(hen kai pen)', 즉 '하나이자 모든 것'이라는, 조화로운 통일을 열망하는 구호를 외쳤던 것은 매우 당연한 일이었다. 이 구호는 BC 6 세기경 고대 그리스 철학자인 크세노파네스가 최초로 사용했다고 추정되며, 고대 그리스인의 세계관을 표현하고 있다.[6] 그런데 대학생 시절부터 헤겔은 횔덜린과 함께 분열된 독일의 극복 방안을 고대 그리스의 폴리스에서 찾고 있었다. 이들에게 고대 폴리스는 자유와 조화(통일)의 상징이었다. 헤겔은 이러한 고대 폴리스의 이상이 프랑스혁명을 통하여 유럽에서 성취될 수 있다고 생각했다. 독일의 자유와 통일에 대한 헤겔의 열망은 그가 51세에 출간한 주저인 『법철학』에서도 개진된다. 그런데 이 책에서 다룬 '통일'은 더 이상 독일의 정치적 분열뿐만 아니라, 막 대두되기 시작한 근대 시민사회의

---

5 헤겔, 횔덜린(Friedrich Hölderlin, 1770~1843), 셸링(Friedrich Wilhelm Joseph Ritter von Schelling, 1775~1854)은 튀빙엔 대학교의 같은 기숙사 방에 기거했다.

6 澤田章: 『헤겔의 哲學과 思想』, 이종한 역, 문조사 1986, 97쪽.

분열의 통일도 포함하고 있다. 헤겔이 파악한 시민사회의 문제점은 심화되는 빈부격차문제였다.

그런데 여기서 '헨 카이 펜'은 당시 독일에서 아직 성취된 것이 아니기 때문에 당연히 철학자 헤겔의 희망, 요청이었다. 만약 이 요청을 변증법이 표현한다면, 이 변증법은 하나의 처방적(prescriptional) 진술이 된다. 즉 변증법은 지나온 것, 역사를 단순히 전개, 기술하는 방법을 넘어서, 헤겔 자신의 정치적, 철학적 이상을 요청하는 '당위'를 표현하는 수단이 되기도 한다.

## 주인과 노예의 변증법

헤겔을 유럽 학계에 두각을 나타내게 한 책이 바로 『정신현상학』이다. 혹자는 이 책이 인간이 만든 책 중에서 가장 어렵다고 한다. 그럼에도 이 책은 헤겔철학에 호의적인 자들에겐 가장 위대한 철학책이라고 평가받기도 한다. 특히 이 책은 헤겔 저작 전체, 즉 '체계'의 서론 역할을 하기도 한다. 이 책의 부제, 즉 "의식의 경험의 학"이 말해 주듯이, 이 책은 의식이 형성되는 역사를 서술하고 있다. 이 역사는 의식이 대상들과 자신이 맺는 모든 형태의 관계들을 통과하여, 결국 '절대지'에 도달하는 과정을 담고 있다. 이 절대지에서 주체와 객체는 완전히 통일된다. 이로써 정신은 자기 자신을 명확히 드러내게 되는데, 이것이 이 책의 목표이다. 인류 자신과 대상 세계에 대해 인류가 도달해 온 확신으로의 길을, 의식이 함께 걸어감으로써, 의식은 정신으로 발전하는 것이다.[7] 요컨대, 절대정신 자신이 의식부터 출발해 절대지에 도달하는 자신의 도정을 되돌아보는 것이 『정신현상학』이라고 할 수 있겠다.

『정신현상학』은 헤겔 변증법의 보고(寶庫)로 알려져 있다. 맑스는 이 책을 헤겔철학의 '참된 출생지'로 묘사한 적이 있는데, 이것은 이 책의 '주인과 노예의 변증법' 부분을 염두에 두고 한 말이다. 『정신현상학』은 서문(Vorrede), 서론(Einleitung), A. 의식, B. 자기의식, C. (AA) 이성, (BB) 정신, (CC) 종교, (DD) 절대지로 구성되어 있다.

주인과 노예의 변증법은 'B. 자기의식'의 장(章)에 서술되어 있다. 그 앞의 'A. 의식' 장에서 의식의 대상은 의식 밖에 있는 대상이다. 따라서 여기서 의식은 '대상의식'이다. 대상의식은 감성에 지배되는 '대상 지향적 의식'이다. 대상의식은 3단계 의식으로 구분되어 전개된다. 즉 대상을 감성적으로 확신하는 의식(감성적 확신), 대상을 지각하는 의식(지각), 대상세계의 법칙을 인식하는 의식(오성)의 단계로 전개된다.[8]

그러나 이 과정에서 의식은 자신이 대상을 의식하고 있는 것이 아니라, 결국 자기를 의식하고 있다는 것, 즉 '자기의식'임을 알게 된다. 이것은 어떤 의미에서 그렇다는 것인가? 여기서 헤겔은 칸트의 인식론을 염두에 두고 있다. 헤겔에 의하면, 대상세계, 즉 자연세계의 법칙을 인식하는 오성은 자신 밖의 타자를 인식하는 것으로

---

7 F. Volpi (Hg.): Großes Werklexikon der Philosophie, Bd.1, Stuttgart 1999, 637쪽.
8 강성화: 앞의 글, 39쪽.

생각하지만, 칸트의 "순수이성비판이 주장하는 반성은 대상의 조건, 즉 자연의 조건이 이 자연에 대한 인식의 조건 자체"이기 때문에, 결국 "오성은 자연을 파악할 때 결국 자기 자신을 파악하는 셈이다." 다른 말로 설명하면, 나의 오성이 대상을 오성의 형식에 맞추어서 구성하여 내 안에 두고 이것을 대상으로 인식하기 때문에 결국 나는 나 자신을 인식하는 것이다. 따라서 "세계는 의식이 자기 자신을 발견하게 되는 '거대한 거울'이다."[9]

'B. 자기의식'의 장도 3단계, 즉 "a) 자기확신의 진리, b) 자기의식의 자립성과 비자립성－지배와 예속, c) 자기의식의 자유 : 금욕주의, 회의주의 및 불행한 의식"으로 전개된다. 앞의 'A'장에서 대상의식은 결국 자기의식이라는 것이 확인되었다. 자기의식은 자신의 의식을 반성할 수 있어야만 존립하게 되는데, 이 점에서 인간이야말로 자기의식을 가진 존재이다.

'B. 자기의식'장의 'a) 자기확신의 진리'는 우선 '욕구하는 자기의식'을 다루고 있다. 헤겔에 의하면, 자기의식은 자기 자신의 존재를 의식하기 위해서 '욕구'를 가지지 않으면 안 된다. 욕구는 가장 기본적이고 직접적인 자기의식의 형식이다. 그러므로 이런 자기의식의 형식을 헤겔은 '자기확신'이라고 표현한다.[10]

---

9 J. 이뽈리뜨: 『헤겔의 정신현상학 I』, 이종철 외 역, 문예출판사 1994, 179~180쪽. 혹은 이렇게 설명할 수도 있을 것이다. 즉 대상에 대해 적극적인 대상의식은 자기의 대상에 대해 언어를 대응시킨다. 이 언어는 개념으로 표현된다. 그런데 이 개념은 바로 대상의식 자신이 생산해낸 것이고, 대상의식은 이 개념을 인식함으로써 대상의식은 이제 자기 자신을 인식하는 자기의식이 된다. R. 노만: 『헤겔 精神現象學 입문』, 오영진 역, 한마당 1987, 52~53쪽 참조.

10 R. 노만: 같은 책, 54쪽.

자기의식으로서 인간은, 즉 자아는 자신의 욕구를 충족시키기 위해 대상을 지양(止揚), 지배, 전유해야 한다. 예를 들어, 우리는 폐휴지를 태워버림으로써, 개를 길들여 지배함으로써, 사과를 먹어 치움으로써, 우리 자신의 욕구를 충족시킨다. 이 점에서 욕구는 대상을 부정하는 의식 운동이다.[11] 이 부정을 통해서 대상은 '소멸'되기도 한다. 따라서 이런 부정은 '죽음의 원리'이기도 하다. 이처럼 다른 존재를 부정함으로써 자기 존재를 실현하려는 것이 바로 자기의식의 최초 형태인 '욕구'이다. 헤겔은 이런 욕구를 가진 자기의식을 '욕구하는 자기의식'이라고 부른다.[12]

그런데 만족을 모르는 욕구의 성질 때문에, 욕구와 그 대상은 끊임없이 다시 산출 된다. 이처럼 '욕구하는 자기의식'이 대상을 부정하고 만족을 얻는 과정을 반복함으로써, 자기의식은 이제 자기가 부정하는 대상이 자립성을 가지고 있음을 점차 의식하게 된다. 왜냐하면 그러한 대상이 지양되기 위해서는, 이 지양되어야 할 대상 자체가 항상 먼저 자립적으로 존재해야만 한다는 사실을 자기의식이 알게 되기 때문이다(현상학, 224). 이로써 자기의식은 자신의 자립성을 확보하기 위해 대상에 단순히 부정적으로만 관계해서는 '진정한 자기확신'을 가질 수 없다는 것을 알게 된다.[13]

---

11 J. 이뽈리뜨: 앞의 책, 198쪽.

12 강성화: 앞의 글, 88쪽. "그리하여 자기의식은 바로 자기에 대하여 자립적인 생으로 나타나는 이 구별자로서의 타자를 지양함으로써만 자기 자신에 대한 확신을 얻게 되는바, 여기서 자기의식은 욕구가 된다." G. W. F. 헤겔: 『정신현상학』, 임석진 역, 분도출판사 1980, 244쪽. 이후 '현상학'으로 약칭함.

13 강성화: 앞의 글, 90쪽

그러나 대상이 자연세계인 한, 자기의식은 인간으로서 진정한 자기확신을 가질 수가 없다. 왜냐하면 자연 속의 사물은 자신을 자유롭게 처분할 수 있는 자립성을 가지고 있지 않기 때문이다. 대상이 자립성을 가질 경우는 이 대상이 마찬가지로 자기의식으로서 인간 존재일 때뿐이다. 즉 자기의식으로서의 인간이 이 '진정한 자기확신'을 성취하기 위해서는, 우선 타자를 자아로서 의식해야 한다. 이것은 '타인의 지'를 통한 '자기의 지'이다. 이 말은 자기 자신을 알기 위해서는 타자를 인정해야 함과 동시에 반대로 자신이 타자에 의해서 인간으로 인정받아야 한다는 의미이다.[14] 이 점에서 저 '욕구하는 자기의식'의 초보적인 자기확신은 객관성이 결여되어 있어서 불충분하기 때문에 유아론적인 자기확신이라고 할 수 있다.[15] 이것을 헤겔은 다음과 같이 말한다. "자기의식은 오직 그가 다른 또 하나의 자기의식을 통해서 즉자대자적으로 존재하는 가운데 그리고 또한 그러한 사실을 바탕으로 해서만 스스로 즉자대자적으로 존재한다. 말하자면, 이것은 자기의식이 오직 인정, 승인된 것으로만 존재할 수 있다는 것을 뜻한다."(현상학, 247)

자기의식의 대상을 바꾸어 보면, 예컨대 그 대상이 폐휴지, 개, 사과와 같은 사물이나 동식물이 아니라, '인간존재'로 바꾸어 보면, 위의 헤겔이 한 말은 명료해진다. 즉, 만약 자기의식이 '욕구하는 자기의식'에 머물러 있다면, 인간존재는 그 의식의 욕구충족을 위한

---

14 R. 노만: 앞의 책, 56쪽.
15 같은 책, 55쪽.

소멸, 죽음의 대상이 될 수도 있을 것이다. 그러나 새로운 대상인 인간존재는 그냥 사물이나 동식물과 같은 대상이 아니라, 또 하나의 자기의식이다. 따라서 이 대상은 소멸·죽음의 대상이 아니라, 그 속에서 자신의 자립성을 확인해야 하고 인정받아야 하는 대상이다.

그렇다면, 헤겔은 왜 자기의식 상호간에 '생사를 건 인정 투쟁'을 한다고 하는가? 각각의 자기의식은 서로 인정을 바라는 욕구 때문에, 상대편에게서 자기 자신을 발견하려고 한다. 그러나 한 편의 자기의식의 독자성이 다른 한 편의 자기의식에게 귀속되어 버릴 경우에 이 독자성은 한 편의 자기의식이 통제할 수 없는 상황이 된다. 즉, 각각의 자기의식이 독립적으로 존재하며 상호 대립하는 상황이 된다. 따라서 한 편의 자기의식은 그 상대의 독자성을 부정하려고 한다.[16] 이 부정이 상대의 죽음을 겨냥한 것이라면, 이 대결상황은 결국 "생사를 건 투쟁"으로 나아갈 수밖에 없다는 것이다.[17]

그러나 헤겔에 의하면, 자기의식이 욕구 충족을 최고로 느낄 경우는 다른 자기의식을 지배하고 그로 하여금 자신의 지배를 '인정'하게 할 때이다. 그런데 한 편의 자기의식은 다른 한 편의 자기의식이 생존하지 않으면, 즉 전자가 후자를 죽여 버린다면, 전자는 후자의 인정을 받을 수가 없기 때문에 만족을 얻을 수 없으며, 자신이

---

16 헤겔은 이것을 다음과 같이 표현한다. "이 인정과정은 하나의 투쟁이다. 왜냐하면 타자가 나에 대하여 직접적인 다른 현존재인 이상, 나는 타자 속에서 나를 나 자신으로 알 수 없기 때문이다. 따라서 나는 타자의 이러한 직접성을 지양하려고 한다." Hegels Lexikon III, Werke 10, Suhrkamp 1986, 219~220쪽; 강성화, 앞의 글, 93쪽; G. W. F. 헤겔: 『철학강요』, 성동익 역, 을유문화사 1998, § 430, 381쪽 참조.

17 G. W. F. 헤겔: 『철학강요』, 같은 책, § 432; R. 노만: 앞의 책, 59쪽.

자아로서 인정받는다는 것을 알 수 있는 거울이 없어진다.[18] 따라서 한 편이 인정받기 위해서는 다른 한 편을 죽이는 대신에 다른 편을 '굴복'시키게 된다.[19] 마찬가지로 굴복당하는 자기의식도 생명의 유지를 목표로 하는 인간이기 때문에 죽음 대신에 굴복을 선택한다. 여기서 굴복당하는 자기의식은 바로 노예이며, 굴복시키는 자기의식은 주인이다. 이제 이 생사를 건 투쟁을 통해서, 한 편의 자기의식은 다른 한 편의 자기의식을 죽여서는 안 되고, 살려서 자신의 노예로 두어야 함을 알게 된다.

그러나 이 투쟁의 결과는 일단 불평등하다. 왜냐하면, 한 편의 자기의식은 자립적 자기의식을 고수하였지만, 다른 한 편의 자기의식은 생을 선택하는 대신에 비자립적 의식이 되었다(현상학, 255). 그러나 이 주인과 노예 관계는 그 자체의 모순 때문에 극적인 변증법적 과정을 거치게 된다. 즉, 주인이 노예의 노예로서, 노예는 주인의 주인으로서 드러난다.[20] 헤겔은 "b) 자기의식의 자립성과 비자립성-지배와 예속"에서 이 과정을 상술하고 있다.

그 모순의 전개과정을 보면, 일단 각각의 자기의식이 주인과 노예의 관계로 들어서는 처음에는 주인은 자신이 자립적 존재로서 인정받는 것으로 생각한다. 그런데 이 인정은 주인이 의존하고 있는 노예가 주는 것이다. 그러나 노예는 오직 주인의 의지대로 행동하는 자이므로 자립적 존재가 아니다. 바로 이것 때문에 노예는 주인에게

18 T. Z. 래빈: 앞의 책, 246쪽.
19 R. 노만: 앞의 책, 39쪽.
20 J. 이뽈리뜨: 앞의 책, 215쪽.

객관적으로 확실한 지위를 구축해주지 못한다(현상학, 255~257).[21] 노예는 자립적 존재인 주인을 자신의 거울로 삼고 있는 반면에, 주인은 자신에 의존하는 비자립적 존재인 노예를 자신의 거울로 삼는 역설적 상황이 전개된다.[22] 따라서 "여기서 주인이 성취한 것은 자립적인 의식이 아니라 오히려 비자립적인 의식"이다.

다른 한편, 노예는 자신의 노동을 통하여 사물을 가공하여 이것을 주인에게 바친다. 이 노동은 얼핏 보면 주인의 향유를 위한 노예의 고역으로 보이지만, 이 과정에서 사실상 이득을 보는 것은 주인이 아니라 노예 자신이다. 왜냐하면 이 과정에서 주인은 오로지 향유 및 소비만 할 뿐인 반면에, 노예는 자기 자신을 실현하고 객체화하기 때문이다. "노예의 의식은 오직 노동을 통해서만 자기 자신에게로 귀일한다."(현상학, 259) 즉 노예는 자신이 만든 생산물 속으로 자기 자신을 대상화하기 때문에, 그 생산물에서 자신의 자립성이 존속되고 있음을 알게 된다. 이로써 노예는 오히려 "진정한 자립성의 소유자로 반전"되고 결국 자신이 노예가 아님을 알게 된다(현상학, 257).[23]

그렇다면, 생사를 건 투쟁과 주인과 노예의 관계는 어떤 경우에 발생하는가? 헤겔에 의하면, 이 투쟁은 "인간들이 오직 단독적인 분산된 개인으로서만 존재하는 자연상태 속에서만 발생한다." 그러나 헤겔은 "시민사회나 국가에서 이러한 투쟁은 발생하지 않는다."라고 말한다. 왜냐하면 그가 보기에는 시민사회나 국가에는 "이미 인

21 R. 노만: 59쪽.
22 T. Z. 래빈: 앞의 책, 247쪽.
23 같은 곳; R. 노만: 앞의 책, 59쪽.

정이 존재하고 있으므로 서로 투쟁할 필요가 없기 때문이다."[24] "인정투쟁과 주인에 대한 굴복도 국가가 발생할 때, 인간의 공동생활이 나타난 때 등장한 것"이라고 한다.[25] 그렇다면 우리가 살고 있는 이 세계는 인정투쟁과 주인과 노예의 관계와 무관한 곳인가? 아니면 이 세계는 자연상태를 극복하였는가? 19세기 사회가 현대 사회와 질적으로 다르지 않다면, 아마도 맑스는 이 질문에 대해 '아니라'고 대답할 것이다. 왜냐하면, 헤겔은 이 투쟁을 고대에 발생했던 지나간 사건으로 규정했지만, 맑스는 이것을 이제 비로소 도래할 사건으로 보았기 때문이다.

맑스는 주인과 노예의 변증법 부분을 자신의 저서 『경제철학수고』(1844)에서 집중적으로 분석했다. 그 이유는 헤겔의 분석을 19세기의 자본주의사회에도 적용할 수 있다고 보았기 때문이었다. 즉 맑스는 주인과 노예의 관계를 19세기의 자본가와 프롤레타리아트(노동자) 간의 관계와 유사하다고 생각했다. 주인을 위한 노예의 노동을 통해 노예가 오히려 자립적 인간(주체)이 된다는 헤겔의 분석을 맑스는 현대의 노예인 프롤레타리아트(노동자)에게 적용했다. 맑스는 우선 노예가 수행하는 노동의 의미에 대한 헤겔의 분석을 헤겔의 주요 업적이라고 말한다. "헤겔 『정신현상학』의 주요 업적은... 인간의 자기산출을 과정으로서, 대상화를 … 외화로서, 그리고 이러한 외화의 지양으로서 파악한 것이며, 따라서 노동의 본질을 파악하고 그리고 대

24 Hegels Lexikon III, § 432, Zusatz; R. 노만: 앞의 책, 60~61쪽.
25 Hegels Lexikon III, § 433.

상적 인간을 … 자기 고유의 노동의 결과로서 파악한 것이다."[26]

그러나 헤겔의 이런 긍정적 업적과는 반대로, 주인과 노예의 관계에 대한 헤겔의 분석은 다음과 같은 두 가지 문제점을 가지고 있다. 첫째, 맑스가 직접 지적한 것으로, 헤겔은 "노동의 긍정적 측면만을 보고, 부정적 측면"을 보지 않았다는 것이다. 노예가 강제 노동을 통해서 오히려 자기를 실현한다는 헤겔의 주장이 그 예라고 할 수 있다. 그런데 맑스는 헤겔이 인정하는 노동 개념은 현실에서의 노동이 아니라, "추상적이고 정신적인 노동"이고, 물질(현실)세계에서의 실제적 노동이 아니라고 본다. 맑스에게 이런 노동은 기껏해야 "소외된 인간"만을 만들어 내는 노동이다.[27] 둘째, 헤겔은 주인과 노예의 관계를 주로 의식들 간의 관계로 보고 있다는 것이다. 주인의 노예에 대한 억압에서 차지하는 물질적(경제적) 요소의 역할이 무시되는 셈이다.[28] 헤겔은 주인과 노예 모두 결국 현실세계에서 충분히 자기실현을 행하는 것은 불가능하므로 이를 해결하기 위해 다음의 의식 단계인 금욕주의적, 회의주의적 의식으로, 즉 순수사유라는 내적 세계의 영역으로 이 문제를 떠넘기는데 여기서도 헤겔의 한계를 다시 한 번 확인할 수 있다.

이상의 문제점은 결국 헤겔철학 자체가 관념론에 기반을 두고 있기 때문에 발생한 것이라고 할 수 있다. 이점에서 헤겔의 인간관도

---

26 K. Marx/ F. Engels: Marx-Engels-Gesamtausgabe (MEGA²) I/2, Ost-Berlin 1975 f. I/2, 404~405쪽.

27 MEGA² I/2, 405쪽.

28 R. 노만: 앞의 책, 66쪽.

마찬가지이다. 즉, 헤겔이 생각하는 인간은 피와 살을 가진 현실적 인간이 아닌 관념적 존재, 즉 자기의식이었다. 따라서 인간의 소외도 자기의식의 소외이고, 소외의 지양(극복)이란 자기의식으로의 복귀이다. 그러나 맑스가 보기에 인간소외의 지양은 추상적 자기의식 안에서 실현될 수 없다.[29] 소외 지양은 바로 그 소외를 야기하는 물질적 지반, 즉 소유관계의 변혁을 통해 성취될 수 있다. 맑스는 이런 점들 때문에 자신의 유물론과 대조시켜 헤겔의 철학을 관념론이라고 부른다. 헤겔의 이런 관념론적인 경향은 그의 마지막 주저작인 『법철학』에서도 나타난다.

## 사적 소유와 빈부격차

일반적으로 『정신현상학』이 청년 헤겔의 대표 저작이라면, 『법철학』(1821)은 노년 헤겔의 대표 저작이라고 한다. 『법철학』은 일반 법철학 내용뿐만 아니라 헤겔의 정치사회철학을 담고 있다. 이 책은 헤겔 저작들 중에서 헤겔 생존 시부터 지금까지 가장 많은 논란을 불러일으킨 저서이다. 혹자는 이 책을 프로이센의 '국정교과서'로 규정하면서 헤겔을 보수적 어용철학자로 보는가 하면, 혹자는 이 책의 내용이 당대의 정치적 상황에 비춰볼 때 진보적-개혁적 내용을 담고 있다고도 한다. 헤겔의 국가론만을, 즉 그의 '입헌군주제론'을

29 MEGA² I/2, 51쪽.

이 책의 본질로 본다면, 헤겔은 전체주의자나 복고주의자로 평가받는다. 반면에 이 책에서 개진된 '주체적 자유'에 관한 이론을 그 본질로 본다면 헤겔은 자유주의적 계몽주의학자로 평가받는다.[30]

헤겔의 법철학의 목차는 제 1부 '추상법', 제 2부 '도덕', 그리고 제 3부 '인륜'으로, 제 3부 인륜은 다시 a) '가족', b) '시민사회', c) '국가'로 구성되어 있다. 물론 헤겔법철학의 최종 결론은 그 제목[31]에서도 명시되어 있듯이, '입헌군주제'를 다루고 있는 c)의 국가론이다. 그러나 헤겔의 국가론의 기초는 바로 제 1부 추상법부터 다루고 있는 그의 소유론이다. 헤겔의 소유론은 로크 이래의 자유주의 소유론의 계보에 속한다. 헤겔은 '시민사회' 장에서 빈부의 격차 문제를 근대사회를 뒤흔드는 문제라고 인정하면서도 그의 소유론의 기본입장은 변경하지 않았다. 이런 태도는 결국 그의 후계자들인 청년헤겔학파, 특히 맑스에 의해서 비판받게 된다.

헤겔의 소유론은 헤겔 『법철학』 전체의 기저를 이루고 있다. 로크와 루소는 소유개념을 자연상태에서의 그의 발생과정을 재구성함으로 혹은 인간본성으로부터 연역적으로 도출한다.[32] 그러나 헤겔은 이 같은 입장을 반대하고 당대 민법[33]의 규정으로부터 그의 소

---

30 K.-H. Ilting: Georg Wilhelm Friedrich Hegel, Vorlesungen über Rechtsphilosophie 1818~1831, Bd. 1, 95쪽 이하 참조.

31 헤겔법철학의 완전한 제목은 '법철학강요 혹은 자연법과 국가학요강'이다. 이하 '법철학'으로 약칭함.

32 헤겔에 있어서 자연상태란 "카오스"의 상태, "불법의 상태"에 불과하다.

33 프로이센 국법전, 오스트리아군주의 독일상속지를 위한 일반민법, 프랑스시민법 등을 예로 들 수 있다. J. Ritter: Person und Eigentum, Zu Hegels 'Grundlinien der Philosophie des Rechts' § 34-§ 81, in: Marxismus-Studien, Vierte Folge, Iring Fetscher(Hrsg.), Tübigen 1962, S. 200-201. 이하 'Ritter'로 약칭함.

유론을 시작한다. 이 규정이란 '인격으로서 자유인'과 '소유로서 물건'과의 관계이다(Ritter, 205). 헤겔에 의하면 고대 로마법에서 인격은 가족구성원 중 단지 가장(家長)만 가지는 것이었지만, 근대시민사회에서는 만인이 인격의 권리를 가지게 되었고 자유가 법의 원리로 되었다. 고대 그리스에서 시작된 자유의 세계사는 시민사회와 이 시민사회의 법과 더불어 완성되어 간다. 자연법사상에서 단순히 법의 이념으로서 간주되었던 것이 이제는 정치적 현실성을 획득하게 된다. 즉 역사적으로 형성된 법이 자유와 인권의 원리에 모순된다면, 그것은 법이 될 수가 없다.

이처럼 헤겔의 소유론은 만인이 인격을 가지고 있다는 철학적 전제로부터 출발한다. 추상법의 단계에서 헤겔이 생각하는 인격이란 형식적인 권리의 담당자에 불과하다. 즉 욕구, 기호 등을 기준으로 한 나와 구별된 타인과의 관계 속에서의 인격을 다루지 않는다(§37). 그러므로 '추상법'에서의 헤겔의 소유론은 오로지 인격과 물건과의 관계만을 문제로 삼는다. 이런 의미에서 헤겔은 사법을 '추상법'이라고 부른다(Ritter, 197). 따라서 법에 의해서 정립되지 않은 모든 소유문제는 헤겔에 있어서 논의대상이 아니다.[34] 예를 들어 토지와 재산의 분배에 있어서의 평등의 요구나 모든 인간은 그들의 모든 필요를 위한 생계를 세워야 한다는 주장들은 헤겔에 의하면 사법의 영역에서 취급하는 문제가 아니다. 내가 무엇을 얼마나 소유하는가 하는 문제는 다른 영역 즉 시민사회 단계에서 취급할 문제이다

34 그러므로 헤겔은 소유를 점유와 구분한다. 소유는 법으로 인정된 점유이다.

(§49). 그러므로 헤겔은 추상법 단계에서 소유의 사회적 문제를 다루기보다는 소유의 법률적 문제, 즉 물건의 사용, 계약 등을 다룬다.[35]

추상법에서의 헤겔의 소유론은 소유가 인간의 자유를 실현시킨다고 본 점에서 자유주의 소유론의 시조인 영국의 존 로크(John Locke, 1632~1704)의 입장과 다르지 않다. “인격은 이념으로서 존재하기 위해서는 어떤 외적인 자기자유의 영역을 자신에게 부여하지 않으면 안 된다.”(§41) 즉 인격은 물건 속에 자신의 의지를 부여함으로써 “나의 것”으로 만들며 동시에 나의 자유를 실현한다(§44). 그러므로 인격은 자유의 최초의 실재성을 외적인 물건에서 획득한다.

로마법에서는 인격은 아직 특수한 계층의 것이었고, 인간도 물건으로서 비자유인으로서 취급되고 있었다. 그 반면에 근대민법은 자연적인 사물들과 그리고 “외면적인 것”, “비인격적인 것”을 물건으로 간주한다. 그러나 이것은 물건을 단순히 자연적인 사물과 동등시할 수 있다는 것을 의미하지는 않는다. 자연적 사물은, 이것이 법관계에 들어설 수 있을 때에만, 그리고 인간이 처분할 수 있을 때만 비로소 물건이 된다. 그 반면에 별과 태양처럼 인간의 처분과 관계없는 모든 자연적인 것들은 물건이 아니다(§43).

헤겔은 의지의 배타성으로부터 사적 소유의 필연성을 주장한다. 헤겔은 이를 다음과 같이 말한다. “인격적인 의지로서의, 따라서 개별자의 의지로서의 나의 의지는 자기 것으로서의 소유에 있어서 나

35 헤겔이 소유(Eigentum)를 인격과 물건과의 관계로 규정했지만, 시민사회에서 소유는 인간과 인간 사이의 관계를 다룬다는 의미에서 대부분 재산(Vermögen)이라는 용어를 사용한다.

에 대하여 객관적으로 되기 때문에 소유는 사적 소유라고 하는 성격을 얻는다."(§46)[36] 소유는 나의 의지가 실현되어 나타나는 것이기 때문에, 나의 것이지 다른 사람의 것이 아니라는 것이다. 이런 점에서 헤겔은 플라톤의 공산주의를 반대한다. 왜냐하면 플라톤의 소유관은 인격에 대해 불법을 행하는 것이기 때문이다. 그래서 공동소유를 주장하거나 사적 소유의 철폐를 주장하는 사람들은, 정신의 자유와 법의 본성을 이해하지 못한 자들이다(§46). 재산의 평등이란 원래 불가능하다. 재산이란 한 개인이 얼마나 근면한가에 달려 있으므로, 재산의 평등이란 오래 유지될 수가 없다. 왜냐하면 인간 모두가 근면한 것은 아니기 때문이다. 인간은 원래 평등하다. 그러나 인간은 각각 인격이라는 측면에서만, 즉 누구든 무엇인가를 점유할 수 있는 권리를 가지고 있다는 측면에서만 평등할 뿐이다. 그러므로 인간은 자기의 것으로서 소유를 가지지 않으면 안 된다. "타인의 재산을 탐내는 것"은 바로 "불법"이다(§49). 이처럼 헤겔은 법적 관점에서 소유의 불평등은 불가피하다고 본다. 그렇다면 실제 현실인 시민사회에서 발생하고 있는 소유의 불평등문제를 헤겔은 어떻게 보고 있는가?

시민사회에서의 소유문제는 인격과 물건과의 관계에서가 아니라, 인간과 인간간의 관계에서 성립한다. 헤겔에 의하면 시민사회의 첫

---

36 "소유에서 나의 의지는 인격적으로 되지만 인격은 하나의 이것이다. 따라서 소유는 이런 의지의 인격적인 것이 된다. 내가 소유를 통해서 나의 의지에게 현존재를 주기 때문에, 소유는 이것, 나의 것이라는 규정을 가지게 된다. 이것은 사적 소유의 필연성에 관한 중요한 이론이다."(§ 46 Zusatz)

번째 원리는 특수성의 원리이다. 개인의 목적은 오직 자기욕구의 충족이다. 그러나 다른 한편으로 각 개인은 자신의 욕구를 만족시키기 위해서 사회적 연관 속에 있을 수밖에 없다. 그러므로 시민사회는 보편성의 원리도 가지고 있다. 그러나 두 가지 원리는 통일되어 있지 않고 대립되어 있다. 시민사회는 "방탕한 향락과 비참한 빈곤의 광경을 드러내고 동시에 필연적 욕구나 우연적 욕구 어느 쪽에도 공통되는 자연적 인륜적 퇴폐의 광경을 드러내는" 곳이다(§185). 그러므로 헤겔은 시민사회를 인륜이 사라진 곳, 즉 '상실태'로 부른다.

시민사회에서 개인의 욕구는 타인의 생산물을 통하여 그리고 노동을 통하여 충족한다. "특수화된 욕구를 만족시키기 위하여 하는 … 매개 작용이 노동이다." 노동과정에서 시민사회구성원들은 상호의존적이다. 각 개인은 자신을 위하여 생산하고 향유하지만, 바로 이 행위를 통해서 타인도 생산하고 향유하게 한다. 이 각자의 노동을 통해 생산되는 사회전체의 부를 분배할 경우, 결국 소유의 불평등을 피할 수가 없다. 왜냐하면 각 개인은 그들의 자본과 능력에 있어서 차이가 있기 때문이다. 이 불평등은 더 나아가서 지성적 교양이나 도덕적 교양의 불평등까지 만들어 낸다(§196~200).

헤겔은 이러한 재산의 불평등문제는 시민사회가 안고 있는 구조적 모순으로 규정한다. 시민사회가 순조롭게 기능할 때는 인구도 증가하고 산업도 발전한다. "왜냐하면 욕구를 충족시키는 수단을 제작, 조달하는 방법이 보편화됨으로써 부의 축적이 증대하기 때문이다."(§243) 다른 한편, "특수한 노동의 개별화와 제약", 그리고 "이런 노동에 의존하고 있는 계급의 의존성과 빈곤이 심화"된다. 따라서 대중이 일정한 생계규모 이하로 떨어지고 권리감정, 준법정신, 자기의 노동에 의해 생활한다는 자존심을 상실하면 "천민"이 발생하며 이것은 "부가 소수자에게 집중되는 현상"을 더욱 더 쉽게 한다(§244).[37]

그러므로 헤겔은 "빈곤을 어떻게 퇴치할 것인가라는 중대문제야말로 특히 근대사회를 움직이고 괴롭히는 문제"라고 규정한다. 그러나 문제는 헤겔이 이 빈민들을 구제할 수 없다고 고백한데서 나온다. 만약 "부유한 계급"이 빈민구제를 부담하거나 공공시설에 빈민들을 살게 한다면, 빈민들의 생계는 보장되지만 시민사회의 구성원들의 원리, 즉 "자립심과 자존심의 원리"를 손상하게 한다. 또 만약 빈민들이 노동할 기회를 제공받고 그들의 생계를 노동을 통해 매개하면, 생산물의 양이 증대해 한편에서는 생산과잉이, 다른 한편에서는 소비부족현상이 생길 것이다. 결국 두 가지 방법 모두 해악을 증대시킬 뿐이다. "여기서 부의 과잉에도 불구하고 시민사회는 충분히 부유하지 못하다는 것, 다시 말하면 빈곤의 과잉과 천민의 출현을 방지할 만큼 충분한 고유자산을 가지고 있지 못하다는 사실이 드러난다."(§245) 이런 시민사회의 내적 모순은 해외 식민지의 건설로 나아가게 하지만, 헤겔은 이것도 참된 해결책이 아니라고 주장한다(§246~248).[38]

---

37 "빈곤 그 자체가 어떤 사람도 천민으로 만들지 않는다. 천민은 빈곤에 결부되어 있는 심정에 의하여, 즉 부자들, 사회, 정부 등에 대한 그들의 분노 등에 의하여 비로소 천민으로 규정된다."(§ 244 Zusatz)

시민사회의 빈곤문제와 천민에 대한 이 같은 헤겔의 결론은 매우 흥미롭다. 왜냐하면 우선 헤겔처럼 시민사회의 문제를 이처럼 정확하게 지적한 사람이 법철학의 집필시기인 1820년경에 독일 땅에는 없었다는 점에도 있지만, 그 무엇보다도 항상 통합적이고 매개적인 헤겔이 이렇게 문제를 해결하지 못하겠다고 고백하고 문제를 미결인 채로 남겨 둔 것 또한 자신의 철학 전체에서 유일무이하다는 점이다.[39] 그럼에도 이러한 근대사회의 난문제를 뒤로 하고서 헤겔은 전체와 개인의 조화로운 통일문제를 그의 입헌군주제에서 찾는다. 이것이 어떻게 가능한지 헤겔은 더 이상 밝히지 않는다. 그런데 헤겔이 남긴 이 문제를 그의 후계자들, 특히 맑스가 해결을 시도한다.

헤겔 사후 헤겔철학을 추종하는 학파는 크게 헤겔우파와 헤겔좌파로 구분되었다. 정치적으로 보수적인 헤겔우파가 헤겔의 입헌군주제를 지지했다면, 정치적으로 진보적이었던 헤겔좌파(청년헤겔학파)는 초기에는 일부 구성원들이 입헌군주제에 호의적이었지만 얼마 되지 않아서 이를 전면 거부하였다. 맑스도 1841년까지 헤겔주의자로서 헤겔의 입헌군주제를 지지하였으나 1842년부터 반대 입장으로 돌아섰고 1843년 상반기에는 미발간 원고인 『헤겔법철학비판』을 남겼다.

여기서 맑스가 본 헤겔의 소유론의 요지는 다음과 같다. 즉 인격

---

38 헤겔은 또 이 빈곤문제를 해결할 수 있는 것으로서 시민사회 단체인 "직업단체"를 검토하기도 한다. 그러나 헤겔에 의하면, 이 단체는 "더욱 고차적인 국가의 감독을 받지 않는다면, 화석화되고 황폐화됨으로써, 하등 보잘것없는 결사(結社)로 전락"(§ 255, Zusatz)하기 때문에, 결국 시민사회의 빈곤문제를 근본적으로 해결할 수 없는 조직으로 판단한다.

39 S. Avineri: Hegels Theorie des modernen Staates, Frankfurt/M. 1976, 185쪽.

의 자유는 기독교에 의해서 확산된 사상이지만, 소유의 자유는 프랑스혁명이래로 인간사회의 보편적 원리로 되었다. 그러나 헤겔은 재화의 공정한 분배와 같은 소유의 평등은 반대한다. 재산이란 노력의 결실이기 때문이다. 물론 인간은 평등하다. 하지만 인격으로서, 즉 소유의 원천을 고려해 볼 때에만 평등하다(법철학 §49). 헤겔은 그의 신분제의회 이론에서 융커(대지주)들이 의회의 상원을 구성함으로써 군주와 의회를 매개할 수 있다고 믿는다. 왜냐하면, 그들은 토지소유를 바탕으로 안정된 가족생활을 할 수 있고 장자상속제에 의해서 귀족적 계기를 자신 안에 지니고 있기 때문이다. 융커의 토지는 분할되어서는 안 된다. 융커들의 안정된 경제적 지위와 장자상속제는 시민사회의 자의적인 영향으로부터 융커들을 보호해 주기 때문이다.[40]

그러나 맑스는 그의 『헤겔법철학비판』(1843)에서 헤겔의 주장들을 논리적으로 모순된 것들로 본다. 왜냐하면 헤겔은 한편으로 사법의 영역에서는 재산의 양도가능성을 인정하면서, 다른 한편으로 공법의 영역에서는 인정하지 않기 때문이다. 또 헤겔에 의하면 소유자인 융커가 자기 소유를 양도할 수 있다고 하면서도, 자기의 유산은 자기 마음대로 분할해 상속할 수 없기 때문이다. 사적 소유가 양도불가능할 경우, 소유자체가 주어가 되고 오히려 인간은 소유의 종속물이 된다. 그러므로 국가의 중심적인 신분(융커)이 소유의 지배하에, 즉 국가가 사적 소유의 지배하에 놓이게 되는 셈이다.

맑스는 헤겔의 이런 논리적 모순을 지적한 후 다른 저작들에서

40 K. Marx/ F. Engels: Marx-Engels-Werke (MEW) 1, Berlin 1956 f, 303쪽.

헤겔이 미해결로 남겨놓은 빈부격차의 문제를 나름대로 해결하고자 한다. 맑스는 헤겔이 당연시한 사적 소유 자체가 오히려 문제의 뿌리라고 지적한다. 맑스는 (생산수단의) 사적 소유가 빈부격차를 야기하고 이것은 다시 인간 소외를 야기하기 때문에 사적 소유 자체를 철폐하고 '사회적 소유'로 대체해야 한다고 주장한다. 동시에 헤겔이 사회 주변부 집단으로 간주했던 '천민'을 맑스는 오히려 사회변혁의 중심 세력인 '프롤레타리아트계급'으로 규정한다. 따라서 맑스는 프롤레타리아트계급이 주체가 되어 (생산수단의) 사적 소유를 철폐하여야만 인간해방을 달성할 수 있다고 주장한다.

• 참고문헌


강성화: 「헤겔 『정신현상학』」, 『철학사상』 별책 제3권 제17호, 서울대 철학사상연구소 2004.

澤田章: 『헤겔의 哲學과 思想』, 이종한 역, 문조사 1986.

G. W. F. 헤겔: 『정신현상학』, 임석진 역, 분도출판사 1980.

—: 『철학강요』, 성동익 역, 을유문화사 1998.

J. 이뽈리뜨: 『헤겔의 정신현상학 I』, 이종철 외 역, 문예출판사 1994.

R. 노만: 『헤겔 精神現象學 입문』, 오영진 역, 한마당 1987.

T. Z. 래빈: 『소크라테스에서 사르트르까지』, 문현병 외 역, 동녘 1996.

F. Volpi (Hg.): Großes Werklexikon der Philosophie, Bd.1, Stuttgart 1999.

G. W. F. Hegel: Werke 1, Frankfurt/M. 1982.

J. Ritter: Person und Eigentum. Zu Hegels 'Grundlinien der Philosophie des Rechts' §34-§81, in: Marxismus-Studien, Vierte Folge, Iring Fetscher(Hrsg.), Tübigen 1962.

K. Marx/ F. Engels: Marx-Engels-Gesamtausgabe (MEGA²), Ost-Berlin 1975 f.

K. Marx/ F. Engels: Marx-Engels-Werke (MEW), Berlin 1956.

K.-H. Ilting: Georg Wilhelm Friedrich Hegel. Vorlesungen über Rechtsphilosophie 1818~1831, Bd. 1.

S. Avineri: Hegels Theorie des modernen Staates, Frankfurt/M. 1976.

2

# 소외 없는 세상을 위하여

조 항 구

## 해방의 철학자 맑스

칼 맑스(1818~1883)의 사상은 오늘날 학문의 분류표에 근거하면 철학, 역사학, 사회학, 경제학, 정치학 등이 혼합된 것이다. 이 중에서 철학이라고 할 만한 맑스의 저작은 그가 28세에 작성한 『독일이데올로기』가 마지막이다. 이후 65세까지 맑스의 저작은 주로 경제학을 중심으로 작성되었다. 그럼에도 그를 철학자로 부르는 이유는 무엇인가? 그것은 그의 사상의 궁극적 목표가 '인간해방'이고, 그의 경제학 연구조차도 이 철학적 가치를 실현하기 위한 것이었기 때문이다.

그렇다면 맑스의 철학은 무엇인가? 물론 이에 대답은 쉽지 않다. 왜냐하면 맑스가 무엇이 자신의 철학인지 명확히 밝힌 적이 없기 때문이다. 그래서 맑스를 연구하는 학자들의 의견들도 다양하다. 그렇지만 맑스의 철학이 '소외론'과 '사적 유물론'이라는 데에는 이견이 거의 없다.[1] 따라서 여기서는 그의 소외론과 사적 유물론을 중심으로 해서 그의 철학을 살펴보도록 한다.

영국의 BBC방송은 1999년에 지난 천 년간 인류에 끼친 영향이 큰 사상가 10명을 선정한 하기 위해 여론조사를 실시한 적이 있는데 여기서 맑스가 1위를 차지하였다. 1위에 선정된 이유는 아마도 맑스의 사상이 단순히 이념에 머물지 않고 현실에 직접 실현되었기 때문일 것이다. 맑스의 사상은 러시아 혁명가 레닌에 의해서 실현되었다. 레닌은 맑스의 공산주의 혁명이론을 이용해 1917년 러시아에서 볼셰비키 혁명을 일으켜 세계 최초의 공산주의 국가인 '소련'을 건국하였다. 이후 소련을 필두로 세계의 절반가량이 소련이 멸망한 1991년까지 공산주의 국가들이었다.[2]

그렇다면 맑스 사상은 이제 구시대의 유물에 불과한가? 어떤 사람들은 맑스의 사상은 19세기 자본주의 시대를 비판한 것이기 때문에 21세기 자본주의 사회에 대한 비판이론으로 맞지 않다고 주장한다. 그러나 어떤 사람들은 비록 맑스의 공산주의 혁명이론은 낡은 것이라고 하더라도 맑스의 자본주의에 대한 비판은 여전히 유효하다고 얘기한다. 왜냐하면 우선 19세기의 자본주의든 21세기의 자본

---

1 물론 어떤 학자들은 '변증법적 유물론'이라고 할 것이지만 여기에 대해서는 의견이 통일되어 있지 않다. 반대하는 학자들은 이 유물론은 맑스가 아니라 맑스의 친구인 프리드리히 엥겔스(Friedrich Engels, 1820~1895)의 철학이라고 보는데 여기서도 이 입장에 따른다. 맑스는 그의 주요 저작들을 엥겔스와 공동으로 썼다. 『신성가족』, 『독일이데올로기』 등이 그것이다.

2 아직도 지구상에는 자칭 공산주의국가들, 예를 들어 중국, 북한, 베트남, 라오스, 쿠바 등이 존재하고 있다. 그러나 이들 국가들이 맑스가 말하는 공산주의 국가들인가에 대해서는 논란이 있다.

주의든, 그 본질은 변함이 없고, 자본주의의 부정적 측면을 비판·극복하는 데에 아직 맑스의 사상만큼 적절한 이론은 없다고 생각하기 때문이다.

맑스는 1818년 5월 5일 독일(프로이센)의 트리어에서 비교적 부유한 유대계 법조인 집안에서 태어났다. 트리어에서 고등학교를 졸업한 맑스는 본대학교 법학부에 입학했으나 1년 뒤 베를린대학교 법학부로 전학했다. 그러나 맑스는 아버지의 기대와는 달리 법학에서 철학으로 전공을 바꾸었다. 철학으로 전공을 바꾼 구체적 동기는 알려져 있지 않다. 다만, 법철학에 관한 과제물을 작성하면서 철학에 본격적 관심을 가진 것으로 추측되고 있을 뿐이다. 이것 외에도 헤겔 사후이지만 헤겔 철학이 여전히 인기를 끌고 있었던 베를린의 분위기도 일정한 역할을 했을 것이다. 특히 이 시기 맑스는 청년헤겔학파 모임인 '박사클럽'에 들어가 활동했는데 그 클럽의 우두머리인 브루노 바우어(1809~1882)로부터 많은 영향을 받았다. 물론 당대 독일의 격변하는 정세에 대한 관심도 일조했을 것이다. 당대 독일은 여전히 분열된 영방(領邦)국가들 체제였고 이제 막 산업혁명에 접어들고 있었다. 분명한 것은 헤겔처럼 맑스도 개인의 실존적 문제 때문에 철학에 관심을 가지게 된 것은 아니라는 점이다. 사실 맑스는 그런 주제의 철학저작을 남긴 적이 없다. 굳이 철학을 세분해서 적용해 보면, 맑스의 전공은 '정치사회철학'이라 할 수 있겠다.

1841년 맑스는 예나대학교에서 철학박사 학위를 받았고 교수가 되는 것이 그의 꿈이었다. 그러나 그의 꿈은 실현되지 못했다. 맑스는 자신의 꿈을 바우어에 의존하고 있었지만, 이미 본대학교에서 '사강사'로 근무하고 있었던 바우어는 그의 과격한 무신론적 입장 때문에 교수직을 박탈당하고 말았다. 이 시기 맑스는 본에 거주하면서 모제스 헤쓰(1812~1875)[3]와 같이 바우어의 강의도 청강하고 있었다. 더 이상 기댈 곳이 없어진 맑스는 헤쓰와 함께 1842년 본 옆의 쾰른에서 발행된 라인신문사의 편집인으로서, 나중에는 편집국장으로서 근무하게 된다. 이 때 나중에 평생의 정신적 동반자인 프리드리히 엥겔스를 처음으로 만났다. 이 시기 맑스는 처음으로 경제(소유) 문제에 관심을 가지게 되었다. 1843년 초 신문사를 그만 둔 맑스는 같은 해 9월에 프랑스 파리로 이주하였다. 여기서 맑스는 공산주의자가 되었고 『독불연보』를 발행하면서 철학과 경제학을 연관시켜 연구하기 시작했다. 이해 여름 경 엥겔스를 다시 만나 정식으로 공동작업을 하기로 한다.

그러나 프로이센정부는 맑스의 과격한 사상을 문제 삼아 프랑스 정부에 맑스를 추방해 줄 것을 요청하였고 결국 프랑스 정부는 1845년에 맑스를 추방하였다. 이에 맑스는 벨기에의 브뤼셀로 이주하였고 여기서 『공산당선언』 등 주요 저작을 발표했다. 1848년 3월 혁명기간에 맑스는 다시 독일의 쾰른으로 귀환해서 『신라인신문』을 발간하는 등 1년가량 독일에 머물렀으나 다시 프로이센 정부에 의

3 맑스나 헤쓰(1812-1875)는 둘 다 유대인이다. 맑스보다 6살 연상인 헤쓰는 빌헬름 바이틀링과 더불어 독일최초의 공산주의자로서 1841년 맑스를 처음 만났을 때 이미 공산주의자였다. 엥겔스는 헤쓰의 권유로 공산주의자가 되었다. 1848년 맑스가 『공산당선언』에서 헤쓰를 '참된 사회주의자'로 비판한 후 둘은 결별했다.

해 국외로 추방되었다. 결국 맑스는 1849년 영국의 런던으로 이주하였고 1883년 사망할 때까지 여기서 살았다. 이 시기 남긴 대표적 저서가 바로 『자본론』이다. 이런 이론적 작업 외에 맑스는 실천가로서 '국제노동자협회'(제1인터내셔널)의 핵심으로 활동하기도 했다. 맑스는 가는 곳마다 위험인물로 분류되어 취업을 못했기 때문에 가난으로 어린 자식들 세 명을 잃기도 했다. 맑스 가족의 생계는 맑스 부인이 가끔씩 받은 유산과 친구인 엥겔스의 경제적 지원 등에 주로 의존하였다.

## 사적 소유와 인간 소외

'소외'라는 용어는 헤겔에 와서 비로소 철학 개념으로 정립되었다. 헤겔에 의하면 '절대정신'이 스스로를 전개시켜 나가는 과정에서 자기를 밖으로 나타내는 단계가 있는데 이 단계가 바로 '자연'이다. 이 때 헤겔은 (안 보이는) 절대정신이 (보이는) 자연으로 '외화' 혹은 '소외'되었다고 한다. 즉 헤겔의 소외는 의식의 소외이다. 그런데 절대정신 입장에서 보면, 한편으로는 자연은 절대정신 자신이 변한 모습이지만 다른 한편으로는 절대정신에게 낯선 존재, 즉 소외된 존재인 것이다. 그러나 절대정신이 자신을 실현시키기 위하여 필연적으로 겪어 나가야 하는 과정이 '소외'이다. 이처럼 헤겔에 있어서 소외 개념은 부정적 의미에서 사용되지 않았다. 그러나 이 개념은 헤겔 이후 청년헤겔학파에게는, 특히 브루노 바우어, 포이어바흐

(1804~1872), 모제스 헤쓰에게는 부정적 의미로 사용되기 시작했고 맑스는 이들의 영향을 받아서 소외 개념을 마찬가지로 부정적 의미로 사용하였다.

맑스가 '소외' 용어를 처음 사용한 곳은 1843년 상반기부터 그해 여름까지 작성한 『헤겔법철학비판』이다. 여기서 맑스는 정치 용어를 소외와 결부시켜서 다음처럼 표현한다. "군주제는 이러한 소외의 완성된 표현이다. 공화제는 그자신의 영역내부에서의 소외의 부정이다."[4] 여기서 맑스가 쓴 소외 개념은 '정치적 소외'인데, 소외 개념을 정치에 적용하는 방식은 브루노 바우어에게서 배운 것이다.

본래 신학자였던 바우어는 1830년대 '성서' 논쟁을 통해 자신의 종교적 소외론을 전개했다. 바우어에 의하면 기독교에서 인간의 종교적 소외가 그 절정에 이른다. 기독교에서 인간적 본질이 완전히 "비인간적 것"으로 변한다.[5] 바우어는 이러한 '비인간성'의 극복은 교회로부터의 탈퇴에 의해서 가능하다고 주장한다.[6] 바우어의 이 입장은 1840년에 등극한 프로이센의 새 국왕 프리드리히 빌헬름 4세의 보수적인 '기독교국가' 정책으로 더욱 과격해 졌다. 기독교국가란, 기독교 교리를 국가의 통치원리로 삼는 국가를 말하는데 중세의 기독교국가가 그 전형이다. 바우어는 이 기독교국가를 비판할 때 기존의 종교비판을 정치비판으로 확장한다. 바우어에 의하면 기독

---

4 K. Marx/ F. Engels: Marx-Engels-Werke (MEW) 1, Berlin 1956 f. 204쪽. 이하 MEW로 약칭.

5 B. Bauer: Die gute Sache der Freiheit und meine eigene Angelenheit, in: H. und I. Pepperle(Hrsg.): Die Hegelsche Linke, Frankfurt/M. 1986, 502쪽.

6 같은 책, 505쪽 이하 참조.

교에서 인간은 자유롭지 못하듯이, 기독교국가에서도 인간은 자유롭지 못하다. 기독교국가는 '부자유'가 지배하고 있는 국가이다. 바우어는 공화제 국가에서 인간이 자유로운 존재로서 그의 본질을 실현할 수 있다고 생각했다. 그러므로 정치적 소외는 공화제 국가에서는 사라질 것으로 보았다.[7] 앞에서 언급했지만, 이 비판방식은 맑스가 똑같이 사용했다. 1843년에 쓴 글에서 맑스는 다음과 같이 표현하고 있다. "종교비판은 모든 비판의 전제이다."[8]

포이어바흐도 종교적 소외론을 전개했지만, 바우어의 종교적 소외론과 다르다. 바우어는 기독교에서 신이 비인간적인 것이 되었기 때문에 기독교를 비판했지만, 포이어바흐는 신이 초인간적인 것이 되었기 때문에 비판한다. 즉 포이어바흐에게 신을 인간화하는 것, 즉 인간적 신으로 만드는 것이 종교적 소외를 극복하는 것이다. 따라서 포이어바흐는 무신론자가 아니다. 이 점에서 맑스의 종교적 소외론은 포이어바흐보다 바우어의 영향이 크다. 바우어와 같이 맑스는 무신론자이다. 또 포이어바흐는 종교비판을 철학비판으로 확장했지만 더 이상은 하지 않았다. 그래서 맑스가 포이어바흐를 추종할 때에도 정치에 너무 무관심하다고 그를 비판한 적이 있다.

포이어바흐가 맑스에게 준 영향은 종교적 소외론보다 그의 인간학, 즉 '철학적 유물론'이다. 이 유물론은 인간을 이성적, 이념적 존재가 아니라 살과 피를 가진 감성적, 자연적 존재로 파악하는데 이

7 Z. Rosen: Bruno Bauer and Karl Marx. The Influence of Bruno Bauer on Marx's Thought, The Hague 1977, 122~123쪽 참조.

8 MEW1, 378쪽.

런 인간관은 맑스의 『경제철학수고』에 잘 나타나 있다.[9] 그 다음, 포이어바흐의 '전도방법'도 맑스에게 큰 영향을 주었다. 전도방법이란, 주어와 술어를 뒤집는 방법이다. 예를 들어 다음의 맑스 진술에 전도방법이 잘 나타나 있다. "종교가 인간을 만드는 것이 아니라 인간이 종교를 만들 듯이, 헌법이 국민을 만드는 것이 아니라 인간이 헌법을 만든다." "인간이 법률의 인간이 아니라, 법률이 인간의 법률이다."(MEW1, 231) 또 사적 유물론이 전개되는 『독일이데올로기』에서의 맑스의 진술도 마찬가지 예이다. "의식이 삶을 규정하는 것이 아니라 오히려 삶이 의식을 규정한다."(MEW3, 27)

자본주의의 경제적 소외에 대해 맑스에게 영향을 준 사람은 모제스 헤쓰다. 1841년부터 맑스와 지근거리에서 지낸 헤쓰는 공산주의자로서 포이어바흐의 영향을 강하게 받고 있었다. 헤쓰는 1843년에 쓴 「화폐에 대하여」에서 화폐가 인간 소외의 산물이라고 주장한다. "화폐는 인간들의 외화된 재산"(MEW1, 335)이다. "자본은 축적된 노동"이고 "화폐는 상호 소외된 인간들의 생산물"이다(MEW1, 336). 헤쓰는 자본주의에서 화폐를 신처럼 숭배하는 '화폐물신주의'도 나타난다고 쓰고 있다. 헤쓰에 의하면, 동물이 피에서 그 자신의 삶을 야만적인 방식으로 즐긴다면, 인간은 화폐에서 그의 삶을 야만적인 방식으로 즐긴다. "화폐는 사회적 피이지만, 외화된 피"이다.[10]

이 논문의 원고[11]를 미리 읽은 맑스는 헤쓰의 화폐론을 그의 「유

---

9 물론 맑스는 2년도 지나지 않아 포이어바흐의 인간관도 여전히 추상적이라고 비판한다.

10 M. Heß: Über das Geldwesen, in: M. Heß: Philosophische und sozialistische Schriften 1837~1850. Eine Auswahl, hrsg. v. A. Cornu/ W. Mönke, Berlin 1961, 345쪽.

대인문제에 대하여」에서 적용한다. 맑스에 의하면 화폐는 인간으로부터 인간이 가진 가치를 빼앗아갔다. 그래서 화폐는 인간에게 소외된 본질인데 인간을 거꾸로 지배한다. 즉 인간은 그 화폐를 숭배한다. 그러므로 맑스는 화폐로부터의 해방을 경제적 소외의 극복으로 본다. 헤쓰의 경제적 소외론은 맑스의 소외론이 집중되어 있는 『경제철학수고』에도 나타난다.

맑스는 1843년 9월에 파리로 이주할 때까지 당시의 공산주의 및 사회주의사상을 반대하는 급진적 민주주자에 머물러 있었다. 그러던 맑스가 25세 때인 1843년 12월 파리에서 사적 소유의 철폐와 프롤레타리아트 혁명을 선언함으로써 공산주의자로 되었다. 그리고 이듬해인 1844년 여름에 『경제철학수고』[12]를 작성했는데 여기에 그의 소외론이 쓰여 있다. 그런데 이 수고는 맑스가 죽은 지 거의 50년이 지난 1932년에야 발견되었다. 이 수고가 발견되기 전에는 맑스가 주로 공산주의 혁명을 주장하는 '과학적 사회주의자'의 이미지로 고정되어 있었으나, 이 수고가 발견된 후, 특히 서구 맑스주의자들은 맑스를 인간성의 회복을 주장한 휴머니즘 철학자로 평가하기도 했다.[13]

---

11 헤쓰의 원고는 맑스가 편집·발행인인 『독불연보』(1844)에 투고한 것이었다. 헤쓰는 1843년 가을에 맑스에게 이 원고를 넘겼고 맑스는 1843년 12월에 「유대인문제에 대하여」를 완성했다. 그러나 헤쓰의 원고는 사정상 연보에 실리지 못했고 2년 뒤 다른 잡지에 발표되었다.

12 이 책제목은 맑스가 아니라 발행인이 붙인 것이다.

13 어떤 학자들은 a)1844년의 『경제철학수고』의 맑스와 b)1846년의 『독일이데올로기』부터의 맑스를 구분하여 a)를 청년 맑스, b)를 성숙한 맑스로 구분하기도 한다. 즉 a)를 휴머니즘 철학자 시대로, b)를 과학적 사회주의자 시대로 구분한다. 이 학자들의 기준에 의하면, b)에는 소외론이 없다는 것이다. 그러나 다른 학자들에 의하면, b)시대에 맑스가 비록 소외론을 직접 표현한 적은 없지만 소외론이 암묵적으로 전제되어 있다고 보고 있다. 여기서는 후자의 입장을 따른다.

맑스의 소외론을 간단히 말하면,[14] 자본주의 사회에서 인간은 자신의 본래 모습을 상실한다는 것이다. 즉 '인간소외'를 겪게 된다는 것이다. 그렇다면 이것은 소외되지 않은 인간, 본래의 인간 모습을 전제하고 있는데 그것은 무엇인가? 맑스는 인간의 본래 모습을 "유적존재"[15]라고 말한다. 다른 말로 하면 인간은 '사회적 존재'라는 것이다. 그런데 맑스에 의하면 인간만이 유적존재이고 다른 동물은 아니다. 왜냐하면 인간만이 "의식적 존재"이기 때문이다. 또한 인간이 의식적 존재인 것은 인간만이 "의식적인 생활 활동"을 하기 때문이다. 그런데 맑스는 '의식적인 생활 활동'은 "사유로운 활동"이라고 한다. 따라서 인간만이 '자유로운 활동'을 하는 존재인 것이다. 그래서 맑스는 "자유로운 의식적 활동이 인간의 유적 성격"이라고 말한다.[16] 그렇다면 소외되지 않는 인간 본연의 모습이란 바로 '자유로운 의식적 활동'을 하는 인간의 모습이라고 답할 수 있을 것이다. 따라서 '자유롭게 활동'을 못하게 하는 사회이거나 "자유로운 활동을 수단으로 격하시키는"(저작1, 79) 사회는 인간소외를 만들어 내는 사회이다. 이런 사회가 바로 자본주의사회이며 이런 사회를 지양함으로써 인간은 '유적본질'을 회복할 수 있다는 것이다.[17]

---

14 『경제철학수고』는 미완성 원고이기 때문에 다양하게 해석될 수 있다. 따라서 여기서는 수고에서 맑스가 언급하지 않은 것도 보충하여 그의 소외론을 재구성한다.

15 이 '유적존재(Gattungswesen)' 개념은 슈트라우스, 포이어바흐가 먼저 사용한 것으로서 맑스가 수용한 개념이다. '유적본질'로 번역되기도 한다. 문제는 포이어바흐나 맑스가 왜 인간은 유적 존재인가를 명시적으로 입증한 적이 없다는 점이다. 아마도 둘 다 이것이 증명이 필요없는 기하학의 공리처럼 자명한 진리라고 생각한 듯하다. 다만, 맑스는 수고에서 난해하지만 유적 존재를 설명한 부분이 있어 이것을 재구성할 수 있을 뿐이다.

16 K 맑스/ F. 엥겔스: 『저작 선집』1권, 박종철 출판사 2001, 78쪽. 이하 '저작1'로 약칭함.

17 그래서 맑스는 『자본론』1권에서 공산주의사회를 "자유인들의 연합체"로 묘사하기도 한다.

그렇다면 인간의 자유로운 활동을 방해하는 것, 즉 인간소외의 구체적 원인은 무엇인가? 맑스는 수고에서 그 원인을 자본주의사회에서의 "소외된 노동"에서 보았다.[18] 그런데 맑스는 소외된 노동은 '사적 소유' 때문에 발생한다고 보았다.[19] 따라서 인간소외의 궁극적 원인을 맑스는 '사적 소유'라고 파악했다. 물론 『경제철학수고』에서 사적 소유는 각 개인의 재산이 아니라, 자본가의 "자본"(MEW40, 534)을 의미한다. 나중의 맑스의 표현을 빌리면, 이것은 '생산수단으로서의 사적 소유'이다. 결국 사적 소유가 원리인 자본주의사회 자체가 인간소외를 불러일으킨다는 것이다. 그렇다면 맑스에게 인간소외를 극복하는 방법은 명확해진다. 바로 자본주의사회 자체를 지양하는 것이다.

그런데 자본주의사회를 지양한다는 것은 이 '생산수단으로서의 사적 소유'를 지양한다는 것이다. 즉 '자본가의 자본'을 폐기한다는 것이다. 물론 이 자본을 개인의 사적 소유가 아닌 "진실로 인간적이고 그리고 사회적인 소유"(MEW40, 521)로 만들어야 한다는 것이 맑

---

MEW23, 92쪽.

18 수고에서 '인간 소외'와 '소외된 노동'을 동일시하는 학자들도 있다. L. 뒤프레: 『마르크스주의의 철학적 기초』, 홍윤기 역, 미래사 1986, 144쪽 참조. 그러나 소외된 노동은 '경제적 소외'와 동일한 것으로 보이고 '분업'과 '화폐 물신주의'는 경제적 소외의 원인으로 보인다. '인간소외'는 경제적 소외를 포함한 모든 소외들의 최상위 개념이라고 할 수 있다.

19 맑스는 이 수고에서 '사적 소유'과 '소외된 노동' 간의 관계에 대해 모순된 주장을 하고 있다. 즉 a)어떤 곳에서는 전자가 원인, 후자가 결과인 듯 말하다가 b)다른 곳에서는 전자가 결과, 후자가 원인이라고 한다. 게다가 c)이 둘은 "나중에 상호 영향 관계"를 가지게 된다고 말하기도 한다. 학자들 간에 논란은 있지만, 여기서는 a)를 논리적 관계, b)를 인과적 관계로 파악한다. 즉 a)는 사적 소유가 소외된 노동의 조건임을 의미한다. 소외된 노동은 사적 소유가 있어야 가능하다. 다시 말하면 자본가가 있어야만 소외된 노동이 발생할 수 있다. b)는 사적 소유가 소외된 노동의 결과물이라는 의미이다.

스의 생각이다. 맑스는 이런 소유의 사회를 바로 “적극적 공산주의 사회”라고 한다. 그래서 맑스는 자본가로부터 재산을 탈취하여 개인들이 똑 같이 나누어 가지자는 식의 공산주의 이론을 “조야한 공산주의” 이론이라고 반대하였던 것이다.

그렇다면 맑스는 자본주의사회에서 인간소외가 발생하는 과정을 구체적으로 어떻게 설명하고 있는가? 맑스는 우선 자본주의 하에서 인간의 노동은 ‘소외된 노동’이 될 수밖에 없고 이런 노동을 통해 인간소외가 발생한다고 보았다. 맑스는 소외된 노동의 네 가지 형태들을 다음과 같이 소개한다.

a)자본주의 하에서 노동자는 자신의 생산물로부터 소외된다고 한다. 즉 노동자는 그의 노동의 생산물에 종속되어 있으며, 그 생산물에 억압된다. 따라서 이 소외는 “사물의 소외”(저작1, 77)이다. 맑스에 의하면, 본래 인간의 노동이 만들어 낸 생산물이란 “하나의 대상 속에 고정된, 사물화된 노동”이다. 즉 노동의 생산물은 “노동의 대상화”이고 “노동의 현실화”이다. 다른 말로 하면, 인간의 노동이 실현된다는 것은 그 인간의 노동이 반드시 생산물에 대상화된다는 것이다(저작1, 73). 즉 인간은 자신의 욕구를 충족시키기 위하여 노동을 하고 그 과정이 노동의 대상화이다. 헤겔에서 노예의 노동은 결국 자기를 실현하는 운동이었다는 점에서 노예의 노동은 전형적인 노동의 대상화였다.

그런데 자본주의하에서는 대상화의 성격이 달라진다. 왜냐하면, 노동이 대상화된다는 점에서는 여전히 달라진 것이 없지만, 자본주의 하에서의 노동의 대상화는 "노동자의 탈현실화"로서 나타난다. 즉 노동의 대상화는 오히려 "대상의 상실"과 "대상에 대한 예속"으로 나타난다. 다시 말해서, 노동자가 대상을 만드는 것이 오히려 노동자 자신에게 그 대상을 낯설게 하는 꼴이 된다. 맑스는 이것을 다음처럼 표현한다. 자신의 "생산물 속에서의 노동자의 외화가 지니는 의미는 그의 노동이 하나의 대상, 하나의 외적 실존으로 된다는 것뿐만 아니라, 그의 노동이 그의 외부에, 그로부터 독립되어, 그에게 낯설게 실존하며, 그에게 대립하는 자립적 힘으로 된다는 것, 즉 그가 대상에 부여했던 생명이 그에게 적대적이고 낯설게 대립한다는 것이기도 하다."(저작1, 73) 이 점에서 노동자가 하는 소외된 노동은 자본주의의 전형적 현상이다. 그래서 맑스는 다음과 같이 말한다. "노동자가 대상들을 보다 많이 생산하면 생산할수록, 소유할 수 있는 대상이 더욱 더 적게 되며, 더욱 더 그의 생산물의, 즉 자본의 지배하에 놓이게 된다."(저작1, 73)

이상을 다시 쉽게 말하면, 기계제 대공업이 지배하는 자본주의하에서 노동자가 만든 생산물은 노동자의 손을 벗어나 다른 사람(자본가)의 것이 되어 시장에 상품으로 팔릴 수밖에 없다(저작1, 82). 물론 노동자는 그 생산물을 만들기 위한 노동에 대한 대가로 화폐(임금)를 받지만, 엄격히 말하면 노동자는 생산물에 대상화한 가치만큼의 임금을 받는 것도 아니다. 나중의 맑스 표현이지만, 자본가가 가져간 생산물에 포함되어 있는 '잉여가치'를 제외한 대가만 노동자는 받을 뿐이다. 그럼에도 노동자는 화폐를 숭배하는 정신(화폐물신주의)때문에 그 임금을 받는다. 더구나 노동자가 만든 그 상품은 자본가의 '자본'으로 바뀌어 노동자에게 적대적 힘으로서 마주 서게 된다. 왜냐하면 맑스에 의하면 자본가와 노동자는 항상 적대적으로 대립되어 있기 때문이다. 이렇게 해서 내가 만든 것이 남의 것이 되어 낯설게 나에게 마주 서 있는 것이다. 문제는 노동자가 노동을 더 많이 하면 할수록 "낯선 대상 세계"는, 즉 자본가의 자본은 더 커지고 자신은 더욱 더 가난해진다는 것이다. 이것을 맑스는 종교에서의 소외현상과 비교한다. "이는 종교에서도 마찬가지이다. 인간이, 신 속에 가져다 놓은 것이 많으면 많을수록, 그가 자기 자신 속에 지니고 있는 것은 더욱 더 적어지게 된다."(저작1, 73)

b)자본주의 하에서 노동자는 그의 생산 활동에서도 소외된다. 즉 사유재산제도 하에서 노동자의 생산 활동은 "강제노동"이다. 따라서 이 소외는 "자기소외"(저작1, 77)이다. 왜냐하면, 이 노동은 노동자 자신의 욕구를 충족시키기 위한 것이 아니라, 자신 바깥에 있는 욕구를 충족시키기 위한 하나의 수단일 뿐이기 때문이다. 쉽게 말하면, 노동자가 노동을 하는 이유가 노동 그 자체가 하고 싶어서, 자신의 유적본질을 실현하기 위해서가 아니라 다른 사람, 즉 자신을 고용한 자본가나 상품 소비자의 욕구를 위해서 노동을 한다는 것이다. "노동자에 대한 노동의 외적 성격은 노동이 노동자의 것이 아니라 다른 어떤 사람의 것이라는 것, 노동이 노동자에게 속하지 않는다는 것, 노동자가 노동 속에서 자기 자신에게가 아니라 다른 사람에게 속한다는 것에서 나타난다." 즉 "노동자의 활동은 그 자신의

상실이다."(저작1, 76) 물론 이런 노동은 돈(화폐)을 버는 노동인데, 이 노동은 노동자가 자신의 본래 욕구, 자기실현 욕구가 아니라 자신의 다른 욕구를 충족시키기 위한 수단으로서의 노동이다.

이 점에서 맑스는 본래의 '인간은 작업하는 존재'라는 공작인(homo faber)의 입장과 함께 '인간의 노동은 놀이'이어야 한다는 유희인(homo ludens)의 입장을 동시에 가지고 있다고 할 수 있다. 즉 그에게 노동은 본래 즐거워야 하는데 자본주의하에서의 노동은 즐거운 것이 아니다. 따라서 노동할 때는 즐겁지 않고 오히려 노동하지 않을 때가 즐겁다. 노동이 아닌 것, 즉 먹는 것, 마시는 것, 생식하는 것 등과 같은 동물적 활동들만이 노동자 자신의 유일한 자유로운 인간적 활동으로 된다(저작1, 76).

소외된 노동은 또한 자본주의하의 노동 분업에 의해서도 발생한다. 물론 "분업은 노동의 생산력을 증가시키고 사회를 부유하게" 한다. 그러나 분업은 "노동자를 기계로 전락시킨다."(저작1, 32) "그것도 매우 일면적이고 기계적인 특정한 노동에만 의존하게"(저작1, 30) 한다. 그 결과 노동자는 창조적인 자유로운 활동 대신에 비인간적인 단순 반복의 기계 노동, 즉 소외된 노동을 하게 된다.

c)소외된 노동은 인간에게서 유를 소외시킨다. 이 세 번째 형태의 소외된 노동은 a), b)의 결과이다. 맑스는 본래의 인간을 자연과 상호작용하는, 즉 노동하는 유적 존재로 보았다. 이것이 인류만의 고유한 특성이고 다른 동물은 이런 특성이 없다. 자연은 인간의 물리적 실존을 위한 직접적인 삶의 수단이며, 인간은 그 자체 자연의 일

부이다. 자연은 인간의 재료, 대상 그리고 작업도구이다. "대상적 세계를 가공함으로써, 바로 인간은 비로소 현실적으로 유적 존재로서 스스로를 확증한다." 본래 인간은 자연을 의식적으로 인식하는 것에 의해서가 아니라, 의식적으로 자연을 변화시킴으로써 인간에 의해 창조된 세계에서 그의 유적 삶을 실현한다. 그러나 맑스에 의하면 본래 인간은 다른 동물들과는 달리 자연을 상대로 자신의 신체적인 욕구만을 위해 노동하지 않고 이것을 벗어나서 자유롭게, 창조적으로 노동한다. 예를 들어 인간은 신체적 욕구를 넘어서 자연을 상대로 미적(美的) 활동을 하기도 한다. 이처럼 인간은 자연세계를 가공하면서 자신을 "유적 존재로서 증명한다."

인간은 개별적 존재가 아니라 보편적 존재이므로 보편적 목적을 위해 노동한다. "동물은 자기나 자신의 새끼들에게 직접적으로 필요한 것만을 생산한다. 동물은 일면적으로 생산하지만, 반면에 인간은 보편적으로 생산한다." 즉, 인간은 자연을 가공할 때 타인과 협력하여 작업하며 그의 생활 능력을 대상화한다. 이 과정에서 인간은 유적 존재로서 의식적으로 활동하는 것이다. 따라서 인간의 노동은 본질상 사회적 노동이며 각 개인의 노동은 결국은 다른 사람들을 위한 노동이기도 하다. 그래서 인간은 인류가 공유하는 예술, 과학, 기술, 문화를 생산해 왔다.

그러나 자본주의하에서의 소외된 노동은 자연을 인간에게 낯설게 대립되어 있는 세계로 만든다. 이런 세계에서 인간은 인간적으로 대상화될 수 없다. 인간이 인간적으로 자연을 재생산함으로써 자연을 획득하는 것을 못하게 한다. 따라서 자연은 인간에게 더 이상 '자유로운 활동'의 영역도 아니다. "소외된 노동은 자유로운 활동을 수단으로 전락시킴으로써 인간의 유적 생활을 그의 육체적 실존을 위한 수단으로 만들어 버린다." 자연은 이제 인간적 생활 활동의 재료, 대상, 도구가 아니라 단지 인간의 물리적 존속을 위한 수단으로 되어 버린다. 따라서 소외된 노동은 인간의 유적 생활을 개인적 생활의 수단으로 만들어 버린다(저작1, 78).

마지막으로, d)"인간으로부터의 인간의 소외"이다. 이것은 위의 세 가지의 "직접적 귀결"이다. 따라서 d)는 '소외된 노동'의 네 번째 형태라기보다는 사실상 그 결과로 볼 수 있다. 맑스에 의하면, 인간이 자기 자신과 대립한다는 것은 다른 인간과 대립하는 것이다. 따라서 인간이 자신의 유적 본질로부터 소외된다는 것은 결국 어떤 인간이 다른 인간으로부터 소외된다는 것이며 동시에 그들 쌍방이 인간적 본질로부터 소외된다는 것을 의미한다(저작1, 80). 이 때 이 '쌍방'은 같은 동료 노동자들일 수도 있고, 노동자와 자본가일 수도 있다.

자본주의사회에서의 인간소외의 극복은 소외의 근본 원인을 제거하는 것이다. 앞에서 언급했지만, 소외의 근본원인은 (생산수단으로서) 사적 소유이다. 따라서 소외의 극복은 사적 소유를 철폐하는 것이다. 그래서 맑스는 "사적 소유의 실제적 지양"은 "모든 소외의 실제적 지양"이라고 한다. 그런데 사적 소유가 없는 사회는 공산주의사회이다. 따라서 소외의 극복은 공산주의사회에서나 가능하다. 맑스는 수고에서 이 사회를 철학적으로 묘사한다. "인간의 자기소외로서의 사적 소유의 실증적 지양으로서의 공산주의, 따라서 인간에 의한 인간을 위한 인간적 본질의 현실적 획득으로서의 공산주의 (…) 이러한 공산주의는 완성된 자연주의 = 인간주의, 완성된 인간주의 = 자연주의로서 존재하며, 인간과 자연 그리고 인간과 인간 사이에 일어나는 모순의 진정한 해결이요, 실존과 본질, 대상화된 자기 확인, 자유와 필연성, 개체와 유 사이에 일어나는 투쟁의 진정한 해결이다."[20]

그렇다면 사적 소유를 누가, 어떻게 지양한단 말인가? 맑스는 수고에서 이 부분을 언급하지 않았다. 그러나 맑스가 수고를 쓰기 약 반년 전인 1843년 12월에 완성한 글에 이미 사적 소유를 지양하는 주체와 방법이 묘사되어 있다. 그것은 바로 "프롤레타리아트"와 이들이 주도하는 혁명이다. 맑스에 의하면 프롤레타리아트는 "자연발생적으로 생겨난 빈곤이 아니라 인위적으로 만들어진 빈곤"에 의해서 형성된 노동자들이다(MEW1, 390). 이들은 "사적 소유의 부정"과 "인간해방"을 요구한다. "근본적으로 혁명을 하지 않고서는 근본적인 독일은 혁명될 수 없다. 독일의 해방은 인간의 해방이다. 이 해방의 머리는 철학이고, 이 해방의 심장은 프롤레타리아트이다. 프롤레타리아트의 지양 없이 철학은 실현될 수 없고, 철학의 실현 없이 프롤레타리아트는 지양될 수 없다."(MEW1, 391)

20 K. 마르크스: 『경제학 철학 수고』, 김태경 역, 이론과 실천 1987, 84쪽. 이 점에서 1843~44년의 맑스는 아직 '과학적 사회주의자'가 아니라 '철학적 공산주의자'라고 할 수 있다.

## 사적 유물론과 자유의 왕국

'사적 유물론'은 맑스의 역사철학이다.[21] 이 철학이 처음으로 소개된 저서는 맑스 사후 50여년이 지나 출간된 『독일이데올로기』이다.[22] 이 책은 엥겔스와 공동으로 저작한 것이지만, 엥겔스가 고백했듯이, 이 책의 사적 유물론은 맑스의 작품이다. 물론 맑스는 이 용어를 한 번도 사용한 적은 없지만, 1859년에 이 이론이 자신 것이라고 분명하게 표명한 바 있다.[23]

사적 유물론은 역사를 '유물론적 변증법'으로 해석하는 이론을 의미한다. 이 이론은 『독일이데올로기』의 목적, 즉 역사를 관념론적 변증법으로 해석하는 헤겔과 일부 청년헤겔학파에 대한 비판과정에서 도출된 결론이다. 그 비판의 구체적 대상은 헤겔, 브루노 바우어 등의 역사철학인데,[24] 이들 각각은 역사의 원동력을 '절대정신', '자

21 맑스는 『독일이데올로기』에서 헤겔 등의 '역사철학'을 비판하고 자신은 '역사학'을 하고 있다고 말하지만(MEW3, 18), 사적 유물론이 인류의 역사가 진보한다는 테제를 암묵적으로 전제하고 있다는 점에서 일종의 역사철학이라고 할 수 있다. 손철성: 『마르크스의 『독일이데올로기』』, 서울대학교 철학사상연구소 2003, 150쪽.

22 이 책은 1845/6년에 작성되었지만 1932년에야 발간되었다. 이 판본은 소련의 아도라츠키가 맑스와 엥겔스의 발간, 미발간 원고들을 모아 편집, 발행한 것이다. 그러나 이 책은 현재 다시 편집되고 있다. 왜냐하면 아도라츠키판은 원고들을 지나치게 임의적으로 편집해서 맑스가 마치 이 책에서 사적 유물론을 완성한 것처럼 책을 조작했다는 이유 때문이다. 예정 판본에 의하면, 『독일이데올로기』에서 사적 유물론은 완성된 것이 아니라 그 맹아가 보일 뿐이다.

23 K. 맑스/ F. 엥겔스: 『저작 선집』 2권, 박종철 출판사, 477쪽 이하 참조. (이하 저작2로 약칭함.) 이 '사적 유물론'이라는 용어는 1892년에 엥겔스가 처음 사용했다. 맑스는 '역사의 유물론적 이해'라는 표현을 쓴 적은 있다.

24 『독일이데올로기』의 직접적인 작성 동기는 브루노 바우어의 글 「포이어바흐 철학의 특징」에 대한 비판이었다. 이 글에서 바우어는 맑스가 포이어바흐주의자라고 비난하는데 맑스는 자신이 포이어바흐주의자가 아닌 것을 보여주기 위해 『독일이데올로기』에서 포이어바흐철학을 비판한다. 따라서 『독일이데올로기』는 맑스가 포이어바흐를 비판하는 것이 주된 내용이라기보다는 바우어와 관련된 논쟁, 방어, 비판이 주된 내용이다. 그리고 맑스는 바우어의 역사철학이 헤겔의 것을 모방한 것으로 보았기 때문에 헤겔의 역사철학까지도 여기서 비판의 대상으로 삼았다.

기의식' 등과 같은 정신적인 것으로 보았다. 그 반면에 맑스는 역사의 원동력을 인간의 '물질적 생산 활동'으로 본다. 이처럼 물질적인 것을 역사의 원동력으로 보았기 때문에 엥겔스는 사적 유물론을 "유물론적 역사관"으로 부르기도 했다.

맑스는 역사를 시간 속에서 변증법적 법칙에 따라 전개되는 것으로 보았다. 이 점에서 맑스는 사실 헤겔 등과 다를 바 없다. 그러나 변증법적 역사 과정의 개별 단위를 보는 관점에서는 서로 다르다. 왜냐하면 헤겔에 있어서는 그 개별 단위는 '국가'인 반면에, 맑스에 있어서는 '생산양식'이기 때문이다. 맑스는 이 생산양식을 '근본'이라는 의미에서 '토대(Basis)'라고 부른다. 그렇다면 역사란 '토대'의 변화의 역사이고 각 시대의 성격을 결정하는 것도 '토대'라고 볼 수 있다.

맑스는 생산양식(토대)을 네 가지로 구분한다. 즉 a)원시공동체, b)고대 노예제 및 아시아적 생산양식, c)봉건제, d)자본주의로 구분한다.[25] 물론 한 사회는 토대만으로 구성되지 않는다. 맑스는 이 토대에 조응해 생긴 '사회 제도(법, 국가 등)'와 '사회적 의식(이데올로기, 철학, 종교, 도덕 등)을 '상부구조'라 부르고, 토대와 상부구조를 합쳐서 '사회구성체'라고 한다(표1 참조). 사회구성체 단위로 역사를 구분하면 a)원시공동체사회, b)고대 노예제사회, c)봉건제사회, d)자본주의사회로 된다.

---

25 여기에다가 다섯 번째로 '공산주의'를 첨가해 만들어진 5단계 역사 이론은 맑스가 아니라 구소련 시절에 완성된 것이다.

표1. 사회구성체

<table>
<tr><td rowspan="3">사회<br>구성체</td><td>상부구조</td><td colspan="2">사회 제도 / 사회적 의식</td></tr>
<tr><td rowspan="2">토대</td><td rowspan="2">생산양식</td><td>생산관계</td></tr>
<tr><td>생산력</td></tr>
</table>

그러나 맑스에 의하면 상부구조는 이처럼 사회를 구성하는 한 요소일지라도, 상부구조가 그 사회의 성격을 결정짓지 못한다. 그래서 상부구조만으로는 역사 발전의 개별 단위가 되지 못한다. 예를 들어 헤겔은 '국가'를 역사 발전의 개별 단위로 생각했다. 그런데 '국가'는 '사회적 제도'로서 상부구조에 속한다. 따라서 국가는 역사 발전의 개별 단위가 되지 못한다는 것이다. 이처럼 맑스는 상부구조보다 토대가 근본적이고 일차적이라고 생각했다. 이런 의미에서 맑스는 '사회적 존재가 의식을 결정한다'라고 말한다. 이 말은 토대가 상부구조를 결정한다는 말이다.

그러나 상부구조가 토대에 아무런 영향을 끼치지 못한다고 생각한다면, 이 입장은 '경제결정론'으로 비판받을 수 있다.[26] 논란의 여지는 있지만, 이 부분은 엥겔스의 해석에 근거해 이해하는 것이 타당할 것 같다. 엥겔스에 의하면, 토대가 '적극적,' '궁극적' 요인이지만 토대와 상부구조가 서로에게 영향을 끼친다고 주장한다. 이 경우라야 '이데올로기'와 같은 상부구조의 요소가 토대에 끼치는 영향을 설명할 수 있다.

---

26 프랑스 철학자 알튀세도 상부구조는 상대적 독립성을 가지고 있고 토대와 상부구조는 상호 규정하는 관계이며 토대는 최종심급이라고 주장한다. 손철성: 앞의 책, 124쪽.

그럼 역사 발전 과정의 단위인 토대(생산양식)는 어떻게 구성되는가? 토대는 표2)에서 보듯이 생산력과 생산관계를 합친 것이다.[27] 생산력은 노동력과 생산수단이 결합된 것이다. 생산수단은 다시 노동대상과 노동수단이 합친 것이다. 그런데 이 중에서 노동수단 중의 '생산도구'가 그 사회의 생산력의 수준을 보여 주는 결정적 지표이다. 생산도구 중에서 '자연발생적 도구'를 사용하는 사회는 분업도 발생하지 않는데, '문명적 도구'를 사용하면 분업과 산업이 발달하면서 사적 소유가 등장한다.

표2. 토대

<table>
<tr><td rowspan="6">토대</td><td colspan="5">생산관계</td></tr>
<tr><td rowspan="5">생산력</td><td colspan="4">노동력</td></tr>
<tr><td rowspan="4">생산<br>수단</td><td>노동대상</td><td colspan="2">토지, 원목, 광석</td></tr>
<tr><td rowspan="3">노동수단</td><td rowspan="2">생산도구<br>(기계, 도구)</td><td>자연발생적 도구</td></tr>
<tr><td>문명적 도구</td></tr>
<tr><td colspan="2">건물, 에너지, 운송수단, 통신수단</td></tr>
</table>

이처럼 발달된 도구를 사용하면 산업이 발전하는데 그렇다면 이렇게 인간이 생산수단을 발달시키는 이유는 무엇일까? 맑스는 이것을 다른 동물과는 다른 인간만의 특성과 관련시켜 설명한다. 맑스에 의하면 인간은 물질적 생산 활동을 통해 기본적인 욕구충족을 하고 나서도 새로운 욕구를 갖는 존재이다. 바로 이 새로운 욕구 충족을

27 『독일이데올로기』에서 맑스는 아직 '생산관계'라는 용어 대신 '교류'라는 용어를 쓰고 있으나 거의 같은 의미로 쓰고 있다.

위해 인간은 새로운 생산 도구를 제작한다. 이런 과정을 통해 생산력이 발전하고 그 결과 인류 역사도 발전한다는 것이 맑스의 생각이다.[28]

생산력과 함께 생산양식을 구성하는 생산관계는 넓은 의미로 정의하면, 생산물을 생산, 교환, 분배, 소비 등을 하는 과정에서 인간들이 맺게 되는 사회관계들을 말한다. 따라서 이 사회관계들은 생산수단의 소유방식을 둘러싼 소유관계, 생산 과정에서의 교환관계, 생산물의 분배 및 소비관계 등 여러 종류로 분류된다.[29] 그러나 좁은 의미에서 생산관계란, 물질적 가치를 '생산'하는 과정에서 생산력(생산수단)과 인간들이 맺는 '소유관계'를 의미한다고 볼 수 있다. 맑스는 이 소유관계를 가장 중요한 생산관계로 생각했는데, 사실 이 소유관계는 다른 관계의 원인이 되기도 한다. 맑스는 1859년에 좁은 의미에서 생산관계를 언급한 적이 있다. 그에 의하면, 인간은 사회적 생산 활동을 할 때, "자신의 물질적 생산력의 일정한 발전 단계에 상응"하는 "생산관계를 맺는다"고 한다(MEW13, 8). 물론 여기서의 생산력은 '생산수단'을 의미한다.

생산수단을 소유하는 방식은 두 가지, 즉 '사적 소유'와 '사회적 소유'가 있다. 따라서 소유관계는 사적 소유관계이거나 사회적 소유관계이다. 그런데 인간과 생산수단의 소유관계는 인간과 인간 간의 '계급관계'를 결정한다. 즉 소유관계는 인간과 인간의 관계로 나타

28 손철성: 앞의 책, 91~93쪽 참조. "손절구가 봉건 영주의 사회를 낳았다면, 증기 제분기는 자본가의 사회를 낳았다."

29 손철성: 앞의 책, 96쪽 참조.

난다.[30] 그렇다면 생산수단을 사회적으로 소유하는 사회에선 계급관계 자체가 있을 수가 없을 것이다. 그러나 생산수단을 사적으로 소유하는 사회에서는 크게 두 집단의 계급이 존재한다. 즉 한 계급은 생산수단을 가진 유산계급이고, 다른 계급은 생산수단을 못 가진 무산계급이다. 그런데 항상 유산계급은 무산계급을 지배하기 때문에, 결국 계급관계는 인간에 의한 인간의 지배관계로도 표현된다.

그렇다면 인류 역사는 어떤 생산관계(소유관계)를 거쳐 왔는가? 맑스가 구별한 생산양식별로 보면[31], 원시공산제의 생산관계(소유관계)만이 사회적 소유였던 반면에 고대 노예제, 봉건제, 자본주의의 생산관계들은 사적 소유이다. 구체적으로 보면, 원시공산사회에서는 (돌도끼 등과 같은) 생산도구를 누구라도 소유할 수 있기 때문에 배타적 사적 소유는 필요가 없고 사회적 소유만 필요한 시대였다. 따라서 이 사회는 무계급사회이다.[32] 그러나 고대 노예제 사회가 되면 계급사회가 된다. 왜냐하면 생산수단의 사적 소유가 발생했기 때문이다. 이 사회에서 생산수단은 노예이며, 노예의 소유자는 주인들이다. 따라서 여기선 유산계급인 주인이 무산계급인 노예를 지배한다. 봉건제 사회에서 생산수단은 토지이고, 토지 소유자는 지주들이고 농노는 토지가 없다. 따라서 유산계급인 지주가 무산계급인 농노를 지배한다. 그리고 자본주의 사회가 되면 자본이 생산수단이 된다.

---

30 그래서 '자본주의적 생산관계는 자본가와 노동자의 관계'라고 한다.

31 맑스도 『독일이데올로기』에서 네 가지 생산양식을 "소유의 형태"에 따라 구분하였다. 즉 원시공동체는 부족소유, 고대 노예제는 고대적 공동 소유 및 국가 소유, 봉건제는 봉건적 혹은 신분적 소유, 그리고 자본주의는 근대적 사적 소유를 가지고 있다.

32 O. W. 쿠시넨: 『역사적 유물론 입문』, 편집부 역, 동녘 1999, 15쪽 참조.

자본의 소유자는 자본가들이고 노동자들은 자본이 없다. 따라서 유산계급인 자본가가 무산계급인 노동자계급을 지배한다. 맑스는 앞의 소외론에서 자본주의사회에서 '인간으로부터의 인간의 소외'가 발생한다고 언급한 바 있는데, 바로 이 자본가와 노동자의 계급관계가 구체적인 사례라고 할 수 있겠다. 맑스는 둘 다 인간적 본질로부터 소외되어 있다고 말한 바 있다.

맑스는 생산관계는 생산력의 발전에 따라 변화한다고 보았다. 반대로 생산관계가 생산력에 영향을 미친다고도 보았다. 즉 둘의 관계는 서로에게 영향을 끼치는 변증법적 상호작용의 관계라고 말한다. 그러나 맑스는 생산력과 생산관계가 한때 상호 상응하는 관계를 지나서 생산관계가 생산력의 발전을 따라오지 못하는 경우가 발생할 수도 있다고 한다. 이 경우 생산관계는 생산력 발전에 질곡이 된다. 맑스는 이처럼 한 사회 내에서 생산력과 생산관계 간에 모순이 발생하면, 그 사회(생산양식)는 무너지고 새로운 사회(생산양식)가 들어선다고 한다. 맑스는 그 대표적 사례를 봉건제로부터 자본주의로의 이행에서 발견한다.

중세의 농촌에서 봉건영주는 토지의 소유자로서 농노에게 토지를 대여하고 그 대가로 각종 지대를 받았다. 이 같은 소유관계를 기초로 한 것이 농노제였고 이것은 상당기간 봉건사회의 생산력 발전을 촉진할 수 있었다. 마찬가지로 도시에서는 장인은 동업 조합을 통해 도제를 통제하고 있었다. 그러나 기계를 사용하여 노동을 하는 매뉴팩처(공장제 수공업)와 기계제 대공업이 발전하기 시작하자 농노제와 도제제도는 생산력 발전에 질곡이 되었다. 즉 이제는 농노, 도제가 아니라 공장에서 일할 노동자가 필요한 새로운 사회가 된 것이다. 그래서 봉건적 생산관계 대신에 이제 자본주의적 생산관계인 자본가와 노동자의 관계가 들어서게 된 것이다.[33]

그렇다면 자본주의사회에서 생산력과 생산관계는 모순이 없는가? 맑스는 모순이 존재할 뿐만 아니라 자본주의사회는 공산주의사회로 대체되어야 한다고 말한다. 맑스가 보기에 분업과 기계제 대공업 때문에 자본주의 사회의 생산력은 크게 발전했다. 그러나 맑스는 이 생산력의 지속적인 발전을 자본주의적 소유관계인 생산수단의 사적 소유가 방해하고 있다고 지적한다. 즉 자본주의적 생산은 이미 광범위한 사회적 분업을 바탕으로 한 "사회적 생산"인데 반하여 생산수단은 사회적 소유가 아니라 사적 소유이기 때문에 모순이 발생한다는 것이다. 분배관계의 관점에서 보면, 생산은 사회적 생산인데 반하여 그 성과물은 자본가가 사적으로 취득함으로써 사회적 모순, 즉 빈부격차가 발생한다는 것이다. 맑스에 의하면, 대공업의 발전은 "대량의 생산력을 산출했는데, 이러한 생산력에 대해서 사적 소유는 하나의 질곡이 되었다. 이것은 마치 동업 조합이 매뉴팩처에 대해서, 또한 소규모 농촌 업체가 수공업에 대해서 질곡이었던 것과 같다."(MEW3, 60)

그럼 구체적으로 어떤 모순이 발생하는가? 상품의 물신성, 잉여가치의 착취, 노동자계급의 궁핍화, 생산부문간의 불균형적 생산,

---

33 같은 책, 17~18쪽 참조.

이윤율의 저하 경향, 공황, 실업자의 증가’ 등의 구조적 문제가 발생한다. 이 중에서 맑스는 특히 ‘이윤율 저하의 경향 법칙’을 주목하였다. 이것은 자본주의의 주요 모순으로서 다른 모순들의 원인이기도 하다. 맑스는 『자본론』 3권에서 자본주의가 발달하면 자본가의 이윤율이 오히려 저하되는 경향이 있다고 한다(MEW25, 222f.). 자본가는 이것을 상쇄시키기 위해 “노동착취도”를 증대시키거나 “저임금” 방책을 사용하게 된다. 그러나 이를 통해 노동자는 더욱 더 곤궁해질 수밖에 없게 되며 그 결과 자본가계급과 노동자계급의 대립은 더욱 심화된다는 것이다.

그 다음, ‘이윤율 저하 경향 법칙’ 때문에 과잉생산이 발생하고, 과잉생산은 다시 주기적인 경제공황을 발생시킨다는 것이다. 공황은 “생산의 격감, 생산물의 폐기, 가격의 폭락, 대량실업”을 가져오며 이것 역시 자본가계급과 노동자계급의 대립을 심화시킨다. 그러나 무엇보다도 주목할 점은 ‘이윤율의 저하 경향 법칙’이 자본주의가 영원한 절대적 생산양식이 아니라 유한한 일시적인 생산양식임을 입증한 것으로 맑스가 생각했다는 것이다.[34] 맑스에 의하면, 리카도 등의 경제학자들이 자본주의적 생산양식을 절대적인 것으로 생각했지만, “그러나 이윤율의 저하에 대한 그들의 공포에서 중요한 것은, 자본주의적 생산양식이 생산력의 발전에 있어서, 부의 생

34 이 법칙에 대한 논란은 아직도 첨예하다. 한편에서는 “자본절약적 기술의 발달, 불변자본 요소의 저렴화, 자본회전율의 상승과 그 밖에 독과점의 형성, 자본수출의 증대, 3차산업 등 비생산적 부분에서의 지출증대 등으로 이윤율의 경향적 저하를 저지 또는 극복하고 있다”고 주장한다. 그러나 다른 한편에서는 이런 조치들이 자본주의의 근본모순을 극복한 것이 아니라, 단지 ‘지연’시킬 뿐이라고 한다.

산 자체와는 아무 관계가 없는 어떤 한계를 가진다고 느낀 점이다. 이 기이한 한계는 자본주의적 생산 양식의 제한성, 그리고 이 양식의 역사적, 일시적 성격을 입증하는 것이며, 자본주의적 생산양식이 부의 생산을 위한 절대적 생산양식이 아니라, 오히려 특정한 단계에서는 부의 계속적 발전과 충돌하게 된다는 것을 입증시켜 준다."(MEW25, 252)

이제 맑스의 주장은 분명해진다. 자본주의적 생산력의 발전에 질곡이 된 자본주의적 생산관계 대신에 새로운 생산관계를 세우는 것이다. 이것은 바로 생산수단의 사적 소유를 철폐하고 사회적 소유를 실천하는 일이다. 이것은 공산주의사회를 실현하기 위한 선결조건이다.

그럼 맑스는 자본주의사회 대신에 공산주의사회의 실현이 어떻게 가능하다고 보았는가? 맑스는 이것은 혁명을 통해서만 가능하다고 한다. 그러나 이 혁명은 a)객관적 조건과 b)주관적 조건을 충족해야만 가능하다. 즉, 자본주의사회의 사회적 생산과 사적 소유 간의 모순이 심화되는 시기라야 하고 동시에 b)혁명적 노동자 계급(프롤레타리아트계급)이 형성되어야 한다는 것이다. 1874년에 맑스는 다음과 같이 말한다. "급진적 사회혁명은 경제발전의 일정한 역사적 조건들과 결부되어 있다. 후자(=역사적 조건)가 급진적 사회혁명의 조건인 것이다. 따라서 자본주의적 생산과 함께 산업 프롤레타리아트가 인민대중 속에서 최소한도 영향력이 있는(bedeutende) 위치를 차지할 바로 그 때만 급진적 사회혁명은 가능하다."(MEW18, 633) a)의 시기는 자본주의의 생산력이 고도로 발전해서 기존의 생산관계가 이 생산력에 조응할 수 없게 된 시기를 의미한다. 즉 자본주의의 소유관계인 사적 소유가 자본주의의 생산력 발전에 방해물이 되는 시기를 말한다. 따라서 이 시기는 발전된 생산력에 맞는 새로운 소유관계의 필요성이 그 사회에서 인정되었을 때를 말한다. "사회의 물질적 생산력은 그 발전의 특정 단계에서, 지금까지 그것들이 그 내부에서 운동해 왔던 기존의 생산관계 혹은 이 생산관계의 법률적 표현인 소유관계와 모순에 빠진다. 이러한 관계는 이러한 생산력의 발전 형태들로부터 그것들의 족쇄[질곡]로 변전한다. 그 때에 사회 혁명의 시기가 도래한다. 경제적 기초의 변화와 더불어 거대란 상부구조 전체가 서서히 혹은 급속히 변혁된다."(저작2, 478)

게다가 도래할 사회인 공산주의의 분배방식, 즉 능력에 따라 일하고 필요에 따른 분배방식을 충족시키려면, 생산력은 이미 고도로 발전되어 있어야만 한다. 맑스에 의하면, 혁명을 일으키기 위해서는 "고도의 생산력 발전을 전제해야 한다. 생산력의 이 같은 발전은 절대적으로 필수적인 실천적 전제이다. 왜냐하면 생산력의 발전 없이는 단지 결핍만이 일반화될 뿐"이고 "필수품을 둘러싼 싸움도 다시 시작되기 때문이다."(MEW3, 34~35) 그래서 맑스는 후진 자본주의국가에선 공산주의혁명이 일어날 수 없다고 했다.

그런데 그 시기가 오면 자본주의적 생산관계를 타파하고 새로운 생산관계를 세워야 한다. 그러나 자본주의적 소유관계는 쉽게 타파되지 않는다. 왜냐하면 지배계급이 자본주의적 소유관계인 사적 소유를 법, 정치, 국가, 제도 속(상부구조)에서 '소유권'의 형태로, 즉 '사유재산제도'로 고착시켜 놓고는 이데올로기 작업을 통해 이것을 사수하기 때문이다. 즉 지배계급은 사적 소유권은 어떤 시대와 사회에도 정당한 천부적 권리라는 이데올로기를 만들어서 피지배계급의 의식을 왜곡시키기 때문이다. 그래서 혁명의 객관적 조건, 즉 생산력만 고도로 발전되면 자본주의적 생산관계가 자동으로 무너지고 동시에 발전된 생산력에 맞는 새로운 생산관계가 자동으로 들어서는 것도 아니다. 따라서 자본주의적 생산관계를 타파하고 공산주의적 생산관계를 세울 적극적인 주체가 있어야 한다.[35] 이 혁명의 주체를 맑스는 프롤레타리아트계급으로 보았다.

그럼 프롤레타리아트계급이 혁명의 주체가 될 수 있는 이유는 무엇인가? 그 이유를 맑스는 다음과 같이 설명한다. 우선 프롤레타리아트는 "근본적 혁명의 필연성에 관한 의식, 즉 공산주의적 의식"을 가질 수 있다. 왜냐하면 이 계급은 자본주의 생산양식으로 인해 이 사회에서 가장 많은 억압과 착취를 받기 때문에 새로운 생산양식, 즉 공산주의 생산양식을 갈망하기 때문이다. 둘째, "이 계급이 모든

---

35 맑스의 사적 유물론을 '역사주의'라고 비판하는 학자들에 의하면, 맑스가 '생산관계'를 "개인들의 자유의지에 의해 선택할 수 있는 것이 아니라 역사발전의 자연적인 필연적인 산물"로 생각했다고 한다. 손철성: 앞의 책, 75쪽. 그 근거로 학자들은 맑스의 1859년 「정치경제학비판서문」을 예로 든다. "인간들은 자신들의 생활을 사회적으로 생산하는 가운데, 자신들의 의지로부터 독립되어 있는 일정한 필연적 관계들, 즉 (…) 생산관계들에 들어선다."(저작2, 477) 그러나 맑스의 원문에서 말하는 생산관계는 한 인간이 자신이 태어난(혹은 속하게 된) 사회에서 선택의 여지없이 편입될 수밖에 없는, 이미 존재하는 기존의 생산관계를 말한다. 그리고 만약 공산주의적 생산관계가 인간들의 관여없이 저절로 도래하는 것이라면, 그리고 인간이 제도나 의식(상부구조)를 통해서 생산관계에 관여할 수 없다면, 맑스가 제시한 공산주의혁명의 주관적 조건, 즉 프롤레타리아트계급의 혁명은 전혀 필요 없는 조건이 되어 버린다.

사회 구성원의 대다수를 형성"할 것이다. 그 이유는 자본주의가 발전할수록 소수의 자본가와 다수의 노동자(프롤레타리아트)계급으로 분화되기 때문이다. 셋째, 프롤레타리아트계급의 상태를 주시하면, 다른 계급들도 공산주의적 의식을 가질 수 있다. 즉 프롤레타리아트계급이 자신 외에 다른 계급 구성원, 예를 들어 지식인들에게도 공산주의적 의식을 불러 일으켜 그들과 연대할 수도 있다.[36]

그러나 맑스는 프롤레타리아트계급이 공산주의혁명을 구체적으로 어떻게 수행해야 하는지 설명하지 않았다. 다만, 세계의 공업 선진국들이 동시에 그리고 "일거에" 공산주의혁명을 일으켜야 한다고 주장한다. 그렇지 않으면 "지역적 공산주의"들은 주변의 자본주의 국가들에 의해 "폐지"될 것으로 보았다. "공산주의는 경험상 지배적인 민족들이 '일거에' 혹은 동시적으로 행동함으로써만 가능하며, 이것은 생산력의 보편적 발전 및 이와 관련된 세계적 교류를 전제로 한다."(MEW3, 35)

맑스는 공산주의사회의 구체적인 모습에 대해서 묘사한 적이 없다. 왜냐하면 그런 예언은 그가 비판했던 공상적 사회주의자들의 비과학적 태도와 같은 것으로 생각했기 때문이다. 그럼에도 맑스가 공산주의사회를 나름대로 기술한 것이 남아 있는데, 「고타강령비판」의 2단계 공산주의이론이 바로 그것이다.

1875년에 작성된 이 저작에서 맑스는 공산주의사회를 a)"첫째 단계"의 공산주의사회와 b)"더 높은 단계"의 공산주의사회로 구분한

36 손철성: 앞의 책, 210~214쪽 참조.

다. 여기서 첫째 단계의 사회는 '필연의 왕국'과, 둘째 단계의 사회는 '자유의 왕국'과 비교된다.[37]

a)첫째 단계의 사회는 "오랜 산고 끝에 자본주의 사회로부터 막 생겨난" 사회이다. 그래서 자본주의사회는 더 이상 아니지만 그렇다고 해서 진정한 공산주의사회도 아니다. 그래서 이 사회에선 "동일한 노동을 실행하고 있는" 경우에도 "어떤 사람은 실제로 다른 사람보다 더 많이 받으며 어떤 사람은 다른 사람보다 더 부유하게 되는" "폐단"이 존재하는 사회이다(MEW19, 21). 이 점에서 이 사회는 진정한 공산주의사회로 가기 위한 과도기 사회이다. 맑스는 이 사회가 과도기 사회인 이유를, "연합한 생산자들이 자연과의 물질대사를 (…) 합리적으로 지배하고 공동으로 통제"함으로써 "자유가 성립"하는 사회이면서도 아직 "진정한 자유의 왕국"도 아니고 여전히 "필연의 왕국"이라고 한다. 이 과도기 사회의 "정치적 체제"를 맑스는 「고타강령비판」에서 "프롤레타리아트의 혁명적 독재"(MEW19, 28)라고 부른다.[38]

---

37 이 두 개의 '왕국'은 칸트와 헤겔의 용어이다. 맑스는 '사회주의'와 '공산주의' 용어를 정확히 구분해서 사용하지 않았다. 예를 들어 맑스는 종종 자신의 입장을 '과학적 사회주의'라고 표현했다. 그러나 (소련 학자들처럼) 일반적으로 「고타강령비판」에 근거해서 사회주의를 a)넓은 의미와 b)좁은 의미로 구분한다. 그래서 a)의 사회주의는 b)의 사회주의와 c)공산주의로 구분된다. b)의 사회주의가 프롤레타리아트독재 시기로서 "첫째 단계"의 공산주의사회로, c)의 공산주의는 "더 높은 단계"의 진정한 공산주의사회로 이해된다.

38 「고타강령비판」은 1875년 4/5월에 작성되었으나 1890/91년에 출간되었다. 1850년에 작성된 「1848년부터 1850년까지 프랑스에서의 계급투쟁」에서 맑스는 "프롤레타리아트 계급독재"를 "계급차별 일반의 폐지를 위한 통과점"으로 규정했다. MEW7, 89. 「고타강령비판」작성 이전인 1873년 엥겔스는 프롤레타리아트독재를 "계급과 국가의 폐지를 위한 이행과정"(MEW18, 266)이라고 한 적이 있다. 「고타강령비판」 이후 논란을 불러일으킨 이 용어에 대해 맑스 자신이 구체적으로 해명한 적이 없으며 엥겔스의 단편적 설명이 전해진다. 1891년 3월의 엥겔스는 "프롤레타리아트 독재"를 "파리코뮌"과 같다고 했다. MEW22, 199.

b)“더 높은 단계”의 공산주의사회가 바로 진정한 공산주의사회이다. 이 사회에 대한 맑스의 설명은 다음과 같다. “개인이 분업에 복종하는 예속적 상태가 사라지고 이와 함께 정신노동과 육체노동 사이의 대립도 사라진 후에, 노동이 생활을 위한 수단일 뿐만 아니라 그 자체가 일차적인 생활 욕구로 된 후에, 개인들의 전면적 발전과 더불어 생산력도 성장하고, 조합적 부의 모든 분천(噴泉)이 흘러넘치고 난 후에 —그 때 비로소 부르주아적 권리의 편협한 한계가 완전히 극복되고, 사회는 자신의 깃발에 다음과 같이 쓸 수 있게 된다. 각자는 능력에 따라, 각자에게는 필요에 따라!”[39]

이런 사회가 바로 소외론과 사적 유물론에서 맑스가 기대했던 사회일 것이다. 맑스의 이 진술을 해석해 보면 다음과 같다. 진정한 공산주의사회가 되면, “개인이 분업에 복종하는 예속적 상태가 사라지고,” 즉 인간소외를 야기하는 분업이 없어진다. 분업의 소멸은 그 기반인 사적 소유가 없어진다는 것이다. 사적 소유의 폐지는 자본주의적 소유관계 대신에 공산주의적 소유관계 즉 사회적 소유가 들어선다는 것이다. 사회적 소유가 들어서면 계급관계도 없어져 지배관계도 없어진다. 그래서 “정신노동과 육체노동 사이의 대립도”

39 K. 맑스/ F. 엥겔스: 『저작 선집』 4권, 박종철 출판사, 377쪽. 미래 공산주의사회의 운영원리에 대해선 맑스보다는 엥겔스가 그의 「공산주의의 원칙들」에서 비교적 자세히 다루고 있다. K. 맑스/ F. 엥겔스: 『저작 선집』 1권, 319쪽 이하 참조. 맑스는 『독일이데올로기』에서 진정한 공산주의사회에서의 일상을 다음과 같이 묘사한 적이 있다. “모든 사람이 배타적인 활동영역을 가지고 않고, 각자 좋아하는 영역에서 자신을 도야시킬 수 있는 공산주의사회에서는, 사회가 보편적 생산 활동을 조정하며 바로 이것 때문에 나에게 다음과 같은 것을 가능하게 해준다. 즉 내가 사냥꾼, 어부, 목부 혹은 비판가가 되지 않고서도 내가 지금 막 하고 싶은 대로, 오늘은 이것을, 내일은 저것을 하고, 아침에는 사냥을, 오후에는 낚시를, 저녁에는 목축을 하고, 식사 후에는 비판을 할 수 있게 해준다.” MEW3, 33쪽.

없어진다. 노동은 생계를 위한 수단이지만 노동 자체가 바로 자아실현이 된다.[40] 이제 분업이 없기 때문에 인간은 노동 과정에서 자신의 "전면적 발전", 즉 유적 본질을 실현하게 된다. "생산력도 성장하고, 조합적 부의 모든 분천이 흘러넘치고 난 후에", 즉 생산력이 고도로 발전하여 사회 구성원 전체의 재화가 풍부해진다. 재화가 넘치기 때문에 "부르주아적 권리의 편협한 한계", 즉 사적 소유의 욕망, 소유욕은 없어진다. 그래서 이 공산주의사회에서 분배방식을 다음과 같이 해도 된다. 즉 능력껏 일하고 필요한 만큼 가진다. 요약하면, 이 사회는 생산력이 고도로 발전하고 생산 수단의 사회적 소유가 실현됨으로써 능력에 따라 일하고 필요에 따라 분배받는 사회가 될 것이고, 노동이 바로 자아실현이기 때문에 인간소외가 없는 사회가 될 것이다.

맑스의 사상은 여러 측면에서 비판받았다.[41] 여기에는 반공주의 입장에서 맑스의 사상 자체를 거부하는 유형도 있지만, 맑스의 사상 내부의 정합성 여부를 따지는 유형도 있다. 그 중 대표적인 것이 '소외론과 사적 유물론의 대립의 문제'이다.

'소외론과 사적 유물론의 대립의 문제'란, 소외론은 가치판단을

---

40 진정한 공산주의사회에서만 가능한 이런 맑스의 노동관은 『자본론』에서도 보인다. "자유의 왕국은, 필요와 외적인 합목적성에 의해 규정되는 노동이 끝난 뒤에야 비로소 시작된다. 따라서 자유의 왕국은 그 본성상 본래적인 물질적 생산영역 저편에 놓여 있는 것이다."(MEW 25, S. 828)

41 "사적 유물론의 과학주의, 역사주의, 토대와 상부구조 간의 관계, 프롤레타리아트 혁명의 주체와 조건 문제, 인간소외 문제 해결에서 사적 소유 폐지의 과도성, 분업문제 해결의 모호성, 계획생산과 자유의 대립, 고도생산력 가능성 문제" 등이 있다. 손철성: 앞의 책, 79~86쪽, 120~127쪽, 179~ 185쪽, 218~231쪽, 264~277쪽.

하는 철학인 반면에, 사적 유물론은 사실판단을 하는 과학이기 때문에 한 사람의 사상으로 두 이론이 정합적인가 하는 문제이다. 즉 소외론은 올바른 인간 및 사회 모델을 준거로 해서 자본주의사회를 비판하는 철학인 반면에, 사적 유물론은 자본주의사회의 내적 모순을 분석하는 과학이라는 것이다. 이 대립 문제는 '청년' 맑스와 '성숙한' 맑스 간의 대립 문제와 같다고 할 수 있다. 두 이론이 정합적이라는 입장은 아담 샤프 등의 '연속론', 정합적이지 않다는 입장이면 알튀세 등의 '단절론'이다. 단절론에 의하면, 『독일이데올로기』부터 맑스가 '소외'라는 용어를 잘 쓰지도 않았고 또 이 용어를 가지고 역사를 설명하는 관념론자들을 비판했다는 것이다. 그러나 연속론에 의하면, 맑스가 『독일이데올로기』부터 이 '소외' 용어를 회피한 것은 사실이지만 그것은 소외 문제 자체를 포기한 것이 아니라 이 용어를 쓰면 맑스 자신이 비판하는 관념론자로 오해받기 때문에 이 용어를 사용하지 않았을 뿐이라는 것이다. 대신에 맑스가 '분업', '상품의 물신성' 등의 다른 용어로 소외 개념을 대신했다고 한다.

그런데 맑스의 사적 유물론을 하나의 독립된 '논증'으로 분리시켜 보면, 사실 이 논증은 잘못된 논증, '오류논증'이 될 수 있다. 즉 사실판단으로부터 바로 가치판단을 도출하는 '자연주의적 오류'[42]를 범할 수 있다. 앞에서 보았지만, 맑스는 자본주의 경제를 과학적으

42 이것은 영국철학자 G. E. 무어(Moore, 1873~1958)의 이론이다. '존재로부터 당위를 도출하는 오류'라고도 할 수 있다.

로 분석하여 나름대로 그 내적 모순을 밝혀냈다. 즉 맑스는 ① "자본주의의 발전된 생산력에 자본주의적 생산관계(사적 소유)는 질곡이다."라는 사실판단을 정립한다. 그 다음, ② "공산주의사회는 사적 소유가 없는 사회이다."라는 사실판단을 둘째 전제로 정립한다. 맑스는 이 전제들로부터 바로 ③ "공산주의 사회가 실현되어야 한다."라는 가치판단, 즉 암묵적 결론을 내리고 있다. 그런데 이 추론은 오류이다. 왜냐하면, 전제 ①, ②로부터 결론 ③과 모순되는 결론도 추리가 가능하기 때문이다. 즉 전제 ①, ②로부터 ③과 모순되는 결론, "그렇지만, 자본주의사회는 개혁을 통해서 존속할 수 있다."는 결론도 추론할 수 있기 때문이다.[43]

그러면 이 오류논증은 어떻게 극복할 수 있는가? 이 오류는 새로운 전제를 첨가함으로써만 극복될 수 있다. 즉 전제 ①, ②의 사실판단 외에 가치판단으로 된 전제가 첨가되어야 한다. 물론 이 가치판단은 일반적으로 수용 가능해야 할 것이다. 그렇다면 여기서는 어떤 전제가 적당한가? 물론 이 전제는 사적 유물론에서는 직접 찾을 수가 없다. 맑스가 사적 유물론을 과학으로 생각했더라면 사적 유물론에는 가치판단이 없기 때문이다. 그래서 이 전제는 사적 유물론에서 암묵적으로 '가정'되어 있을 뿐이다. 그런데 이 가정된 전제는 바로 맑스의 소외론에서 찾을 수 있다.

앞에서 보았지만, 맑스의 소외론이 가정하는 전제는 쉽게 말하면, ⓐ "인간소외가 없는 사회가 실현되어야 한다"는 가치판단이다. 여

43 맑스의 사적 유물론이 '과학주의'라는 비판은 이런 이유에서 제기된 것으로 볼 수 있다.

기서 중요한 것은 이 전제의 내용이 보편적으로 수용할 수 있을 만큼 '옳다'는 것이다. 이 옳은 전제가 앞의 ①, ②에 추가 되어야만 맑스의 논증은 자연주의적 오류를 피할 수 있을 것이다. 그 다음, 사적 유물론과 소외론을 연결하는 매개개념은 '사적 소유'이므로 사실판단적 전제, 즉 ⓑ "자본주의사회의 사적 소유는 인간소외를 야기한다"라는 사실판단이 하나 더 추가되어야 한다. 이렇게 되면, 추론과정은 ⓐ+ⓑ+①+②→③이 된다.

그래서 맑스의 논증을 간단히 재구성하면 다음과 같다. "인간소외가 없는 사회가 실현되어야 한다. 자본주의사회의 사적 소유는 인간소외를 야기한다. 고도로 발전된 생산력에 자본주의적 생산관계(사적 소유)는 질곡이다. 그런데 공산주의사회는 사적 소유가 없는 사회이다. 따라서 공산주의 사회가 실현되어야 한다." 이상의 논증에서 최종 결론과 모순되는 결론은 나올 수 없으므로 이 논증은 오류논증이 아님을 알 수 있다. 그러므로 인간소외의 극복을 주장하는 맑스의 소외론은 맑스의 사적 유물론과 대립되는 것이 아니라 사적 유물론의 전제가 되는 이론이라고 할 수 있겠다. 즉 청년 맑스와 성숙한 맑스는 대립 관계가 아니라 상보 관계인 것이다.

## • 참고문헌


손철성: 『마르크스의 『독일이데올로기』』, 서울대학교 철학사상연구소 2003.

L. 뒤프레: 『마르크스의 철학적 기초』, 홍윤기 역, 미래사 1986.

O. W. 쿠시넨: 『역사적 유물론 입문』, 편집부 역, 동녘 1999.

K. 마르크스: 『경제학-철학 수고』, 김태경 역, 이론과 실천 1987.

K. 맑스/ F. 엥겔스: 『저작 선집』, 박종철 출판사 2001.

B. Bauer: Die gute Sache der Freiheit und meine eigene Angelenheit, in: H. und I. Pepperle(Hrsg.): Die Hegelsche Linke,Frankfurt/M. 1986.

M. Heß: Über das Geldwesen, in: M. Heß: Philosophische und sozilalistische Schriften 1837~1850, Eine Auswahl, hrsg. v. A. Cornu/ W. Mönke, Berlin 1961.

K. Marx/ F. Engels: Marx-Engels-Werke (MEW), Berlin 1956 f.

—: Marx-Engels-Gesamtausgabe (MEGA²), Ost-Berlin 1975 f.

Z. Rosen: Bruno Bauer and Karl Marx. The Influence of Bruno Bauer on Marx's Thought, The Hague 1977.

3

# 잃어버린 '총체성'을 찾아서

변 상 출

> 무한히 깊은 우주의 공간에는 신의 반짝이는 사유이자 축복받은 도구이기도 한 수많은 별들이 운행하고 있다. (…) 이 모든 별들은 행복하다. (…) 이 별들 가운데 이 운명을 공유하지 않은 별이 딱 하나 있다. 이 별에는 인간만이 서 있을 뿐이다.[1]
>
> — 에곤 프리델(Egon Friedell)

## 파라다이스의 역설

밤하늘의 별은 꿈과 희망을 말할 때는 해방의 미적 감성을 일깨우는 촉매가 되기도 하고, 억압에 시달린 서러운 가슴을 달랠 때는 따뜻한 신의 눈길처럼 보이기도 한다. 그런데 오늘 우리는 이 우주의 별을 잃어버렸다. 아니 별은 예전처럼 무수히 많지만 그 별을 바라볼 '토대'를 잃어버렸다고 하는 것이 더 정확할 것 같다. 그렇다면 문제는 창공의 별이 아니라 바로 우리의 별일 것이다. 도대체 오늘

1 E. Friedell: Kulturgeschichte der Neuzeit, München 1960, 3쪽.

우리의 별에서는 무슨 일이 일어났는가?

우리의 별에서는 인공의 불빛이 창공의 별빛을 대신하고 있다. 우주를 더욱 어둡게 만들 석유를 새까맣게 태워가면서! 별을 보며 행복한 세상을 꿈꿨던 한 지성은 별이 빛나는 창공을 보고, 그 별을 지도삼아 길을 떠날 수 있었던 시대는 얼마나 행복했던가! 하고 노래했지만 우리 시대는 별을 보고 길을 떠날 여유가 없다. 왜? 시간이 없어서. 그럼 왜 시간이 없는가! 일해야 하기 때문에. 21세기 현대 도시의 사람들은 대개 이런 논법의 마술에 걸려 노동노이로제 증세를 일으킨다. 평소 하던 일을 잠시라도 미뤄두면 불안하기 그지없다. 마치 "시간은 돈이다"를 말한 18세기 벤저민 프랭클린이라는 유령에게 아직도 쫓기기라도 하듯이 말이다. 그래서 모처럼 용기를 내어 여행을 떠날 때도 '별'이라는 창공의 나침반이 아니라 '내비게이션'이라는 최첨단 시간 절약의 인공 메커니즘을 사용한다. 이제 이 메커니즘은 거의 생활필수품이 되었다. 사람이 사람에게 묻는 것이 아니라 사람이 기계에게 묻는 과학문명의 역설적인 시대 깊숙이 들어선 것이다. 이는 헉슬리(A. Huxley)의 『멋진 신세계 Brave New World』를 닮았다. 참 편리하다. 그러나 이 편리는 여행길에서 만날 수 있는, 사람과 사람의 부대낌에서 맛볼 수 있는 따뜻한 인간의 정감을 희생시켰다. 이 시간의 장치가 대중화된 순간부터 사람들은 길을 묻는 사람을 반갑게 대하는 것이 아니라 마치 외계에서 온 사람을 대하듯 ("내비게이션도 하나 없어!" 하는 마음으로) 낯설게 대한다. 물론 자신도 낯설어지게 마련이다. 이로써 편리가 차가운 매트릭스의 세계를 창조한 꼴이 되었다.

편리로 말하자면 우리 시대는 별을 보고 길을 찾으며 행복했던 시대와는 하늘과 땅만큼이나 차이가 있다. 일찍이 헤겔은 절대정신을 향한 인류의 무한진보를 예고한 바 있다. 역사는 그의 예고가 정당함을 입증해주듯 헤겔 시대의 창으로 목을 내밀고 우리 시대의 살풍경을 보면 우리 시대는 흡사 신화나 동화의 세계와 같아 보인다. 신이나 동화의 세계에서 가장 특징적인 것 중에 하나는 시·공간으로부터의 자유이다. 인간이 걸어서 몇 시간 혹은 몇 달 걸리는 시간을 신화나 동화의 세계에서는 순간이면 충분하다. 말과 마차가 최대의 교통수단이었던 그 시대의 눈에 비친 오늘 우리 시대의 모습은 분명 신화나 동화의 세계와 다를 바가 없을 것이다. 왜냐하면 그때의 시·공간 개념에서 보면 우리는 확실히 전통적 시간이나 공간 개념으로부터 상당히 자유로워졌기 때문이다. 이를테면 수공업에 의존해 살았던 조선시대의 어떤 사람이 옷을 한 벌 만드는데 시간이 거의 한 달 정도 걸렸던 것에 비해 기계화와 자동화에 기대어 사는 오늘 우리 시대는 한 대의 기계가 단 하루에 수십 수백 벌의 옷을 생산하고 있다. 이는 "금 나와라 뚝딱! 은 나와라 뚝딱!" 하는 동화책을 읽던 시대의 사람에게는 흡사 도깨비의 장난처럼 보일 것이다. 글이나 편지를 한 번 주고받는데 며칠 혹은 몇 달 걸렸던, 불과 한 세대 전의 시대만 해도 안방에서 전자상거래가 이루어지는 지금 우리 시대의 눈에는 원시시대처럼 아득할 뿐이다. 그 시대에 비하면 가히 우리는 시·공간을 초월한 신의 세계에 살고 있다 해도 분명 무리는 아닐 터이다. 이에 대해서는 A. D. 4000년을 시·공간적 배경으로 한 1920년대의 소설 『우리들 My』의 저자 자마찐(E. I. Zamiatin)이 부활해도 아마 고개를 끄덕일 법하다.

그런데 길의 지도가 되었던 창공의 별을 잃어버린 이 인간 신의 세계는 진정 행복한 파라다이스인가? 과학기술문명의 축적이 남겨온 시간의 유산은 인간에게 좀 더 자유로운 풍성한 시간을 제공하는가? 밤하늘 창공의 별을 노래하면서 오순도순 얘기를 나누던 정겨운 공동체문화는 인간노동을 대신해주는 과학기술의 문명 덕분에 더 두터워졌는가? 타자라는 개념이 없고, 나의 일이 곧 너의 일이고, 너의 일이 곧 나의 일이며, 나의 경험이 곧 너의 경험이고 너의 경험이 곧 나의 경험과 별 차이가 없었던 시대만큼 우리는 안팎이 구분되지 않는 그런 공동체의 삶을 영위하고 있는가? 편리를 위해 만들어진 기계장치들은 민주적인 인간들에게 안락하고 평화로운 삶을 보장하고 있는가? 인간을 주인으로 세운다는 계몽주의적 기획의 결과물이기도 한 과학기술문명은 칸트가 말하듯이 인간을 '수단'이 아니라 '목적'으로 대하고 있는가? 단연코 그렇지 못한 것 같다. 이러한 부정적 판단은 과학기술문명이 가져온 가능한 자유의 시간이 진정 인간에게 자유의 파라다이스를 제공하고 있는가하는 질문에서부터 따져보면 수긍할 수도 있을 것이다.

과거 한 사람이 옷 한 벌 만드는데 30일 걸렸다면, 현재 기계 하나가 하루에 30벌을 생산한다는 것을 가정할 때 우리에겐 몇 시간의 자유를 누릴 수 있는 시간이 더 생겼는가? 단순 계산만으로 가늠해 봐도 30명이 29일을 쉬어도 될 만큼 혁명적인 자유 시간이 생겼다고 볼 수 있다. 그러면 우리에게 그 만큼 자유의 시간이 실제로 주어졌는가? 전혀 그렇지 못하다. 자유의 시간은커녕 기계가 인간의 노동을 대신함으로써 언제든 노동현장에 투입할 수 있는 산업예비군들이 급증했기 때문에 오히려 '구속'의 시간을 동경하게 만들었다. 이 산업예비군들의 급증은 노동의 세계를 정규직/ 비정규직의 두 세계로 나눠 효율적 관리를 가능하게 했다. 비정규직의 세계에서 살아가는 사람은 정규직의 세계를 낙원으로 여긴다. 그래서 오매불망 그 세계로의 편입을 꿈꾼다. 이런 편입의 꿈 앞에서는 마이클 샌델의 『정의란 무엇인가?』의 정의는 종이 위의 정의로만 통한다. 물론 정규직 노동자의 형편도 물질의 상대적 풍요를 제외하고는 나을 것이 별로 없다. 언제 구조조정의 칼날이 내 목 앞에 닥칠지 몰라 '키 작은 풀'을 의미하는 아사쿠사(殘草)처럼 바짝 몸을 낮춘 채 이것저것 따지지 않고 이른바 하늘로부터 받은 소명(Berufung)과 어원을 같이 두고 있는 '직업(Beruf)'에 충실하려고 한다. 아마 이런 형태의 역군을 거울삼아 휴머노이드(Humanoid)라는 말도 생겨났을 것이다. 우리 시대의 일하는 사람들의 모습을 두고서 "피지배자들이 지배자들로부터 부과된 도덕을 지배자들보다 더 진지하게 받아들이는 것이 자연스러울"[2] 정도라는 아도르노의 지적은 휴머노이드의 이미지를 잘 살린 표현이라고 할 수 있겠다.

---

2 M. 호르크하이머/ Th. W. 아도르노: 『계몽의 변증법』, 김유동/ 주경식/ 이상훈 역, 문예출판사 1995, 186쪽.

과학기술문명이 준 시간의 여유가 자유의 시간과 연결되지 않는 현실적 사례는 고속열차의 경우에서도 찾을 수 있다. 한국고속철도 KTX가 운행되기 몇 년 전까지만 해도 당시 제일 빠른 열차였던 새마을호는 서울-부산 간을 달리는데 대략 5시간 이상 걸렸다. 그런데 지금은 2시간 반이면 넉넉하게 주파한다. 과거보다 2시간 30분이나 절약된 셈이다. 그래서 더 자유로워졌는가? 역시 전혀 그렇지 못하다. 오히려 더 바빠졌다. 무엇이 문제일까! 편리를 제공하는 과학기술문명을 가능하게 한 것은 자본주의 사회다. 그런데 과학기술문명에 의해 자유의 시간이 충분히 늘어났음에도 불구하고 현실이 그것을 용인하지 않도록 되어 있다면 이 사회는 분명 인간의 자유시간을 집어삼키는 메커니즘으로 지탱되고 있다고도 볼 수 있는 것이다. 바로 이 역설이 세계를 만화경 같게 만든다.

그러니까 창공의 별을 잃어버린 우리 시대는 시간 = 황금이라는 주술에 사로잡힌 바쁜 파라다이스에서 살고 있는 셈이다. 이 파라다이스에서는 너무 바빠 선과 악, 미와 추를 구분케 하는 지혜의 사과를 먹으면서 나를 돌아보고 우리를 성찰할 반성의 시간을 가질 수가 없다. 성찰과 반성은 Time = Money의 시대정신을 역행하는 삶의 마이너스로 치부한다. 여기서는 서로가 미다스(Midas)의 손[3]을 갖

3 미다스는 고대 그리스 신화에 등장하는 왕으로서 물욕이 많아 그가 만지는 모든 것은 황금으로 변하길 원했다. 술의 신 디오니소스의 힘을 빌려 그의 소원이 성취되었지만 그가 포옹한 자신의 딸까지 황금덩어리로 변하게 만드는 비극을 맛보기도 했다. 이 신화로부터 미다스는 '탐욕'과 '과욕'을, 미다스의 손(Midas touch)은 '돈 버는 재주'라는 의미로 쓰이게 되었다. '미다스의 손'에서 교훈을 얻는다면 '필요' 이상을 욕망할 때 비극이 초래된다는 점이다. '필요'의 범위는 자연의 지속적인 신진대사의 가능성에 달려있다. 하천을 뒤집고 콘크리트로 자연의 숨길을 막는 '4대강개발'이 지속적인 자연의 신진대사를 가능하게 하는 것인지 철저하게 물어야 한다. 과거

겠다고 끊임없는 노동과 욕망의 햄스터 쳇바퀴를 경쟁적으로 돌리고 있다. 이 햄스터 쳇바퀴는 나날이 새로운 상품들을 새롭게 쏟아낸다. 세상은 매혹적인 상품들로 넘쳐난다. 말 그대로 상품의 풍요를 경험하는 것이다. 물론 햄스터 쳇바퀴는 상품들만을 쏟아내는 것이 아니다. 그것은 이 신상품을 구매하고자 하는 대중의 '욕망'도 동시에 생성시킨다. 이 생성된 욕망을 충족시키기 위해서는 오늘의 자유를 부단히 유보할 수밖에 없다. 신상품에 대한 구매능력은 자유의 시간을 유보하는 시간의 부피와 대개 비례하기 때문이다. 물론 이런 구매능력을 갖추기 위해서는 무한경쟁은 밟아야할 필수코스인 것이다. 이 경쟁의 필드에서는 능력을 검증받지 못하면 역시 산업예비군으로 전락할 수밖에 없다. 그래서 악무한의 경쟁이 반복된다. 그러고 보면 이 파라다이스는 상품·욕망·경쟁으로 유지되는 소름 돋는 이상한 공간이다. 풍요는 있지만 그 풍요를 자유롭게 누릴 자유와 평등이 없다.[4] 과학기술문명이 상당 부분 인간의 노동을 대신하고 있기 때문에 분명 인간의 자유 시간이 늘어나야만 하는데 늘 시간에 쫓길 뿐이다. 항상 시간에 쫓기면서 늘 풍요 속의 빈곤을 느끼고 있다. 이는 꼭 도깨비놀음 같은 만화경 세상의 풍경이다.

---

와 오늘과 내일의 비극을 막기 위해서는.

4 이런 상황을 두고 1973년에 노벨경제학상을 받은 바실리 레온티에프(Wassily Leontief)는 '파라다이스의 역설'로 규정하고 새로운 기술의 상황에 대하여 새로운 소득분배의 정책으로써 대응하지 않는다면 인간은 파라다이스에서도 굶어 죽게 될 것이라고 경고한 바가 있다.(A. 브라이히 / U. 렌츠: 『일 덜 하는 기술』, 변상출 역, 문화과학사 2003, 154쪽 참조) G20 개최국, 세계 10위권의 경제 대국이라고 하면서 '88만원 세대'라는 용어가 유행하고 있는 것은 레온티에프가 말하는 '소득분배의 정책'이 작동하지 않는다는 것을 반증하며, 수많은 청년실업자와 노숙자의 존재는 '파라다이스의 역설'이 바로 한국사회를 관통하고 있음을 말해준다.

채플린의 『모던 타임즈』의 한 장면.
'내가 기계의 한 부품? 나를 위해 기계가 있나, 기계를 위해 내가 있나? 아, 헷갈려!'

이 만화경 같은 세상은 어떤 사회일까? 그것은 우선 소외가 압도하는 세상이다. 소외의 풍경은 이렇다. "우리 자신이 생산한 것이 우리의 통제를 벗어나고 우리의 기대를 뒤집어엎고, 우리의 계산을 수포로 만드는, 우리를 넘어선 물질적 폭력으로 토착화된다."[5] 물질적 폭력이 토착화되면 인간의 편리를 위해 만들어진 인간의 고안물들이 거꾸로 인간을 지배하는 역설적인 현상이 발생한다. 이 역설적 현상은 국가 · 체제 · 관습 · 자본 등에서 명확히 확인된다. 국가기구란 본래 그 공동체의 안녕과 번영을 위해 형성된 것이지만 '전체의

---

5 K. 맑스/ F. 엥겔스: 『독일 이데올로기 I』, 김대웅 역, 두레 1989, 75쪽.

안정'이라는 (혹은 '국민'의) 이름으로 그 구성원들의 의식을 획일화에 동원하기도 한다. 그 대표적인 사례가 파시즘일 것이다. 근대 이후의 체제 역시 인간이 좀 더 행복한 질서 속에서 살기 위해 마련된 것이지만 자본주의체제는 자본주의적 권력으로, 스탈린시대 사회주의체제는 관료주의적 권력으로 인간을 억압하고 배제하는 기구가 된 꼴에서도 총체적 소외현상을 확인할 수 있는 것이다. 죽음에 대한 공포 때문에 종교를 만들어놓고 종교 때문에 죽음을 불사하면서 수많은 죽음을 양산하는 싸움을 벌이는 행태도 종교적 소외의 전형적인 표본일 것이다.[6]

다음으로 만화경 같은 세상에서 우리가 흔히 만나게 되는 군상(群像)은 불구화되고 기형화된 모습들이다. 이 불구화와 기형화는 '경쟁'과 '욕망'을 작동시키는 자본주의 메커니즘의 가동 때부터 이미 시작된 것이다. 자본은 '자기 증식하는 가치'를 본질로 한다. 이 본질을 충족시키지 못할 경우 자본은 생명력을 다할 수밖에 없다. 따라서 자본을 핵으로 하는 자본주의 메커니즘은 '자기 증식하는 가

6 물론 이 같은 소외 문제는 국가기구나 체제 혹은 종교적 관습과 같은 큰 틀에서만 일어나는 것이 아니다. 그것은 우리의 일상에서도 작동한다. 그것은 정치판·학교·노동에서도 나타난다. 어떤 정치인이 후보시절에는 그 유권자인 국민에게 절을 하지만 당선되면 자신의 귀를 닫는 것은 물론이고 그 유권자의 입을 막고 그 위에 군림하(려)는 것도 흔히 목격되는 치졸한 정치 소외의 한 행태이다. 학교가 학생 주체들로 하여금 진리를 찾아내는 일을 돕는 도우미로서의 역할이 아니라 오로지 성적순으로 줄을 서게 함으로써 그들을 죽음으로 내모는 것도 교육현장에서 더러 보게 되는 비극적인 소외의 사건이다. "행복은 성적순이 아니잖아요!"는 이 비극적 사건을 피해보려는 부드러운 절규의 노래일 것이다. 고용의 불안정성 때문에 몸이 여간 좋지 않아도 일하러 가야만하는 상황은 이제 노동은 사람을 위한 것이 아니라 화폐를 위한 노동이 되었음을 보여주는 것인데 이는 전형적인 '소외된 노동'의 한 형태라고 할 수 있을 것이다. 찰리 채플린의 영화 『모던 타임즈』는 '소외된 노동'으로 인해 인간이 어떻게 기계의 한 부품으로 전락할 수 있는지를 암시하고 있다.

치'를 만들어낼 수만 있다면 어떤 방법도 서슴지 않고 동원할 수밖에 없는 내재적 필연을 갖고 있다.[7] 바로 이 필연이 인간의 영혼과 몸을 자본주의 메커니즘에 맞추게 만든다. 이 메커니즘의 하나가 노동 분업과 노동주체의 전문화일 것이다. 분업과 전문화는 배제와 강제 및 경쟁의 논리를 기본으로 한다. 분업은 재능의 조기발견이라는 명목으로 아예 어릴 때부터 한 인격체 속에 잠재된 다양한 재능 가운데 우선 눈에 띄는 특정한 것만 개발하도록 강요한다. 이때 조기에 노출되지 않는 잠재된 재능은 억압당하면서 아예 싹도 피워보지 못하고 실식하는 경우가 허다하다. 한 인격체 속의 다양한(음악 · 미술 · 발레 · 문학 · 철학 · 건축 등속과 같은) 재능들을 다양하게 발현하지 못하게 하는 분업과 전문화의 메커니즘은 인간 존재를 더욱 왜소하고 기형적이게 만든다. 특히 전문화는 그 영역의 협소한 문을 통해 인간을 줄 세우고 인간들로 하여금 살벌한 경쟁에 돌입하게 한다. 이때 '더불어'의 개념은 소멸하고 만다. 여기서 나의 이웃은 함께 할 행복의 공존조건이 아니라 살벌한 경쟁의 대상일 뿐이며, 자연은 인류의 후배들이 더불어 살아갈 공간이기는커녕 오늘 한탕으로 끝내야할 대상처럼 철저히 착취당한다. 노동은 그 주체에 의해 목적론적으로 정립되는 것이 아니라 '보이지 않는 손'에 의해 마지못해 수행해야할 고통이 된다. 당연 노동의 주체는 그 생산물을 전유할 수 없을뿐더러 그 생산물에 오히려 지배를 당하고 있다. 이런 점에서 라

7 인류의 대 비극인 제1·2차 세계대전도 바로 자본주의의 그러한 내재적 필연성에 기인한 것일 수도 있다.

파르그(P. Lafargue)가 자본주의 사회에서 노동은 온갖 형태의 지적 타락을 가져오는 동시에 모든 생명체를 기형으로 만드는 원인이라고 지적한 것은 정당한 셈이다.[8]

물론 자본주의적 생산방식은 전문화라는 노동 분업을 통해 고도의 생산성을 획득하기도 했다. 그러나 그 못지않게 수많은 문제를 야기했고 현재 야기하고 있는 것도 사실이다. 요컨대 자본주의 메커니즘은 유적 존재로서의 인간을 계급으로 분화시켰고, 계급에 의해 계급을 착취할 뿐만 아니라 미래의 인류가 써야 할 자원마저도 선취해서 착취하게 만들었다. 또한 그것은 인간을 기계의 한 부품으로 만들 뿐만 아니라 상품시장을 통해 인간과 인간의 관계를 사물과 사물의 관계로 변질시키며, 인간을 목적이 아닌 수단으로 취급하기도 한다. 고도의 생산성 아래서 인간의 본질은 '수월성'으로 채색되고, 이 수월성은 분업을 더욱 가속화했던 것이다. 여기서 인간은 다면적 존재가 아니라 일면 내지는 일각(一角)적 존재 모습을 취한다. 말하자면 전인(全人)의 요건인 '총체성'을 상실하고 파편화되고 불구화한 상태에 처한 꼴이다.

그러나 문제는 이런 불구화된 상태를 노동하는 사람들이 자연스럽게 받아들인다는 것이다. 이는 달리 표현하면 소외가 이미 내재화되었다는 것을 의미한다. 즉 우리가 생산한 것(자본)이 '물질적 폭력'으로 토착화되어 숭배의 대상이 되었다는 뜻이다. 물질적 폭력이 이처럼 종교의 형태로 승화된 것을 맑스의 어법으로 말하면 '물신숭배

8 P. 라파르그: 『게으를 수 있는 권리』, 조형준 역, 새물결 1997, 44쪽 참조.

(Fetischismus)'가 된다. 이런 물신숭배에 사로잡히면 노예해방의 주역이었던 아브라함 링컨의 저 유명한 게티즈버그의 발언, 즉 사람들에 의한 · 사람들을 위한 · 사람들의 사회가 아니라 돈에 의한 · 돈을 위한 · 돈의 사회가 지배적이게 된다. 그야말로 본말이 전도된 상태다. 이 상태는 링컨 시대의 백인 대 흑인과 같은 주인 · 노예의 관계를 넘어 인간 전체의 문제로 확장된 것이기 때문에 더 심각하고 더 본질적인 것이라고 할 수 있다. 그러므로 '물신숭배'의 극복은 인종 · 민족 · 종교 · 성(性)의 차원을 넘는 인류 보편의 문제에 해당하는 것이다. 그렇다면 어떻게 극복할 것인가를 극력 고민할 수밖에 없다. 바로 이 고민은 인간해방과 관련된 중요한 사안이기 때문이다.

해방은 꿈을 먹고 산다. 달콤한 꿈을 꿀 때만큼은 즐겁다. 그래서 인간해방의 길목에 들어서기 전에 먼저 행복한 세상을 꿈꿔본다. 이 꿈은 자유를 염두에 두지 않고는 생각할 수 없을 것이다. 요컨대 내가 마음먹은 대로 오늘은 이것을, 내일은 저것을, 곧 아침에는 사냥을, 오후에는 낚시를, 저녁에는 목축을, 밤에는 비판을 할 수 있는 그런 사회에 대한 꿈이다.[9] 물론 이런 꿈같은 사회는 로빈슨 크루소가 살아가는 그런 외딴 공간이 아니다. 이 공간은 영화 『웰컴 투 동막골』에 등장하는 순진무구한 바보 여일(강혜정)조차도 소외시키지 않는 '동막골'과 같은 곳이다. 요컨대 나 혼자 잘 먹고 잘 살자는 것이 아니라 서로 돕고 협동하면서 자연과 조화를 이뤄가는 사회, 사람들이 불안에 휩싸여 무한경쟁을 하는 것이 아니라 공생하고 공존

9 K. 맑스/ F. 엥겔스: 앞의 책, 75쪽 참조.

하는 사회, 돈과 권력이 사람 위에 군림하는 것이 아니라 사람이 돈과 권력을 제어할 수 있는 그런 사회를 의미한다. 이 꿈의 현실화는 당연 '물신숭배'를 넘어설 때만 가능할 것이다. 이제 길을 나서자.

## 루카치와 총체성

'물신숭배'를 극복하고 인간해방의 길목에 들어서기 위해 길을 나설 때, 게오르크 루카치(Georg Lukács)의 이론을 길의 지도로 삼으면 유용할 것이다. 왜냐하면 그는 인간의 영혼과 몸을 파편화하고 기형화하여 불구로 만드는 자본주의 메커니즘에 대항하면서 인간의 '총체성'을 회복하려고 평생 운동을 했기 때문이다. 그는 '총체성'이라는 개념의 무기를 단 한 번도 포기한 적이 없었다. 뿐만 아니라 그는 인간의 총체성을 회복하는 길이라면 골고다라는 고난의 언덕마저도 회피하지 않았다.

루카치의 경우 '총체성' 개념은 두 가지 층위를 갖고 있다. 그 한 층위는 나와 이웃이, 인간과 자연이, 존재와 의식이 서로 분열되어 있지 않아 어디에 있어도 고향 같고, 나의 노동의 산물이 나를 지배하지 않는 것은 물론이고, 자신이 자기 노동의 산물을 향유할 수 있었던 고대 그리스 시대의 총체성을 의미한다. 이는 곧 오늘 우리가 '잃어버린 총체성'과 관계하기도 한다. 여기에는 향수와 그리움이 묻어있다. "별이 빛나는 창공을 보고, 갈 수가 있고 또 가야만 하는 길의 지도를 읽을 수 있었던 시대는 얼마나 행복했던가? 별빛이 그 길을 훤히 밝혀주던 시대는 얼마나 행복했던가?"[10] 그리고 다른 한 층위는 이 '잃어버린 총체성'을 회복하기 위해 사회를 분석하는 방법의 도구로서의 '총체성'과 실제 사회의 복잡한 다층적 구성형태와 관련된 '총체성'과 관계한다. 이는 "맑스에 있어서 변증법적 방법은 총체성으로서의 사회를 인식하는 데 목표를 두고 있다"[11], "대상의 총체성은 (…) 주체가 자기 자신을 사유하기 위해서는 대상을 총체성으로서 사유할 수밖에 없을 때에만 비로소 정립될 수 있다"(역사, 200), "총체성의 관점은 변증법적 방법의 출발점이자 목표이고, 또 그 전제이자 요구이다".(역사, 201) 총체성의 범주는 "혁명적 원리의 담지자(Träger des revolutionären Prinzip)"(역사, 199)이다와 같은 어법에서 확인된다.

루카치의 총체성 개념은 사회의 모든 대상성형태들이 독립적인 개별적 존재가 아니라 상호 매개된 존재로 취급한다. 따라서 그것은 대상들의 현존재의 '직접성(Unmittelbarkeit)'을 넘어서게 한다. 현존재의 직접성을 넘어선다는 것은 사물화된 의식의 세계 너머를 본다는 의미일 뿐만 아니라 실증주의나 경험주의를 극복한다는 의미도 내포한다. 즉, 총체성은 전체 사회의 구조적 짜임관계를 항상 염두에 두고 이 관계가 영원불변의 인간조건이 아니라 현실의 운동 속에서 부단히 변하게 된다는 역사 유물론적 관점과 함수관계를 맺고 있다. 이러한 총체성의 관점이 실천의 원리가 될 수 있다는 것은 그것이

---

10 G. Lukács: Die Theorie des Romans, Darmstadt/ Neuwied 1971, 21쪽.

11 G. Lukács: Geschichte und Klassenbewußtsein, Darmstadt/ Neuwied 1977, 433쪽 이하. 이하 '역사'로 약칭함.

대상들의 매개상태, 즉 이의 역사성은 현재의 구조가 직접 눈에 보이는 식으로 자연발생적으로 혹은 우연히 주어진 것이 아니라 인간들에 의해 만들어진 것일 뿐이라는 사실을 보여주기 때문이다. 이는 곧 현실의 주체와 객체가 상호 무관하지 않다는 점을 말해주는 것이다. 존재를 하이데거 식으로 '던져진' 것으로 보는 것, 혹은 플라톤 식으로 현실을 이데아의 복사판에 불과한 것으로 이해하는 것과 존재를 현실의 역동적 관계망 속에 얽혀 있는 것으로 보는 총체성의 관점은 전혀 다른 실천적 효과를 유발한다고 볼 수 있다. 전자들의 경우 역사 수동태 내지는 허무주의로 귀결될 수 있고, 후자의 경우 현실에 적극적으로 맞서는 역사 능동태 혹은 혁신주의를 취할 가능성이 많기 때문이다.

루카치의 이러한 '총체성'-주의는 "진리는 전체다(Das Wahre ist das Ganze)"[12]라는 헤겔의 변증법적 사유에 의존한 것이기도 하지만, 이 전체는 인간들 간의 '관계'의 '총화'라는 유물론적 매개 관점을 염두에 둔 것이기도 하다. 맑스에 따르면 인간의 본질이 사회적 관계들의 '총화'일 뿐만 아니라 상품들조차도 사회적 관계의 표현일 뿐이다.

총체성의 관점에서 보자면, 전체와 부분의 관계에서 우선되는 것은 전체이다. 루카치는 이러한 총체성의 관점을 공산당에 입당한 뒤 얼마 지나지 않아 『전술과 윤리』에서 표현한 바 있다. "전체가 부분에 대하여 우선권을 가지며, 전체에서 부분을 해석해야지 거꾸로 부

12 G. W. F. Hegel: Phänomennologie des Geistes, Werke 3, Frankfurt/M. 1970, 24쪽.

분에서 전체를 해석해서는 안 된다."[13] 그런데 전체와 부분의 우선성의 문제는 집단과 개인의 문제로 치환되어 '총체성'이 개인의 자유를 억압하는 도구라는 혐의를 유발하기도 한다. 이러한 혐의를 물고 늘어지는 진영은 동일하게 인간해방을 말하는 '비판이론' 측이다. 아도르노는 현대사회 전체가 억압에 기초한 것이기 때문에 "전체는 허위다"[14]라고 응수한다. '전체'에 대한 아도르노의 이러한 불신에는 스탈린주의와 파시즘의 '전체주의'에 대한 어두운 역사의 그림자가 드리워져 있는 것은 사실이다. 그러나 이 전체가 그 각각의 '매개' 주체들의 힘의 역학관계를 통해 구성된다는 점에서 '전체'를 허위로 몰아붙일 경우 주체의 역동성은 허약해지거나 무용해질 수밖에 없다.

앞에서 얼핏 내비친 바 있듯이 루카치의 '총체성' 관점은 서술과 규범의 양면으로 구성되어 있다. 여기에는 세계를 전체로 파악할 때에만 그 진리에 접근할 수 있다는 것과 노동 분업화된 자본주의 사회에서 인간은 고대 그리스적 '총체성'을 잃어버렸고, 이 '총체성'을 회복하기 위해서는 세계를 전체로 조망할 때 그것이 가능하다는 윤리성이 내포되어 있다. 이러한 윤리성은 맑스에게서도 찾아볼 수 있다. 맑스는 고대 그리스인들의 삶의 태도를 "인류 역사의 유아기"로 비유하면서도 그들의 예술이 오늘 우리에게 매력을 준다고 말한 바 있다.[15] 이는 예술의 불균등발전론으로 공식화되기도 하지만, 이 논

13 G. Lukács: Taktik und Ethik, Georg Lukács Werke, Bd. 2, Darmstadt/ Neuwied 1977, 65쪽.

14 Th. W. Adorno: Minima Moralia – Reflexionen aus dem beschädigten Leben, Frankfurt/M. 1980, 30쪽.

점의 저변에는 자본주의 생산방식의 전문화와 분업화로 불구화된 인간성을 '총체적으로' 회복해야 한다는 휴머니즘이 흐르고 있다고도 볼 수 있다.

물론 루카치의 '총체성' 개념이 부분에 대한 전체의 우선 관점과 결부되어 있기 때문에 '총체성'이 억압의 도구로 보일 수도 있고 또 그러한 기능으로 작동할 수도 있다. 사실 현실에서 전체(국민이나 인종 혹은 당)의 이름으로 폭력이 행해지기 일쑤이다. 전체의 이름만으로 폭력이 행사될 뿐만 아니라 '자유'나 '평화'와 같은 이데올로기의 이름으로도 폭력이 행사되기도 한다. 국민(인종)의 이름으로 폭력이 행사된 대표적 사례는 파시즘일 것이고, 당의 이름으로 그렇게 된 것은 스탈린의 숙청이며, '자유'와 '평화'의 이름으로 폭탄세례를 받고 있는 대표적 경우가 이라크와 아프가니스탄일 것이다. 이런 사태에서는 총체성이 해방의 장치가 아니라 인간의 자유와 개성과 생명을 말살할 수 있는 위험물일 수 있다.

그러나 총체성이 위험물질로 둔갑할 수 있는 것은 그 안전장치인 매개가 없을 때이다. 매개 없는 총체성은 개인숭배나 파시즘으로 전화하기도 한다. 헌법에서 보장하는 집회와 표현의 자유를 억압하고, 임기가 보장된 공공기관의 직위를 권력의 코드에 맞지 않다고 중도하차시키는 행위 따위는 민주주의라는 매개를 무시하는 파시즘의 징후들이라고 할 수 있을 것이다. 루카치가 스탈린 시대의 사회주의 리얼리즘을 현실의 '매개'를 배제한 '혁명적 낭만주의'로 판정하고,

---

15 K. Marx: Einleitung zur Kritik der Politischen Ökonomie, MEW 13, Berlin 1985, 642쪽 참조.

이 시대와 거리두기를 하면서 항상 '위대한' 리얼리즘을 19세기의 낡은 '고전주의'에서 찾았던 것은 총체성과 매개의 연관관계를 염두에 둔 것이라고 할 수 있다.

사실 매개-개념은 루카치의 '총체성' 개념에서 핵에 해당한다고도 볼 수 있다. 왜냐하면 우리가 극복하고자 하는 대상인 '물신숭배'는 '매개'의 개념 없이는 이해하기 어려울 뿐만 아니라 루카치의 핵심화두 중에 하나인 '사물화(Verdinglichung)' 개념도 '매개'와 깊이 관계하기 때문이다. '물신숭배'의 주술은 본질적 관계를 감추고 직접적 관계만을 보게 한다. 따라서 직접성을 넘어서서 '물신숭배'를 극복하기 위해서는 우리를 둘러싼 대상들이 서로 어떻게 '매개'되어 있는가를 살피는 것은 곧 그 대상들의 총체적 연관관계를 엿본다는 뜻이다.

## 사물화와 매개

이 총체적 연관관계를 엿보기 위해 이제 '매개'와 깊은 관계를 맺는 루카치의 '사물화' 개념을 살펴보기로 한다. 이 개념의 핵심에서 얻을 수 있는 교훈은 다음과 같이 간략히 정리해볼 수 있다. ① 사물화는 모든 사건과 존재를 독립된 개별현상으로 보이게 함으로써 변증법적인 일체의 연관성을 보지 못하게 하여 주체들로 하여금 '정관적 태도(kontemplative Haltung)'를 취하게 한다는 점, ② 이로써 사물화는 기존의 지배질서를 고착시키는 기능을 한다는 점, ③ 따라서 이 질서에 변화를 주기 위해서는 상품의 생산에서든 상품과 상품의 교환에서든 핵으로 작용한 것은 주체들 간의 역동적 상호관계이며, 이 상호관계를 포착할 때 '정관적 태도'를 버릴 가능성이 주어진다는 점, ④ 그러므로 세상을 만화경으로 둔갑시키는 사물화의 짙은 안개를 걷어내기 위해서는 '총체성의 관점'이 절대적으로 필요하다는 점 등속이다.

루카치는 사물화개념을 맑스의 '상품의 물신성'에서 착안한다. 맑스에 따르면 인간관계에서 대상화된 상품이 제2의 자연이 되어 인간과 독립된 것처럼 보이게 되는 신비화는 물신화에서 비롯된다. "따라서 단순히 상품형태의 신비는, 그것이 인간들 자신의 노동의 사회적 성격을 노동생산물 자체의 대상적 성격으로서, 이 사물들의 사회적 자연속성으로서 인간들에게 비쳐보이게끔 하는 점에 있다. 따라서 상품형태는 또한 생산자들이 총노동과 맺고 있는 사회적 관계를 생산자들 외부에 실존하는 대상들의 사회적 관계로서 뒤집어 반영한다. (…) 사실 그것은 인간들 자신의 특정한 사회적 관계일 뿐인데, 여기에서는 사물들의 관계라는 만화경 같은 형태를 취하는 것이다. (…) 이것을 나는 물신숭배라고 부른다."[16] 이에 근거하여 루카치는 상품구조 속에서는 사람들 간의 관계가 단순히 사물의 성격으로 변하게 되며, 이로써 상품은 인간관계와 무관한 일종의 "유령적 대상성(gespenstige Gegenständlichkeit)"을 성립시키게 된다고 본다. 이런 형태를 띠는 상품구조의 본질은 "대상성의 근본적 지반인 인간들 간의 관계를 겉보기에는 완전히 완결적이고 합리적인 듯이 보

16 K. Marx: Das Kapital, MEW, Bd. 23, Berlin 1987, 86쪽 이하.

이는 엄격한 자기법칙성으로써 은폐한다는 사실에 기초를 두고 있다."(역사, 257) 말하자면 상품의 물신성의 형태로 구체화되는 사물화에서는 사람들 사이의 사회적 관계가 물적 존재와 물적 존재의 관계, 즉 노동생산물과 노동생산물의 사회적 관계로만 현상하게 된다.

따라서 여기서는 경제의 주체가 소멸해버린 것처럼 보이게 된다. 주체소멸은 '자본은 날개를 가지고 있다'는 착각을 불러일으킬 사물화된 의식을 촉발한다. 이 의식의 안경을 통해서 보면 오늘날 디지털 정보시스템의 전자회로망을 통해 시간과 공간의 모든 제약으로부터 해방되어 전 세계를 유령처럼 배회하면서 이윤을 벌기 위해 지상에 내려오는 것은 생산관계망을 형성하고 있는 경제의 주체가 아니라 자본과 노동의 사회 내재적 운동법칙, 즉 계급관계와 무관한 혹은 자유로운 듯한 자본일 뿐이다.

그런데 이런 사물화형식이 갖는 효과는 엄연히 존재하는 두 경제주체(노동자/자본가)에게 다르게 나타날 수 있다. 우선 사물화의 형식에서는 생산관계가 물적 존재 대 물적 존재의 관계이기 때문에 생산과정에서 노동자의 탄생의 고통이 더 이상 흔적조차 보이지 않게 된다. 이로써 자본가는 탄생의 고통에 대한 책임을 면제받을 수도 있다. 그리고 사회적 관계가 사물의 자기관계, 화폐의 자기관계이기 때문에 자본가가 얻게 되는 이윤도 생산관계 속에서 만들어진 잉여가치로서의 일부가 아니라 "자본의 본래적 과실로서 현상하고, 기업가소득이라는 형식으로 변형되어 한낱 재생산과정에서 추가로 주어지는 부속물·추가물로서만 현상할 따름이다."[17] 말하자면 '돈이 돈을 번다'는 만화경의 형태를 취하는 셈이다. 그 결과 노동자의 빈곤화도 자본가의 풍요화도 이제는 사물의 법칙, 자연의 법칙으로 둔갑한다. 따라서 지배/피지배의 관계도 자연스러운 '인간조건'일 뿐이다. 이 자연스러운 조건은 노동자가 이윤의 증식에 걸림돌이 될 때에는 제거 내지는 배제되어도 자연법칙일 뿐인 것으로 보이게 만든다. 현재의 상태를 자연적 '인간조건'으로 보는 이런 사물화된 의식에서는 세계에 대한 변화, 즉 생산관계의 변화란 질서의 파괴이고 경제위기의 원인을 의미하기 때문에 현실순응이 최고의 미덕이 된다. 이런 의식에서는 현재의 상태가 숙명적 조건으로 받아들여진다.

이 점에 상품물신주의에 감추어진 본질이 있다면, 상품의 물신화는 계급관계에도 본질적인 문제로 작동한다고 볼 수 있다. 맑스는『자본론』에서 이렇게 말한다. "화폐 또는 상품이 재생산과정과 무관하게 그 자신의 가치를 증식시킬 수 있다는 것–이것은 가장 뚜렷한 형태의 자본신비화이다. 자본을 독자적인 가치원천, 가치창조의 원천으로 서술하려는 속류 경제학에게는 물론 이런 형식이야말로 고대하고 고대하던 반가운 성찬이 될 것이다."[18]

루카치는 인간관계를 사물의 형태로 변전시키는 이런 상품관계는 욕구충족의 대상 전체를 상품화하는 데에만 그치는 것이 아니라 '유령적 대상성'의 형태를 띠고서 인간의 전 의식에 사물화의 구조를 각인시킨다고 본다. 루카치의 설명에 따르면, 이와 같은 상품의 물

17 K. Marx: Das Kapital, MEW, Bd. 25, Berlin 1987, 405쪽.
18 같은 책, 405쪽 이하.

신성은 대상성형식뿐만 아니라 주체의 태도까지 규정하게 된다. 이 점에서 루카치는 상품의 문제를 토대의 문제로 파악하고, 대상성형식과 주체의 태도를 상부구조로 이해한다고 볼 수 있다. 루카치는 상부구조와 연관되는 상품물신주의는 자본주의적 생산이 남김없이 파급되기 위해 사회적 삶의 전반을 포함하여 통일적인 의식구조를 강제하게 된다고 지적한다. "자본주의의 발전은 자신의 요구에 상응하며 자본주의 발전구조에 구조적으로 적합한 법률, 그에 상응하는 국가 등을 산출한다."(역사, 270) 이 점은 상품의 물신성이 맺는 이데올로기와의 관계를 보여주는 것인데, 이는 곧 체제의 존립과도 결부되는 문제이다.

이데올로기의 문제는 루카치의 저작 곳곳에서 중요한 사안으로 등장한다. 통제장치로서의 이데올로기의 문제는 『존재론』에서도 강조된다. "그러나 어떤 사회도 그 사회에 필요한 구성원들의 사회적 · 개인적 활동들을 다양한 수단(국가와 법과 같은 상부구조의 권력기관으로부터 전통, 관습, 도덕 따위와 같은 중요한 이데올로기적 영향에 이르기까지의 수단)을 통해 통제하고 유도할 수 없다면 실제로 재생산될 수 없기 때문에, (…) 사회적으로 중요한 중심적 경향들은 이데올로기적 입장 표명이라는 통제기구와 내밀한 관계를 맺을 수밖에 없다."[19] 루카치의 이러한 논리는 아도르노의 '문화산업'비판이나 프랑스 철학자 알튀세르(L. Altusser)의 「이데올로기와 이데올로기적 국가장치」 이론과

19 G. Lukács: Zur Ontologie des gesellschaftlichen Seins, Georg Lukács Werke, Bd. 13, Darmstadt/ Neuwied 1984, 223쪽.

거의 흡사하다. 예컨대 알튀세르의 다음과 같은 표현은 루카치 논리의 복사판 같은 인상을 준다. "자본주의 사회구성체의 생산관계들, 즉 피착취의 착취에 대한 그리고 착취자의 피착취자들에 대한 관계들이 대부분 재생산되는 것은, 바로 지배계급의 이데올로기의 집단적인 주입 속에 둘러싸인 몇몇 노-하우들을 견습함으로써다."[20]

이러한 논리에 입각하여 루카치는 합리주의의 이름으로 구조된 자본주의 내의 사물화된 비인간적 · 반인간적 여러 장치들을 분석 · 비판한다. 그는 사물화의 근본현상을 이렇게 규정한다. "사물화로 인하여 인간 특유의 활동, 인간 특유의 노동이 객체적인 어떤 것, 인간으로부터 독립되어 오히려 인간에게 낯선 자기법칙성을 통하여 인간을 지배하는 어떤 것으로 대립되어 다가온다."(역사, 260) '인간에게 낯설다', '인간을 지배하는 어떤 것'과 같은 어법은 헤겔로부터 사르트르에 이르기까지 근대 및 현대철학에서도 확인되는 것이다. 이들의 표현에 의하면 계몽의 기획아래 인간은 스스로 주체가 되었지만 결과적으로는 그것을 향유하지 못하고 오히려 그것에 의해 지배되는 소외상태에 놓이게 되었다는 것이다. 그런데 루카치가 이들과 다른 점은 소외를 정신의 외화의 문제로 국한하지 않을뿐더러 종교적 · 실존주의적 문제로도 보지 않는 것에 있다. 그는 소외를 생산관계의 문제에서 찾는다. 그에 따르면 소외를 촉발하면서 인간을 관리 · 지배하는 자본주의의 전체 합법칙성은 "자본주의경제의

---

20 L. 알튀세르: 「이데올로기와 이데올로기적 국가장치」, 『아미엥에서의 주장』, 김동수 역, 솔 출판사 1991, 101쪽.

기능수행"[21]을 위한 요청일 뿐이다. 이 기능은 노동 분업 · 관료체제 · 부르주아 문화 · 도덕 등이 수행한다.

이러한 합리적 기능의 분류화를 통해 노동생산물은 보편적인 형식을 띠게 된다. 이제 이 상품형식은 '동일하고 비교 가능한 추상적 노동'이 됨으로써 노동은 언제나 교환 가능한 것으로 된다. 이로써 노동을 상품으로 내놓는 노동자 자신도 언제라도 교체 가능한 상품으로 전락한다. 교체 가능성은 예속상태를 더욱 강화하는 기제로 작동한다. 왜냐하면 ―아도르노의 말을 빌면― '관리되는' 사회로부터의 탈출은 곧 죽음이나 '아웃사이더'를 의미하기 때문이다.[22] 이는 현실에서만 확인되는 것이 아니라 쥐스킨트(P. Süskind)의 『콘트라베이스』나 『좀머씨 이야기』와 같은 문학적 표현에서도 확인된다.

아무튼 합리적인 기능 분류화를 통해 이루어지는 노동 분업은 유기적 · 비합리적 통일성과의 단절을 요구한다. 이로 인해 전체로서의 생산물에 대해서 노동자가 맺는 관계는 해체되며, 그의 노동은 기계적으로 반복되는 특수기능으로 환원된다. 이 특수기능에 의해 인간적 속성과 특수성을 지닌 주체는 해체 · 조립되어 한갓 기계의 한 부품으로 전락하고 만다. 루카치에 의하면, 이런 합리적 기계화는 적정 노동량을 계산할 수 있는 원리로 작동한다. 여기서 중요한 것은 시간이 전부이고, 인간은 더 이상 아무것도 아니다. 질에서 양으로의 전화가 이루어진다. 이로써 자본주의의 합리적 관리메커니

---

21 같은 책, 270쪽.

22 M. 호르크하이머/ Th. W. 아도르노: 『계몽의 변증법』, 앞의 책, 186쪽 참조.

즘은 인간의 '영혼'까지 지배하게 된다. "인간은 객체적으로나 또 노동과정에 대한 자신의 태도에 있어서나 노동과정의 본래적인 담지자로서 등장하지 못하며, 오히려 인간은 기계화된 부분으로서 기계적 체계에 편성되어, 자신은 다만 이 기계적 체제가 자신과는 독립된 기성의 것으로 기능하고 있음을 바라보면서 무기력하게 제 자신을 이에 끼워 맞춰야만 하는 것이다."(역사, 263~264)

이 점에서 상품물신주의는 대상성의 형태와 주체의 태도를 규정하고 셈이다. 여기서 주체의 태도란 대상에 능동적으로 대응하지 못하고 '무기력하게 바라보는' "정관적 태도"를 말한다. 본래 노동은 '목적론적 정립'을 통해 행하는 환경에 대한 주체의 적극적 대응을 의미하지만, 여기서는 사물화의 여러 메커니즘에 의해 주체가 객체가 되고 대상화의 대상이었던 객체가 오히려 주체로 변전되는 비극적 역설이 이루어진다. 사물화가 영혼까지 침투함으로써 노동주체는 자본주의시스템을 정관적 태도에서 바라보게 된다. 이러한 정관적 태도에서는 합리성의 이름으로 진행되는 비합리적 세계를 변혁시키려 하지 않고 단지 인식하기만 하려고 한다. 그러나 정관적 태도는 세계에 대한 단순한 인식의 차원에만 머물지 않는다는 것이 문제다. 왜냐하면 그런 태도가 종종 지배체제에 —알튀세르의 어법을 빌린다면— '호명되기'를 원하기 때문이다. 이는 곧 현존질서의 재생산에 기여하기도 한다.

## 혁명적 인간주의

자본주의적 합리주의방식에 대한 이와 같은 루카치의 비판적 입장을 두고 L. 꼴레띠는 루카치의 사물화이론은 낭만적 반자본주의 색채를 띠고 있기 때문에 근본적으로 근대 비합리주의와 연관된다고 주장한다.[23] 그러나 루카치의 합리주의비판은 자본주의 이전의 세계로 회귀하자는 것이 아니기 때문에 이 주장은 설득력이 없다. 루카치는 자본주의가 문명화에 기여한 점도 어느 정도 인정한다. "자본주의에서 정점을 이루는 문명화과정의 세계사적 사명은 자연에 대한 지배력을 획득하는 것이다. 사회의 이러한 '자연법칙'은 (비록 그것의 합리성이 인식된다 해도 …) 자연을 사회화의 범주에 종속시키는 역할을 가지며 실제로 역사의 진행과정에서 이 역할을 수행해 왔다."(역사, 408) 한편 알튀세르 문파는 『역사와 계급의식』의 사물화 이론이 막스 베버 유의 합리주의비판과 헤겔 철학을 맑스주의에 적용하려 한 '좌파 인간주의(left-wing humanism)'라고 못 박는다. 그러나 미셸 뢰비는 이에 대하여 『역사와 계급의식』의 정치적 · 철학적 중심축은 프롤레타리아트의 입장에서 규정되는 '혁명적 인간주의'라고 대응한다. 그리고 그는 루카치의 인간주의는 헤겔적 관념론과는 거리가 멀다고 주장하면서, 그 위치를 『자본론』의 틀 속에 세운다.[24]

---

23 G. Markus: Entfremdung und Verdinglichung, in: Rüdiger Dannemann(Hg.): Georg Lukacs —Jenseits der Polemiken, Frankfurt/ M. 1986, 94쪽 참조.

24 M. Löwy: Georg Lukács—From Romanticism to Bolshevism, NLB, London W1 1979, 182쪽 참조.

분명 자본주의의 비인간적 성격에 대한 루카치의 비판은 맑스가 『자본론』에서 분석・비판하는 논리와 거의 일치하는 형태를 띤다. 그러나 맑스와 비교할 때, 루카치는 자본주의의 상품구조의 본질인 사물화가 촉발하는 비(반)인간적인 정신적・윤리적 측면에 더 강조점을 두고 있다. 맑스는 『경제학・철학 초고』에서 자본가와 노동자의 양극화 구도를 그렸듯이 『자본론』에서도 노동자의 물질적 빈곤화를 강조하는 반면에, 루카치는 위에서 보았듯이 무엇보다도 노동자가 상품으로, 인격적 존재로서가 아니라 계산 가능한 양의 존재로, 기계의 부속품으로 전락하는 과정을 부각시키고 있다. 하지만 이때 루카치는 자본주의 사물화의 분석에서 분업 자체를 다른 메커니즘과 함께 일괄적으로 '인간을 황폐화시키는 사물화의 영향'으로 평가함으로써 다소 탈역사적인 인상을 주기도 한다. 물론 분업은 사물화의 본질적 속성인 주체 해체적인 요소를 다분히 지니고 있는 것도 사실이지만, 분업이 생산력을 높였을 뿐만 아니라 그 높아진 생산력에 의해 생산관계도 일정하게 변했다는 역사적 사실도 부정하기는 어려울 것이다. 분업에 대한 루카치의 부정성은 『소설의 이론』에서의 '선험적 총체성'에 대한 동경의 이미지를 깔고 있는 듯한 인상을 풍긴다. 이런 인상이 '좌파 인간주의'라는 혐의를 초래했다고 볼 수 있다.

그러나 루카치의 자본주의 비판을 두고 '좌파 인간주의'를 말하든 '낭만적 반자본주의'로 채색하든, 혹은 '혁명적 인간주의'를 내세우든 실천으로서의 그의 이론에 주목하지 못할 경우 그의 논지의 핵을 비켜서있다고 밖에 말할 수 없을 것이다. 말하자면 '정관적 태도'를 버리고 현실로 육박해 들어가라는 것이 그의 인간 해방론의 핵을 관통하는 것이라고 할 수 있다. 현실에 뛰어들 때도 관건이 되는 것은 무정부주의적인 '자유주의'나 궁극목적이 없는 '인간주의'가 아니라 '역사와 계급의식'으로 무장한 '당파성'이다. 당파성은 '혼자'가 아니라 '더불어'를 전제로 한다.

물론 이 '더불어'의 당파적 의식성을 갖고 인간 '총체성'의 회복이라는 목표를 향해 루카치가 걸었던 길은 잘 포장된 안락한 길이 아니었다. 그 길은 고난의 상징인 골고다의 언덕으로 통했다. 말하자면 그가 총체성을 향해 걸었던 이 언덕은 뒤에는 자본주의 진영이, 앞에는 스탈린의 관문이 놓여 있는 그런 곤혹스런 길이었다. 자본주의 진영으로의 회귀는 '희망의 불꽃'(러시아혁명)을 등지는 것이고, 스탈린의 관문을 통과하기에는 그 문이 너무 비좁았던 것이다. 그러나 그는 '희망의 불꽃'을 향해 맑스의 지팡이에 충실히 의존해 그 비좁은 관문에 들어섰다. 이 관문에 들어섰을 때 그는 진영으로부터 동지로서 환영을 받은 것이 아니라 끊임없는 비판의 화살에 시달리면서 자아비판을 해야 하는 곤욕을 치렀다. 프롤레타리아트-농민 민주주의 독재를 제시했던 「블룸테제」 때문에 '우익적 일탈'이라는 오명을 써야 했고, 부르주아 철학의 비합리주의를 문제 삼은 『이성의 파괴』 때문에 유물론도 관념론도 아닌 제3의 길에 빠졌다는 비난을 받기도 했다.

「블룸테제」 사건 이후 루카치는 정치일선에서 물러나 이론작업에 집중했다. 이 이론작업의 성과가 그의 리얼리즘론을 구성하고 있다. 그의 리얼리즘론의 핵심은 현실에 대한 객관적 충실성이다. 그는 리얼리즘이라는 용어 앞에는 거의 언제나 '위대한'이라는 한정사를 붙이는데, 이는 스탈린 시대의 '혁명적 낙관주의' 내지는 도식화된 '사회주의 리얼리즘'과 보이지 않는 거리두기의 정치적·미학적 장치로 보인다. 이때도 '위대한' 리얼리즘에서 '매개' 역할을 하는 것은 항상 현실이다. 이러한 현실주의는 레닌에 의존한 측면이 있다. 레닌은 가장 훌륭한 당의 가장 훌륭한 이론도 현실을 바로 따라잡지는 못한다고 말한 바 있다. 말하자면 현실이 어떤 이론보다도 훨씬 더 복잡하고 교활하다는 것이다. 루카치가 당으로부터의 비난을 무릅쓰고서도 객관에 충실하려고 했던 것은 바로 현실을 '매개'로 하지 않고서는 올바른 '전망'이 불가능하다는 현실주의 때문이었다. 당으로부터 비난을 받았던, 그렇지만 '인민전선'의 필요성이 대두되었던 30년대 후반에서 인정을 받기도 했던 「블룸테제」도 헝가리 현실정치에 대한 '객관적' 분석에서 비롯되었던 것이었다.

그러나 루카치의 객관에 충실한 반영은 수동적 반영이라는 혐의를 동서 양쪽으로 받기도 한다. 이런 혐의는 루카치 반영론에서 차지하는 '총체성'과 '매개', 혹은 주체와 객체의 유물변증법적 개념에 대한 몰이해에서 비롯된 것이다. 루카치에게 있어 '총체성'이란 '매개' 없이 완결된 것도 아니며 객체는 주체와 무관한 것도 아니다. 사회 전체라는 것은 각개 주체들에 의해 구성되며, 이 구성된 전체가 개별 주체의 의식을 결정하기도 한다는 관점을 견지하고 있다.

이러한 상호관계의 형성과정을 형상화하는 것이 그의 현실 반영론이라고 할 수 있다. 이러한 상호관계의 형성과정을 면밀히 추적하면 미래에 대한 전망이 보이고, 이 전망의 길을 역사 주체들에게 객관적으로 겸손하게 제시할 때, 주체는 그 전망을 '매개' 삼아 그 길을 거부할 수도 있고 수용할 수도 있는 것이다.

루카치가 이해하는 변증법의 관점에서 볼 때, 인식을 외부 세계에 대한 정신적 경험의 '반영'으로 취급하는 것은 사유와 존재의 이원론을 영속화하는 것이고, 사유와 존재가 서로에 대하여 기본적으로 소외되어 있다는 것을 가정하는 것과 같다. 그러나 인식이 세계를 혁명적 변화의 과정으로 포착한다는 것을 의미하고, 세계를 이해하고 변혁하는 것이 프롤레타리아트의 해방된 의식의 불가분의 단일 행위를 나타내는 것이라고 한다면, 인식의 과정을 기존의 세계가 수동적인 인간 의식에 복사되는 것이라고 말하는 것은 더 이상 의미가 없는 것이다. 사유의 과정이 그 대상을 바꾸는 역사과정의 부분이 되지 못한다면, 그것은 변증법적이라고 할 수 없다는 논지가 루카치의 실천적 이론의 기초라고 할 수 있다.

루카치는 당으로부터 '좌파적 일탈'·'우익적 일탈'·'제3의 길로의 이탈'이라는 오명을 여러 번 뒤집어쓰면서 당으로부터 당적을 강탈당하는 수모를 겪은 바 있다. 그러나 그럴 때마다 그는 당을 뛰쳐나가는 '허위 반성'을 한 것이 아니라 언제나 자아비판을 통해 당에 충실하려고 했다. 그의 당파성의 충실성은 "옳든 그르든 나의 당"이라는 고백에서 확인된다. 당에 대한 충실성만 확인할 수 있는 것이 아니다. 이념, 즉 사회주의에 대한 충실성도 확인된다. 그의 운동의 궁극목적은 베른슈타인(E. Bernstein) 식의 "운동이 목적"이 아니라 로자 룩셈부르크(Rosa Luxemburg) 식의 "궁극목적이 목적"이 된다는 사회주의였다. 사회주의에 대한 그의 신념의 충실성은 이렇게 표현된다. "나는 항상 사회주의의 가장 나쁜 형태조차도 자본주의의 가장 훌륭한 형태보다 살기에 더 낫다고 생각해왔습니다."[25]

거의 맹목적 신념에 가까운 듯한 당과 '궁극목적'에 대한 신념의 장벽이 이처럼 두텁다고 해서 그는 교조적 맑스주의자들처럼 경직된 사고를 고수하지는 않았다. 그가 경직된 사고를 고집하지 않게 한 '매개'는 역시 현실이었다. 현실은 이념만으로 개조되는 것이 아니라 각 운동 주체들 간의 연대와 통일에 기반 할 때 변혁이 가능하다는 정치적 감각을 지녔던 셈이다. '인민전선'이 현실 정치적 감각의 표현이었던 것이다. 이러한 감각적 표현은 『이성의 파괴』의 후기에서도 나타난다. 2차 세계대전 후, 미국을 중심으로 새롭게 재편될 세계의 불행한 사태를 일찍이 예감한 그는 이제 중요한 것은 '이성을 사수하는 일'이며, 이 일을 수행하는 운동의 표현은 '평화 지키기'였다. 이때 그는 각 운동의 주체들이 이념적으로 서로 다를지라도 평화를 지키는 운동을 공통분모로 하여 연대 투쟁할 수 있다고 보았다. 그것을 헤겔의 변증법적 표현을 빌리면 "동일성과 비동일성의 동일성(eine Identität der Identität und der Nichtidentität)"이라는 말로 바꾸어 설명할 수도 있겠다.

---

25 G. 루카치: 「『신좌파평론』과의 대담」, 『맑스로 가는 길』, 김경식 · 오길영 편역, 솔 1993, 316쪽.

## 연대와 일상적 실천

루카치의 이러한 '연대전선'의 관점은 오늘날 다양한 시민운동 주체들을 감안할 때 여전히 현실성을 지니는 것으로 보인다. 단결 · 실천 · 연대가 사회운동의 필요조건이 된다는 것은 이미 오래된 정석이기도 하기 때문이다. 그러나 이 정석을 실천하는 일에서는 정석이 없을 만큼 까다롭다. 이것이 어려운 것은 '연대'의 매개를 고려치 않고 노선이라는 '직접성'에 매몰되기 십상이기 때문이다. 여기서는 오로지 '나'의 노선만이 '궁극목적'과 '동일'하고 '너'는 '비동일'의 비주류에 속한다는 식이 지배적이게 된다. 쌍방 소통의 '매개' 부재는 서로 만리장성을 쌓게 한다. 이런 현상은 '동일' 목적을 취하는 '동일' 당파 내부에서도 나타나는 것이다. 이는 결국 '사람'이 노선을 설정하면서도 그 설정된 노선에 그 '주체'가 포섭되는 −말하자면 맑스주의가 항상 경계해왔던− '소외'와 사물화현상의 하나라고 볼 수 있다. 노선이란 사람들의 관계에서 만들어지는 것이고, 그것의 목적은 '인간해방'일 것인데, 그것이 오히려 사람을 옥죄이고 사람들 간의 관계를 사라지게 만든다면 그것은 극복해야 할 또 하나의 '소외'와 '사물화현상'일 수밖에 없다.

루카치는 이런 현상의 극복을 위해서는 일상적 삶의 일상적 실천이 중요하다고 말한다. 그것은 곧 해방과 자유에 대한 '궁극' 신념의 일상적 이행과 관계한다. 루카치에 따르면 '소외'나 '사물화현상'이 사회적 산물이기는 하지만 이에 대한 이해를 넘어 그것을 극복하려는 개인의 일상적 실천도 중요하다. 그는 이렇게 말한다. "혁명적 노동자운동에서 드물지 않게 볼 수 있는 경우를 생각할 수 있다. 이를테면, 통찰력이 있고 희생을 각오하는 어떤 훌륭한 투쟁가가 노동에서 소외를 간파하고 올바르게 투쟁하지만 자신의 부인과의 관계에서는 소외의 속박을 깨부수지 못하는 경우를 흔히 목격할 수 있다. 따라서 소외의 최종적인 사회적 극복은 일상적 삶을 사는 개인의 삶의 실천에서만 완성될 수 있다. 물론 이때도 사회성이라는 일차적 성격은 달라지지 않는다. 이는 소외의 계기들이 개별 및 사회적으로 얼마나 복잡하게 서로 얽혀 있는지 말해주는 것이다."[26]

맑스주의 해방이론의 핵심 가운데 하나가 세상을 단순히 해석만 하는 것이 아니라 그것을 변혁하는 것이라는 점, 따라서 중요한 것은 이론과 실천의 '통일'이라는 점을 염두에 둔다면 루카치의 위의 지적은 항상 몸에 지니고 다녀야 할 반성의 거울처럼 보인다. 그러나 모든 것이 '매개'되면서 '매개'된 사실을 은폐하는 현대 자본주의 사회에서의 '사물화'를 간파하기는 쉽지 않다. 사물화한 세계에서는 걸핏하면 길을 잃게 된다. 길을 잃었을 때는 '처음으로' 돌아가라는 말이 있다. 돌아가면 '매듭 점'이 보이기도 한다.

맑스가 『독일 이데올로기』에서 인간의 본질은 사회적 관계들의 총화라고 말한 것은 인간의 본질은 고유한 것이라는 전통적 관념론의 틀을 깨는 선언이기도 하다. 그러나 인간의 본질이 고유하다는 관념론은 생물학적 조건처럼 대중들의 의식 속에 뿌리내리고 있는 것이 현실이다. 이런 점에서 보면 관념론이 아직도 우리의 의식을

26 G. Lukács: Zur Ontologie des gesellschaftlichen Seins, 앞의 책, 210쪽.

강하게 우선적으로 지배하고 있다고 볼 수 있다. 특히 신자유주의시대는 존재(사회적 관계의 총화)가 문제가 아니라 개인의 능력을 금과옥조로 삼게 만든다. 모든 사태의 결과를 내면화한다. 일이 잘 풀리지 않으면 존재로 눈을 돌리게 하는 것이 아니라 '내가 못난 탓'으로 최면술을 걸게 하는 것이다. 그래서 취직이 안 돼도 "내가 능력이 없어서"로 자기반성하게 만든다. 사물화가 만들어내는 '정관적 태도'가 일상화한 꼴이다. 그런데 이런 '정관적 태도'가 단순히 '관조의 상태'에 머무는 것이 아니라 특정한 상황에서는 '정치적 행위'로 표출되는 것이 문제이다. 존재기반이 민중이면서도 선거에서는 자신의 계급과는 반대에 위치하는 지배계급에게 표를 던지는 것이다. 이는 사물화한 의식의 한 표본인 셈이다. 지배계급은 능력이 있고, 민중은 정권을 수행할 능력이 떨어진다고 보는 것도 그 본질을 사회적 관계들로 보지 못하는 데서 유발된다.

하나의 사물을 두고 관계들의 '총화'를 '직접'적으로 읽어내기는 쉽지 않다. 그러나 어떤 사물을 그 형성과정의 출발점으로 피드백하면 관계들의 '총화'를 읽어내기가 용이하다. 예컨대 내 손에 한 권의 책이라는 '상품'이 있다고 가정하자. 이 상품을 피드백하면 서점에 위치한 책이 보인다. 이 책을 구입하기 위해 '돈'이 나온다. 이 돈을 다시 피드백하면 노동현장으로 돌아간다. 그러면 노동은 어떻게 이루어지는가 묻게 된다. 노동은 노동자와 자본가의 관계에서 이루어진다. 이 관계에서 노동은 땀이 되고 피가 되며, 자존심이 되기도 한다. 그러면 돈의 상품과 책의 상품 교환은 단순히 물건과 물건이 교환되는 것이 아니라 인간관계라는 것을 확인할 수 있다. '매개'가 파악되는 것이다. 이 '매개'가 파악되면 "돈이 돈을 낳는다"는 자본주의의 해묵은 신화에 의존한 '물신숭배'는 깨어지게 마련이다. 이 깨어진 신화에서 보이는 것은 노동과정의 고통, 잉여가치, 불평등구조 등일 것이다. 즉 인간들의 관계가 보이게 되는 것이다. 이 관계를 보는 것, 그리고 보게 하는 것이야말로 인간 해방운동의 시작이라고 할 수 있지 않을까.

루카치의 '혁명적 원리의 담지자'로서의 '총체성'-이론에서든 그의 '총체성' 원리를 거부하는 아도르노의 '비판이론'에서든 부정되지 않는 것은 별자리를 뜻하는 콘스텔라치온(Konstellation: 짜임관계)이다. 이 관계에 의하면 밤하늘 창공의 별들은 서로 무관하게 허공에 위치하는 것이 아니라 서로 '매개'되어 존재한다. 어느 별이 매개의 힘을 상실하면 그 별은 별똥별이 되어 빛을 상실하고 만다. 어두운 밤하늘 창공을 아름답게 수놓고 있는 무수한 별들은 '매개' 관계에서만 아름다울 수 있다.

인간 사회의 원리도 마찬가지일 것이다. 모든 인간은 서로를 '매개'하고 있다. 내가 입고 있는 옷, 내가 쓰고 있는 연필과 노트 따위는 그저 단순히 화폐에 의한 교환으로만 주어진 것이 아니라 그 속에는 사회적 '짜임관계'라는 원리의 작동에 의해 '매개'된 것이라고 할 수 있다. 이 원리를 받아들일 때 사회는 '공존'의 아름다운 빛을 발할 수 있다. 그렇지 않을 경우 내가 소유하고 있는 모든 물질은 그저 "내가 잘나서", "내가 능력이 있어서" 가진 것이라는 독존적

'유아론'에 빠지고 만다. 이때 개인은 이웃과 담을 쌓고, 기업은 사유화되고, 국가는 파시즘의 형태를 취하게 된다.

'매개'가 소멸되고 '짜임관계'가 파괴되면 '카오스'가 지배적이게 된다. '신자유주의'는 모든 '매개' 관계를 끊임없이 잘라내고 있다. 돈이 되는 것이면 무엇이든 하라, 타자는 '공존'의 대상이 아니라 점령해야 할 대상일 뿐이라는 주문을 걸고 있다. 이 마법에 걸린 세계와 자연은 전쟁의 파괴와 개발의 파괴 잿더미 속에서 신음을 하고 있다. 인간관계도 철저히 파괴되고 있다. 인간관계의 파괴는 비정규직의 확대재생산에서 그대로 확인된다. 정규직과 비정규직의 분할은 동일노동의 '공동체' 의식을 파괴한다. 동일노동에서 동일한 '가치'를 생산함에도 불구하고 '다름'을 갖게 하는 이데올로기는 인간을 서로 분열시켜 놓는다. '신자유주의'는 정규직과 비정규직의 갈등을 통해 '나누고(divide)' '통치하는(control)' 사악한 지배기술을 발휘한다.

## 세계의 밤과 희망

신자유주의의 파도가 넘실대는 오늘 자본주의 시계바늘이 가리키는 현재의 좌표와 미래의 방향은 무한 경쟁이다. 이 무한 경쟁에서 살아남을 수 있는 최선의 길은 총체성에 대한 그리움을 망각하고, 개별 분산적인 끝없는 개인의 지평을 좇으면서 지젝(S. Žižek)이 말한 대타자(Der groβe Andere)의 지시에 고분고분 따르는 것뿐인 것처럼 전망된다. 이 전망의 끝은 보이지 않는다. 전망이 보이지 않는 이런 분위기를 두고 헤겔의 표현을 빌려 좀 과장해서 말하면 칠흑같이 어두운 '세계의 밤'이라고 할 수 있을 것 같다.

밤도 무척 깊은 밤이다. 그래서 '매개'-주체들의 역할이 그 어느 때보다 중요한 시점이다. 밤이 깊을수록 '매개'-주체들이 엮고 있는 별자리들이 빛날 수 있는 것은 어둠의 먹구름을 얼마나 역동적으로 뚫고 나오느냐에 달려 있을 것이다. 콘스텔라치온은 혼자서는 구성되지 않는다. 혼자가 아니라 '더불어'라는 것은 그 자체만으로도 이 시대의 어둠을 뚫는 빛일 수 있다. 콘스텔라치온의 '더불어'의 원리를 포기하면 별똥별이 될 수밖에 없다. '매개'-주체들의 콘스텔라치온을 사회적 개념으로 표현하면 '연대'일 것이다. 민주주의와 '평등'이라는 '매개'의 '연대'를 고리로 삼아 '세계의 밤'을 '더불어' 헤쳐나간다면 '잃어버린 총체성'의 별도 손만 내밀면 잡힐 것 같은 꿈을 꿀 수가 있을 것이다. 이 꿈이 현실로 전화되기 위해서는 낡은 아날로그의 방식처럼 보이는 '통일전선'이 아직도 유효할 듯싶다. '통일전선'은 루카치의 시대로 끝난 것이 아니라 이제 시작일 뿐이라고 현실의 역사가 어둠을 틈타 들려준다. 희망은 밤이 깊을수록 별이 더 빛난다는 진리에서 구할 수 있다. 이 진리를 가슴에 품고 복수의 주체들과 함께 '잃어버린 총체성'을 찾아 길을 나선다면 행복한 별에 대한 꿈은 새로운 새벽을 맞이할 수도 있을 것이다. '세계의 밤'에서는 꿈을 꾸는 것 자체가 희망인 것이다. 별을 노래하는 마음으로 희망을 노래하자!

• 참고문헌

A. 브라이히/ U. 렌츠: 『일 덜 하는 기술』, 변상출 역, 문화과학사 2003.

G. 루카치: 「『신좌파평론』과의 대담」, 『맑스로 가는 길』, 김경식 · 오길영 편역, 솔 1993.

K. 맑스/ F. 엥겔스: 『독일 이데올로기 I』, 김대웅 역, 두레 1989.

L. 알튀세르: 「이데올로기와 이데올로기적 국가장치」, 『아미엥에서의 주장』, 김동수 역, 솔 출판사 1991.

M. 호르크하이머/ Th. W. 아도르노: 『계몽의 변증법』, 김유동/ 주경식/ 이상훈 역, 문예출판사 1995.

P. 라파르그: 『게으를 수 있는 권리』, 조형준 역, 새물결 1997.

E. Friedell: Kulturgeschichte der Neuzeit, München 1960.

G. Lukács: Die Theorie des Romans, Darmstadt/ Neuwied 1971.

—: Geschichte und Klassenbewußtsein, Darmstadt/ Neuwied 1977.

—: Taktik und Ethik, Georg Lukács Werke, Bd. 2, Darmstadt/ Neuwied 1977.

—: Zur Ontologie des gesellschaftlichen Seins, Georg Lukács Werke, Bd. 13, Darmstadt/ Neuwied 1984.

G. Markus: Entfremdung und Verdinglichung, in: Rüdiger Dannemann(Hg.): Georg Lukacs – Jenseits der Polemiken, Frankfurt/ M. 1986.

G. W. F. Hegel: Phänomennologie des Geistes, Werke 3, Frankfurt/M. 1970.

K. Marx: Einleitung zur Kritik der Politischen Ökonomie, MEW 13, Berlin 1985.

—: Das Kapital, MEW 23, Berlin 1987.

—: Das Kapital, MEW 25, Berlin 1987.

M. Löwy: Georg Lukács - From Romanticism to Bolshevism, NLB, London W1 1979.

Th. W. Adorno: Minima Moralia - Reflexionen aus dem beschädigten Leben, Frankfurt/M. 1980.

4

# '일차원의 세계'를 넘어

변 상 출

> 희망의 바깥은 없다./ 새로운 것은 언제나 낡은 것들 속에서 싹튼다. 얼고 시들어서 흙빛이 된 겨울 이파리/ 속에서 씀바귀 새 잎은 자란다./ 희망도 그렇게 쓰디쓴 향으로 제 속에서 자라는 것이다 지금/ 인간의 얼굴을 한 희망은 온다/ 가장 많이 고뇌하고 가장 많이 싸운/ 곪은 상처 그 밑에서 새 살이 돋는 것처럼/ 희망은 스스로 균열하는 절망의 그 안에서 고통스럽게 자라난다. 안에서 절망을 끌어안고 뒹굴어라/ 희망의 바깥은 없다.[1]

## 일차원의 세계와 기술적 합리성

20세기 늦은 중엽, 마르쿠제는 당시의 선진산업자본주의사회를 '일차원의 세계'로 규정한 바 있다. 그로부터 약 반세기의 세월이 흘렀다. 그렇다면 세월의 전개만큼, 21세기의 오늘 우리는 '일차원의 세계'를 거뜬히 넘어 '이차(혹은 삼차)원의 세계'로 진입한 역사적 진보를 이루었는가. 그 답은 부정적일 수밖에 없다. 왜냐하면 "중대하

---

1 도종환: 「희망의 바깥은 없다」, 『슬픔의 뿌리』, 실천문학사 2002, 39쪽.

는 생산성과 증대하는 파괴와의 결합, 전멸의 위험을 수반하는 도박 행위, 사상과 희망과 공포가 현존하는 권력의 결정에 좌우되고 있는 상태, 전례 없는 풍요에도 불구하고 빈곤이 존속하고 있는 상태"[2]의 '일차원적 세계'를 그대로 경험하고 있기 때문이다.

'일차원의 세계'에서는 비합리성이 합리성으로, 폭력이 정의로, 반이성이 이성으로, 전쟁이 평화로, 억압이 해방으로 둔갑한 모습을 취한다. 한마디로 비정상이 정상을 지배하는 세계이다. 이 전도된 상태는 단순히 일시적 착각만을 불러일으키는 것이 아니라 인간 두뇌작용의 물질인 뉴런으로 전화되어 '그릇된' 의식이 '정당한' 의식이 되게 만드는 '생물학적' 돌연변이를 유발한다.[3] 이로써 '억압적' 권력의 생명력은 길어지게 된다. 이는 —마르쿠제에 따르면— 물질적 풍요에 가려진 '허위 욕구(지배자의 욕구)'를 충족시켜주는 선진산업자본주의의 '기술적 합리성' 덕분이다. 이 '기술적 합리성'이란 '관리의 효율성'이라는 말로 번역할 수도 있을 것이다. 이런 '기술적 합리성'의 프리즘을 통하면 "생활수준이 향상되어 가는 상황 아래서는 체제에 동조하지 않는 것 자체가 사회적으로 무익한 것으로 보인다."(일차, 22) 여기서는 '생활수준의 향상'에 척도가 되는 '경제(돈)'면 모든 것이 용서되는 '일차원적 세계' 속의 '일차원적 인간'이 탄생한다. 이러한 '일차원의 세계'와 '일차원적 인간'의 이야기는 마

2 H. Marcuse: Der eindimensionale Mensch, Neuwied/ Berlin 1967, 15쪽. 이하 '일차'로 약칭함.

3 마르쿠제는 『해방론An Essay on Liberration』에서 이렇게 말한다. "도덕성의 변화는 '생물학적' 차원으로까지 '내려가서' 유기체의 여러 행동을 개조한다." H. 마르쿠제: 『해방론』, 김택 역, 울력 2004, 25쪽. 이하 '해방'으로 약칭함.

르쿠제 시대의 낡은 신화가 아니라 오늘 이곳 한국 현장의 생생한 서사이기도 하다.[4]

오늘 우리시대의 과학과 테크놀로지는 마르쿠제 시대의 그것들과 비교하면 가히 혁명적 발전을 이루었다고도 볼 수 있다. 그런데 이러한 기술의 발전에서도 대중들의 삶의 상태가 '쾌락원칙'은 통하지 않고 '현실원칙(지배원칙)'만이 통하는 '일차원의 세계'에 그대로 머물고 있다면, '관리의 효율성'을 의미하는 '기술적 합리성'이 그만큼 더 교활해졌다는 것을 의미할 것이다. 이를 다른 말로 표현하면 지배에 대한 순응이 진화했다고도 할 수 있다.

이러한 현실 진단은 마르쿠제의 '해방론'을 지금 여기서 다시 논의할 욕망을 부추긴다. 특히 전체의 해방을 위해 전체의 부정과 근본적 저항을 전제하면서 생물학적 욕구의 변화를 촉구하는 그의 '해방론'은 '일차원의 세계'가 전 지구적으로 확산되어온 현재완료형이자 현재진행형인 국면을 감안할 때, '근본주의' · '전체주의' · '엘리트주의' · '낭만적 무정부주의' · '대안 없는 선언' 등과 같은 말로 처리할 수 없게 만든다. 기존의 체제를 그 뿌리에서부터 해체하고 '새로운 세계'를 구성하기 위한 마르쿠제의 논리에서 핵으로 작동하고 있는 '새로운 감성'은 오늘 우리시대에도 여전히 유효한가 하는 물음의 답은 현재의 참담하고 험악한 현실에서 찾을 수밖에 없다.

---

4 '경제(돈) 살리기'라는 한마디에 과거의 거짓 행태와 거짓말까지 묵인함으로써 예상된 억압을 현실화하는 권력을 탄생시킨 현재의 한국 사회를 마르쿠제라면 몇 차원의 사회라고 불렀을까 궁금하다. 현재의 차원을 극복하고 '새로운 사회'를 꿈꾸기 위해서는 "No Money, No Problem!"의 '감성'이 필요한 것이 아닐까!

마르쿠제가 해방을 위한 '새로운 감성'의 싹을 틔우는 그 이데올로기적 자양분은 복합적이다. 이 자양분은 헤겔 · 맑스 · 루카치 · 프로이트 · 아도르노 등의 이론 요소들을 내포하고 있다. 헤겔의 '이성'에서 '이차원'의 근거가 되는 '부정의 힘'을, 맑스의 '소외된 노동' 개념에서 '쾌락원칙'의 가능성을, 루카치의 '사물화' 이론에서 '일차원의 세계'를, 프로이트의 '문명론'에서 '로고스와 에로스의 통일'의 필요성을, 아도르노의 '문화비판'과 예술의 '자율성' 논지에서 세계의 '미학화'를 읽어낸다. 물론 이들의 논리들은 마르쿠제의 이론 프리즘을 통해 해방적 굴절작용을 일으킨다. 이 굴절작용에서도 두 가지 굵은 파장으로 엮어져 있는 것은 맑스주의와 프로이트주의인 셈이다. 이 점에서 '새로운 감성'의 해방론은 맑스주의와 프로이트주의의 이론적 결합으로 이해할 수 있다.

마르쿠제의 '새로운 감성'의 해방론은 카프카(F. Kafka)와 베케트(S. Beckett)의 세계처럼 『일차원적 인간』의 사회가 감싸고 있는 '절망'의 장벽에 구멍을 내기 위한 대안으로 마련된 것처럼 보인다. 『일차원적 인간』 세계의 분위기는 아도르노가 『계몽의 변증법』 '문화산업' 편에서 말하듯, "순응하지 않는 별종은 경제적 무능상태에 빠지게 되고 이는 나아가 정신적 무력증을 초래"[5]할 만큼 암담하다. 『일차원적 인간』의 세계에서는 '자유'조차도 지배의 '강력한 도구'일 뿐이다. 마르쿠제는 이렇게 말한다. "억압적인 전체의 지배 아래서, 자유는 지배의 강력한 도구가 될 수 있다. 개인에게 열려 있는 선택

5 M. Horkheimer/ Th. W. Adorno: Dialektik der Aufklärung, Frankfurt/ M. 1969, 120쪽.

의 여지는 인간적 자유의 정도를 정하는데 결정적인 요인이 되는 것이 아니고, '무엇이' 개인에게 선택될 수 있는가, 그리고 무엇이 실제로 선택되고 '있는가' 하는 것이 결정적 요인이 된다. (…) 주인을 자유롭게 선택하더라도 주인 또는 노예가 없어지는 것이 아니다. 매우 다양한 상품과 서비스가 고역과 공포의 생활에 대한 사회적 통제를 지속시킨다면, 다시 말해 그것들이 소외를 지속시킨다면 – 그 다양한 상품과 서비스 속에서의 자유로운 선택은 진정한 자유를 의미하는 것은 아니다. (…) 그것은 통제의 효율성을 증명하는데 불과한 것이다."(일차, 27~28)

마르쿠제에 따르면 체제가 허용하는 이와 같은 선택의 자유는 허위 욕구의 표현에 불과하다. "유행하고 있는 대부분의 욕구들, 이를테면 쉬면서 즐기고, 소유하면서도 광고에 따라 소비하고자 하는 욕구, 남들이 좋아하는 것을 좋아하고, 남들이 싫어하는 것을 싫어하는 욕구는 허위 욕구의 범주에 속한다."(일차, 25) 여기서 보이는 소비와 기호의 동일화는 대중 통제의 효율성으로 작동한다. 왜냐하면 동일하지 않으면 주류에서 배제되는 느낌을 받기 때문이다. 그래서 '동일하다'는 신분증(identification)을 받기 위해 자본의 '신전'에 줄을 선다. '물신화'된 상품을 품에 안으면 '신내림'이라도 받은 듯 흥분한다. 상품물신주의가 굿판을 벌이는 것이다. 이런 동일화 효과는 언어에서도 표현된다. "이런 상황 아래서는 말로 표현된 것이 그것을 말한 개인의 표현인 '동시에' 그렇게 말하도록 만든 사람들의 표현'이기도' 하며, 또한 그들 사이에 존재하는 어떤 긴장 또는 모순의 표현'이기도' 하다. 사람들은 자신의 언어로 말을 하는 동시에 그것은 그들의 주인, 보호자, 충고자의 언어로 말하는 셈이다."(일차, 207~208)[6]

이처럼 탈출구가 없어 보이는 '절망적' 상황을 구성하는 『일차원적 인간』 세계를 해체하기 위한 마르쿠제의 최고의 목표는 "허위의 욕구를 진실의 욕구로 바꾸는 것이며, 억압적인 만족을 폐기하는 데 있다."(일차, 27) 말하자면 '새로운 감성'이 필요하다는 것이다. "새로운 사회의 출현은, 복리의 성장이 본질적으로 새로운 삶의 질로 변환된다는 사실을 특징으로 할 것이다. 이런 질적 변화는 욕구 내부에서 일어나야 한다. 즉 인간의 하부구조에서 말이다. (…) 그때 저항은 바로 개인의 '생물학'이라는 본성에 뿌리를 두고 있을 것이다."(해방, 15)

인간의 욕구가 사회적으로 형성된 것이고, 따라서 역사적인 것이라는 마르쿠제의 논지는(일차, 24) 유물론의 확장이라고 볼 수 있지만, 정통 맑스-레닌주의의 변혁관점에서 보자면 인간 '감성'의 변화를 통한 해방론은 토대(생산관계)의 전복을 통한 혁명론과는 대척점에 놓인다. 물론 사회주의 역사에서도 인간의 본성 또는 의식 구조를 바꾸려는 시도가 있기도 했다. 그 대표적인 사례를 꼽는다면 중국의 문화혁명과 북한의 주체사상일 것이다. 문화혁명과 주체사상의 핵심은 인간의 의식구조를 바꾸는 일이었다. 그런데 이 단계의 혁명은 물적 토대인 생산관계의 구조를 바꾼 다음의 일이었던 것이

---

6 예컨대 '여필종부(女必從夫)'가 지배 남성의 표현물이듯, '가화만사성(家和萬事成)'이 가부장적 권위의 표현이자 바깥 활동을 억제하는 도덕으로 작동하기도 한다. 아리스토텔레스가 한 말, "인간은 정치적 동물이다"를 "인간은 사회적 동물이다"로 번역하지 않았다면, 촛불 든 학생들을 두고 "학생이 공부는 하지 않고…"라는 말을 쉽게 내뱉을 수 없을 것이다. 학생 역시 인간인 '전칭판단'의 범주에 포함되기 때문이다.

다. 이는 사람을 바꾸지 않고는 사회주의 혁명의 완성과 지속이 어렵다는 현실적 반성에서 비롯된 것이기도 했다.

사실 인간 본성에 해당하는 욕망(욕구)의 문제는 억압과 해방의 양면성을 지니고 있다. 일찍이 지배 권력과 그 기능인들은 '일차원적 세계'의 진리를 은폐하기 위해 욕망을 욕심과 동일시하는 '천박한 도덕론'을 설파하기도 했고(쇼펜하우어), 때로는 '욕망의 분출'을 '자연적 현상'으로서 문명 진보론에 연결 짓기도 했다(니체).[7] 니체의 욕망론의 경우 의도적이었든 아니었든 제국주의 국가 이데올로기로 작동하기도 했다. 이들은 대중들을 '일차원적 인간'의 차원에 묶어두기 위해 욕망의 문제를 다루었던 셈이다. 반면 마르쿠제가 엮는 욕망의 이론적 틀은 인간(계급)의 해방에 중심점을 두고 있는 점에서 앞의 두 이론가들과는 근본적으로 다르다고 할 수 있다. 그러나 이 차이가 그의 해방론의 실현 가능성을 무조건 보장하지는 않을뿐더러 계급해방 투쟁의 실효성에서도 문제가 있는 것으로 보이기도 한다.

인간 본성의 '하부구조'에 해당하는 욕망이 선진산업자본주의에 의해 심각하게 오염되어 이 욕망이 해방의 욕망으로서가 아니라 순응의 욕망으로 대개 작동하고 있다면, 그리고 지배 권력이 '일차원적 인간'을 생성하기 위해 끊임없이 자본주의적 만족의 '허위 욕구'를 재생산하고 있다면, 오염된 '일차원적 세계'를 어떻게 소독하고 거기서 해방의 '새로운 감성'을 어떻게 싹틔울 수 있을까하는 의문

---

7 욕망과 관련된 이데올로기의 문제에 대해서는 G. 루카치: 『이성의 파괴』, 1권, 변상출 역, 백의 1996, 224쪽 이하 참조.

을 제기할 수 있을 것이다. 자본주의가 뿜어내는 다양한 문화 욕구들(성/종교/인종/ 등)과 씨름하느라 본질적 계급투쟁을 벗어날 우려는 없는지도 따져볼 문제이다. 그리고 정보와 기술 및 자본을 독점하고 있는 자본권력의 메커니즘이 전방위적으로 작동하면서 '허위 욕구'를 재생산하고 있는 곳에서 인간 본성의 '하부구조'를 바꾸는 투쟁의 승리 전망이 요원한데도 불구하고, 이 싸움을 계속 하자고 함으로써 비판과 극복의 대상이었던 '일차원의 세계'에 오히려 포섭되는 것은 아닌지 반성해볼 필요가 있을 것 같다.

다른 한편, "의식이 존재를 결정하는 것이 아니라 존재가 의식을 결정한다"는 맑스의 '존재/의식' 테제를 교조적으로만 받아들이지 않고 실제 현실에 맞게 활용하는 차원에서 마르쿠제의 '새로운 감성'의 해방론을 읽는다면 생산성이 없을 것 같지도 않다. 자본주의의 토대가 굳건하게 다져진 선진산업자본주의를 실제로 방위하고 있는 것이 대중들의 '허위 욕구'라고 한다면, 이 욕구의 해체작업은 그 내용의 변혁을 위한 전초전일 수도 있다. 마르쿠제는 『해방론』에서 이렇게 말한다. "선진 자본주의 사회에서 노동 계급의 급진화는 의식의 사회적인 포획에 의해 꾀해진, 그리고 피착취자의 예속을 영속화시키는 욕구의 발전과 만족에 의해 해방을 받는다. 곧 현존체제의 기득권은 피착취자의 본능의 구조에서 양육되고, 억압의 지속은 단절—해방에 필요한 선행 조건—되지 않는다. 그 결과 현존사회를 자유로운 사회로 이행시킬 급진적인 변화는 맑스주의 이론에서는 거의 다루어지지 않은 인간 존재의 차원으로까지 이르게 된다. 즉 인간이 가진 생의 필수적인 욕구와 만족이 모습을 드러내는 생물학적 차원으로까지 말이다."(해방, 32)

### 새로운 감성의 미적 프로젝트

마르쿠제 해방론의 변증법은 『일차원적 인간』의 세계에서 '허위 욕구'를 생산하는 '기술적 합리성'을 비판하지만, 과학과 기술 문명의 진보성 자체는 부정하지 않는다. 이는 억압의 총합이 문명의 진보와 비례하기 때문에 억압은 불가피하다는 프로이트의 염세주의를 극복하는 계기로 작동한다. 그의 주장에 따르면, 문명은 억압적 본능에 의해 발전해온 것이 사실이지만, 이 상태를 영원히 요구하는 생물학이나 역사의 법칙은 없다. 그는 이 법칙을 부정하는 근거로 기술의 고도발전과 '새로운 사회'의 '새로운 감성'에 의존한다. "새로운 감성은 정치적 요소가 된다. 현대 사회의 진화에 있어 전환점을 잘 말해 주는 이 사건은 비판 이론으로 하여금 이 새로운 차원을 사회적 진화의 개념들에 통합시켜 그 함축을 자유로운 사회의 가능한 구성을 위해 투영할 것을 요구한다. 그러한 사회는 전적으로 현존 사회들의 성과를 전제로 한다. 특히 과학과 기술의 성과가 그렇다. 더 이상 착취의 원인으로 작용하기를 멈춘다면 그것들은 지구상에서 가난과 노역을 제거하는 데 동원될 수 있을 것이다. 사실상 지성과 물질적 생산의 방향을 이처럼 재설정하는 것은 자본주의 세계의 혁명을 미리 전제로 한다."(해방, 43)

이런 낙관적 견해를 코와코프스키(L. Kołakowski)는 아메리카의 히피 이데올로그인 제리 루빈(Jerry Rubin)이 한 말, 즉 "앞으로는 기계가 모든 일을 대신해줄 것이기 때문에 사람들은 원한다면 언제 어디서든 자유롭게 결합할 수 있을 것"이라는 말과 연결 지으면서 냉소적인 비판을 가하기도 한다.[8] 현재 세계 몇몇 지역에서 목격하는 가난과 기아 상태는 세계의 과학기술이 발전하지 못한 것 때문이 아니라는 사실에서 가늠해 보자면 코와코프스키의 비판은 일견 타당한 면을 지닌다. 그러나 인간의 세계 과학기술 문명은 '과잉억압'은 말할 것도 없고, '필요억압'까지도 상당부분 해소한 것도 사실이기 때문에 '능력만큼' 생산하고 '필요만큼' 소유하는 분배 평등주의가 세계적 보편으로 실현될 미래의 '새로운 사회'를 염두에 둔다면, 마르쿠제의 관점을 무조건 냉소적으로만 바라볼 이유도 없을 것이다. 문제는 현대의 테크놀로지를 억압의 기구로써가 아니라 해방의 도구로 활용할 수 있는 환경일 것이다. 마르쿠제도 이 문제를 의식하고 있다. 그는 이렇게 말한다. "유토피아의 가능성은 선진 자본주의와 사회주의의 기술과 테크놀로지의 힘에 내재되어 있다. 세계적인 범위에서 이 힘이 합리적으로 사용되면 가난과 기근은 예측할 수 있는 가까운 미래에 없어질 것이다."(해방, 14) 이 논리에 따르면, 과학과 테크놀로지가 자유의 운반체가 되기 위해서는 현재의 방향과 목적을 바꾸어야만 하고, 그것들은 생의 본능이 갖는 요구인 새로운 감성에 맞추어 재구성되어야 한다.(해방, 35)

---

8 L. 코와코프스키: 『맑스주의의 주요 흐름』, 3권, 변상출 역, 유로 2007, 578쪽 참조.

마르쿠제가 '새로운 감성'의 『해방론』으로 구상하는 거대한 해방 프로젝트는 두 가지 차원을 바탕에 깔고 있다. 즉 그 하나는 인간을 평준화하고 동질화시켜 '부정'을 모르게 하는 '일차원적 세계'를 다양한 감성을 풍부하게 하는 '자유로운 사회'의 '미적 세계'로 전환할 수 있는 사회 구조의 변화이고, 다른 하나는 '일차원의 세계'에 갇혀 있는 '일차원적 인간'을 감성의 '자유로운 주체'로 서게 하는 일이다. 말하자면 그가 꿈꾸는 '새로운 사회'의 목표는 '새로운 감성'을 통해 '일차원의 의식'을 해방시키고, 이 해방된 의식을 통해 기술을 예술로, 또 이 예술을 현실로 전화하는 '미적 세계'이다. 이는 이론과 실천이 통일되어 이론과 현실이 구분되지 않을 때 철학은 폐기될 것이라는 맑스의 유토피아를 연상시키기도 한다. 이런 의미에서 마르쿠제의 '새로운 감성'의 실천은 부정과 긍정을 동시에 실현하는 과정이다. "이러한 실천은 폭력과 착취에 반대하는 투쟁 속에 모습을 드러내고, 이 투쟁은 본질적으로 삶의 새로운 방법과 형식을 위해 수행된다. 그것은 한편으로 전체 기존 질서와 그 도덕성 및 문화에 대한 부정이다. 다른 한편으로는 감각적인 것, 유희적인 것, 평온한 것, 그리고 아름다운 것이 존재의 형식이 되고 결국은 사회 자체의 형식이 되는 일종의 보편성 속에서 가난과 노역이 폐지되는 사회를 건설할 권리에 대한 긍정이다."(해방, 45~46)

물론 마르쿠제는 정치적 요소인 '새로운 감성'의 실천에서 '특정한 적'을 증오하고 싸움을 벌일 것을 주문하는 점에서 그의 '해방론'은 '특정한' 당파성을 띠고 있다. 이 점에서 그의 '새로운 감성'의

해방론은 '무한탈주'와 같은 자유주의적 '해체론'과는 거리가 있다. "인위적이고 '개인적인' 해방은 왜곡된 방식으로 사회적 해방의 절박함만을 예상할 뿐이다. 혁명은 지각의 혁명이기도 해야 한다. (…) 마약의 성질이 일시적으로 기존 체제의 이성과 합리성으로부터 벗어나게 할 뿐 아니라 기존 체제를 바꾸어줄 또 다른 종류의 합리성으로부터도 벗어나게 한다면 그 가치는 손상되어진다. 즉 감성이 현존하는 질서의 요구로부터 자유로워질 뿐 아니라 해방의 요구로부터도 자유로워진다면 말이다."(해방, 59) 이러한 논지에서 마르쿠제는 '새로운 감성'에는 '새로운 합리성'이 결합되어야 한다고 본다. 이는 곧 에로스(감성)와 로고스(이성)의 결합, 즉 지각의 혁명을 의미하기도 한다. 마르쿠제가 에로스에 로고스를 결합시켜 얻고자 하는 것은 다음의 주장에서 드러난다. "오감은 자신을 형성시킨 법률과 질서라는 매개물을 통해 더 이상 사물을 보지 않는 법을 배워야 한다. 우리의 감성을 조직한 나쁜 기능주의는 타파되어야 한다."(해방, 61)

마르쿠제는 '나쁜 기능주의'를 타파하고, 기존의 체제가 가르친 방식대로 보지 않을 방식의 가능성을 예술의 형식에서 찾는다. 그가 그의 저술 곳곳에서 '예술의 자율성'을 강조하는 것은 '예술을 위한 예술'과 같은 유미주의의 로빈슨 크루소의 섬에 안착하기 위한 것이 아니다. 그것은 오히려 체제로부터 자유로운 이탈을 통해 체제 내에서는 볼 수 없는 사회적 본질을 보고 폭로하기 위한 것과 맞물려 있다. 이런 의미에서 그의 경우 예술의 '형식'은 "사태 자체(die Sache selbst)"로까지 통한다. 왜냐하면 사회적으로 설계된 경험은 감성의 해방을 억압하지만 친숙한 '경험'(습관)과 거리를 취하는 예술의 형식은 '사태 자체'를 지각하게 하기 때문이다. 그는 예술의 형식 의미를 두고 이렇게 말한다. "형식은, 무의식과 '잘못된' '자동 작용(automatism)', 즉 혁명적 실천까지도 포함한 모든 실천에 작용하고 있는, 문제되지 않는 친근성과의 단절을 가능케 해주는 예술적인 지각의 성취이다."(해방, 62) 마르쿠제가 말하는 '예술적인 지각의 성취'는 '사태 자체'를 지각하기 위한 것으로서 지배체제가 발산하는 '가상'의 '직접성'을 분쇄하는 것을 의미한다. 물론 이 '직접성'도 "기존 사회에 의해 부과된 경험의 매개가 자족적이며 닫힌, 그리고 '자동화된' 체계 안에서 응고된 것"(해방, 62)이기 때문에 역사적 산물로서 단순한 가상만을 의미하지 않는 물질적 힘이기도 하다.

마르쿠제의 경우 '직접성'은 '예술적 지각의 성취' 문제로만 국한되지 않는다. 그것은 대중들의 '진정한' 이익과 '직접적' 이익을 위해 '무엇을 할 것인가'하는 실천의 문제와 맞닿아 있다. 이때 그는 맑스주의의 운동 전술이 '직접성'을 뛰어넘은 것으로 이해하기도 한다. "그것은 노동 계급의 경제투쟁이 초월되어야 하는 필요성을 표현해줌으로써 임금 인상의 요구와 노동 조건의 개선에 대한 요구를 정치적 장으로까지 확장해 주었으며, 계급투쟁을 체제 자체가 위태로워지는 지점까지 몰고 갔고, 또한 외교 정책과 국내 정책, 국가적 이익과 동시에 계급적 이익, 그리고 투쟁의 표적을 만들어 내었다. 인간이 자신의 삶을 (스스로) 만들어갈 수 있는 조건의 달성이라는 진정한 이익은 자신의 삶을 더 이상 이윤을 만드는 생산의 요구에 종속시키지 않겠다는, 또한 스스로 통제할 수 없는 기구에 종속시키지 않겠다는 것이었다. 그리고 이러한 조건의 달성은 자본주의의 폐지를 의미하였다."(해방, 30)

이처럼 마르쿠제는 예술의 차원에서든 정치적 실천의 차원에서든 '직접성'을 초월할 것을 주문하는데, 그 목표는 피지배자의 진정한 이익과 직접적 이익을 구별함으로써 새로운 사회를 구축하자는 것이다. 이를 위해 친근한 것, 즉 지금까지 보고 듣고 느끼고 이해하는 틀에 박힌 방식과 단절 할 것을 제안한다. 그는 이 단절을 해방의 조건으로 이해한다. 이 조건으로서 우선 기존의 언어 형식으로부터 해방을 촉구한다. 예컨대 기존의 언어 형식에 의하면 '외설'이란 "음모를 드러낸 채 발가벗고 있는 여자의 사진"을 '기표'하지만 해방의 언어 형식에 의하면 "겹겹이 껴입은 제복 위에 전쟁을 통해 수여받은 훈장을 달고 있는 장군의 사진"을 '기의'한다. 이 '기의'에 따르면, 히피의 의식이 '외설'적인 것이 아니라 "전쟁이 평화를 위해 필요하다고 말하는 교회 고위 성직자의 선언이 외설적"(해방, 22) 일 뿐이다. 다음 해방의 조건으로서는 직접성의 '사물화'를 넘어서는 것을 의미한다. 이 해방의 시각에서는 선진 산업자본주의의 풍요가 안락한 '풍요'로 보이는 것이 아니라 '잔인한' 풍요로 보이게 된다. 직접성의 사물화를 극복하는 데에는 '거부의 깊이'가 필요하다는 말이다. '거부의 깊이'는 '주요 모순'을 꿰뚫게 한다. '주요 모순'을 꿰뚫지 못할 경우 공격의 창은 내부를 분열시키는 무기로 쓰일 수 있다는 것이다. "그 공격성은 특정한 적을 증오하고 싸움을 벌이도록 방향 지워지지 않을 경우에는, 적당한 목표라면 무엇이라도 찾게 된다. 백인 혹은 흑인, 원주민 혹은 외국인, 유태인 혹은 기독교인, 부자 혹은 가난한자 등으로 말이다. 이것은 단절된 경험과 잘못된 의식, 그리고 잘못된 욕구를 가진 자들의 공격성이다. 그들은 생존을 위해 억압적인 사회에 의존하고 대안을 억압하는, 억압의 희생자들이다."(해방, 83) 그런데 이 분열은 계급 갈등을 인종 및 민족 갈등 혹은 종교 갈등, 또는 계층 갈등으로 희석시킬 수 있다. 마르쿠제는 이러한 갈등의 촉발이 후기 제국주의의 동력학이 되며, 그것은 내부와 외부를 식민화하는 새로운 지배의 방식이라고 한다.(해방, 91) "인종적 갈등은 여전히 빈민굴을 그 외부의 동맹자들과 분리시킨다"(해방, 90)는 마르쿠제의 발언은 지역갈등 · 민족모순 · 분단모순 등과 같은 우리의 현실 문제에서 '직접성'을 넘어 '주요 모순'을 꿰뚫어 보고, 진정한 해방을 위해 전략의 거점을 명확히 확보할 필요성을 말해주는 중요한 대목이라고 할 수 있겠다. 왜냐하면 '주요 모순'에 대한 '거부의 깊이'에 따라 '분열'과 '연대'의 깊이도 달라지기 때문이다.

## '새로운 감성'과 새로운 주체

마르쿠제는 내부와 외부를 식민화하는 자본주의의 방식이 가능하게 된 것은 피지배자의 진정한 이익과 직접적 이익 사이의 구분이 모호해질 만큼 삶의 기준이 실제로 높아졌기 때문만은 아니라고 진단한다. 소비자로서의 지배자와 피지배자 사이의 간격이 전혀 좁혀지지 않았음에도 불구하고 본질적 이익과 가시적 이익을 피지배자가 구분하지 못하는 것은 자본(자본의 대중언론)이 부추기는 직접적 욕망을 좇기 때문이라는 것이다. 이 욕망은 인간의 제2의 본성을 이루게 된다고 한다.(해방, 26)

사실 자본의 욕구는 끝없는 생산과 소비를 욕망하게 만든다. 제2의 자연이 된 자본의 욕구는 자본이 뿜어내는 소비와 향락의 '행복무지개'를 잡기 위해 '무한' 경쟁조차도 미덕이 될 뿐만 아니라 자연스러운 대상이 되기도 한다. 대형 냉장고 · 대형 세탁기 · 대형 텔레비전 · 새로운 중형 자동차 · 최신식 휴대폰 등의 유 · 무가 자본욕구의 충족 지수로 통한다. 그것은 곧 소유자의 능력 지수로 통하기도 한다. 이 지수가 '보이지 않는 손'에 의해 점검되고 있다고 무의식적으로 받아들일 만큼 자본의 욕구는 제2의 자연이 된 셈이다. 이 욕구를 충족시키기 위해, '소외'와 '사물화'를 촉발하는 자본(주의)에 대해 반자본(주의)을 말하면서도 자본주의의 생산 활동에 복무하게 되고, 이 생산 활동에서 얻어진 가치를 표준화된 자본의 놀이방식인 레저 활동에서 소비함으로써 자본메커니즘은 자동적으로 작동하게 되는 악순환을 이룬다. 마르쿠제는 이 악순환이 가능한 것은 바로 자본의 욕구가 '생물학적' 욕구로 진화한 것에 있다고 이해한다. "대중들에게 공급되거나 떠넘겨진 기구, 장치, 기계, 엔진 등을 끊임없이 새것으로 바꾸려는 욕구, 자기 파괴의 위험에 직면해도 그러한 상품들을 사용하려는 욕구는 (…) '생물학적' 욕구가 되었다."

(해방, 26) 마르쿠제는 이러한 체제에서 생성된 욕구는 안전 지향적인 보수적 욕구이며, 그것은 반혁명의 본능 구조에 닻을 내리고 있기 때문에 '착취 없는 자유'를 대안으로 꿈을 꾸지 못하게 만든다고 평가한다. 왜냐하면 대중은 자신의 현존재의 일부분을 자본의 시장에서 구입함으로써 현존재 그 자체가 자본의 실현이기 때문이다.(해방, 27)

마르쿠제의 시각에 보자면, 이러한 존재상황으로부터 해방의 가능성은 유토피아처럼 보인다. 왜냐하면 선진산업자본주의 사회에서 해방의 주・객관적 조건은 모두가 좋지 못하기 때문이다. 객관적 조건으로서 대중들은 이미 자본의 욕망에 대개 사로잡혀 있는 '일차원적 사회'에 안주하면서 '일차원적 인간'의 상태에 머물고 있고, 서구 자본주의 내부의 저항조차도 억압적인 스탈린주의적 사회주의를 간접 경험한 터라 심각하게 약화되어 사회주의가 반드시 자본주의의 매력적인 대안만은 아니라는 이데올로기가 형성된 점이 그것이다.(해방, 128) 이러한 이데올로기 덕분에 자본과 노동 간의 적대적 전선에서 '자유민주주의' 또는 '대의민주주의'는 내부 불만과 유토피아적 해방운동의 충격을 좀 더 용이하게 완화할 수 있는 완충지대가 되었다. 주관적 조건으로서 노동환경의 변화(블루칼라의 감소와 화이트칼라와 엔지니어 및 전문인의 증가)와 더불어 혁명의 전통적 노동운동 세력이 약화되었다. 선진산업자본주의 사회에서 조직화된 노동운동 세력은 자본의 물질적 풍요 세례를 받음으로써 생활의 안전욕구로부터 더 이상 일탈할 수 없게 됨으로써 체제 안정을 욕구하는 반혁명적 힘으로 기능한다는 것이 마르쿠제의 해방의 주체에 대한 진단이다.

현실의 주·객관적 조건에 대한 마르쿠제의 이러한 부정적 평가는 '새로운 감성'을 요구하고 해방의 '새로운 주체'를 등장하게 만든다. '새로운 감성'은 기존의 '대의민주주의'는 대중의 요구에 호응하는 것이 아니라 기존 지배 집단의 입맛에 맞춰진 것이므로 근본적으로 부정해야할 대상으로 보게 하며, '새로운 주체'는 조직의 관성에서 벗어나 '저항의 촉진제' 구실을 할 수 있게 하는 '외부적' 힘의 주체로 등장한다. 마르쿠제의 논리에 따르면 이 새로운 주체는 '지식인'과 비주류, 즉 '빈민굴'의 주민이다. 말하자면 "지식인 투사는 사실상 중간 계급을 떠나 있으며 빈민굴의 주민은 조직화된 노동 계급을 떠나 있다"(해방, 84)는 것이다. '외부적' 힘의 주체에는 미래의 노동 계급에 해당하는 대학생도 포함된다.

이러한 혁명 주체 세력의 관점은 전통적 맑스-레닌주의가 노동당을 전위대로 하는 주체의 관점과는 확연히 다른 것이다. 따라서 전통적 혁명의 입장에서 보면 마르쿠제의 혁명 주체 세력의 관점은 분명 맑스-레닌주의로부터의 이론적 '일탈'을 의미하기도 한다. 사실 이러한 일탈을 두고 전통 맑스주의자들로부터 마르쿠제는 '부르주아적 퇴행', '귀족주의적인 이데올로기로의 퇴행'이라는 비난을 받기도 한다. 그러나 마르쿠제 자신은 이러한 일탈이 오히려 현실적이라고 강변한다. "선진 독점 자본주의 국가에서 저항자의 이동(조직화된 산업 노동계급에서 투쟁적인 소수자로의)은 사회의 내적인 발전에 기인한다. 이론적 '일탈'은 그러한 발전을 반영할 뿐이다."(해방, 85)

물론 마르쿠제는 이러한 반영에서 노동자계급의 잠재적 혁명성을 무시하지는 않는다. 그는 이렇게 말한다. "중산층의 저항이 혁명적 계급으로서의 프롤레타리아를 대신한다고 말하는 것은 물론 터무니없는 말일 것이다. 또한 룸펜 프롤레타리아트가 급진적인 정치적 세력이 된다는 것도 터무니없는 말일 것이다."(해방, 84) 다만 그가 우려하는 것은 현재의 조직화된 노동자계급이 생산과정에서 그 기본 위치나 수적 우세의 측면에서 보면 '즉자적으로' 여전히 잠재적인 혁명적 계급이지만 체제 안정을 욕구할 경우 '대자적으로' 반혁명의 힘이 될 수 있다는 점이다. 이 점은 그가 '새로운 감성'을 누차 강조하면서 욕망의 혁명을 옹변하는 근거가 되는 것이기도 하다. 그는 조직화된 노동계급의 보수화의 위험성과 이 위험성에 자극을 주는 지식인의 역할에 대해 이렇게 요약한다. "이행의 기본 세력으로서의 역사적 역할을 잃지 않은 노동 계급은 안정된 시기에는 안정 지향적이고 보수적인 기능을 갖게 된다. 이때 이행의 촉매는 '외부로부터' 작용한다."(해방, 87) "'외부로부터' 작용한다"는 이 말은 레닌이 『무엇을 할 것인가?』에서 지적한 말, 즉 "계급의 정치의식은 오직 외부로부터, 즉 경제투쟁의 외부에서, 노동자와 사용자 관계의 영역 밖에서"[9]를 연상시킨다. 물론 마르쿠제의 '외부로부터'와 레닌의 그것의 내용에는 차이가 있다. 레닌의 '외부로부터'는 '과학' · '전위대(뱅가드)' · '계급들 사이의 상호관계' 등을 함축하고 있는 의미로 쓰이고 있는 반면에 마르쿠제의 '외부로부터'는 주로 지식인 집단에 방점을 두고 있는 것이다. 그래서 마르쿠제의 해방론은 코와

---

9 V. I. 레닌: 『무엇을 할 것인가?』, 김민호 역, 백두 1988, 89쪽.

코프스키와 같은 비정통파 맑스주의자에게서도 엘리트주의가 지배하는 전체주의라는 혐의를 받기도 한다.[10]

그러나 이러한 혐의에도 불구하고 저항적 지식인 계급과 기층 민중들을 해방의 '새로운 계급'으로 부상시킨 마르쿠제의 해방론은 지금까지 운동의 비주류(소수자)로만 취급되어왔던 집단에 변혁의 주체 의미를 부각시킨 정치적·사회적 맥락을 지닐 뿐만 아니라 관성과 직접적 '경제투쟁'에 함몰되기 쉬운 조직화된 노동계급의 운동에 '새로운 감성'을 새로이 각성하게 하는 역동성을 지닌다. 다만 문제는 마르쿠제가 말하는 운동의 '새로운 주체'가 실현할 인간 해방의 가능성이다. 마르쿠제가 선진산업자본주의 사회의 노동자들이 '즉자적'으로는 미래 혁명의 담지자이긴 하지만 '대자적'으로 그렇지 못하다는 절망적 인식은 현실 경험으로부터 나온 것이기는 하지만 그렇다고 해서 곧바로 지식인 집단과 기층 민중들을 그가 꿈꾸는 자유로운 '미적 차원'의 세계를 구현할 수 있는 혁명적 주체로 줄긋기 하기는 어렵다. 왜냐하면 그가 말하는 '새로운 주체'도 조직화된 노동자계급 못지않게 –흔히는 그 이상으로– '일차원적 사회'에 포섭될 가능성이 있기 때문이다. 솔직히 지식인 계급은 역사 진보를 추동하기도 했지만 그 반대로 지배 권력의 '이데올로그' 역할을 함으로써 해방의 대상인 '권력'의 장벽을 강화·지속해온 것도 역사적 사실이다. 체제 안정적이고 보수적인 경향의 지속적 역사의 차원에서 보자면 지식인 계급의 체제 안정적 욕구는 조직화된 노동자계급

10 L. 코와코프스키: 『맑스주의의 주요 흐름』, 3권, 앞의 책, 590쪽 참조.

의 그것을 초월해왔다고 할 수 있다. 마르쿠제가 선진산업자본주의 사회의 조직화된 노동자계급이 '생활의 안정' 욕구 때문에 보수화되어 있다고 말하지만, 조직화되지 않은 '자유로운' 소수자 비주류, 즉 기층 민중들 역시 그러한 기본 욕구들로부터 자유롭지 못하다. 오히려 그러한 욕구가 충족되지 못했기 때문에 그러한 욕구의 유혹에 빠지기 쉽고 빠져온 것이 역사적 사실 경험이라고 할 수 있다. 대중들은 눈앞의 빵에도 흔들리기 쉽기 때문에 이들을 지도할 '전위대'와 '조직'이 필요하다는 말도 '조직'을 필요로 한 사람들의 '간계'에서가 아니라 처설한 역사적 경험에서 비롯된 것이다. 오늘 한국의 수많은 비정규직 노동자들이 '저항의 촉매' 역할을 하기보다는 '정규직으로의 편입'을 우선적으로 꿈꾸고 있다는 사실이 그것을 충분히 반증한다고 볼 수 있다.

물론 이러한 사실들이 마르쿠제의 '새로운 주체' 논리 일체를 묵살하게는 하지 않는다. 현재보다 좀 더 나은 인간 해방을 위해서는 기존 체제가 갈망하게 하는 '생활의 안정' 욕구를 '용감하게' 떨쳐내야 하는 그리고 떨쳐내게 하는 '새로운 감성'은 조직화된 노동자계급이든 '새로운 주체'의 계급이든 반드시 필요한 것이기 때문이다. 특히 조직화된 노동자계급은 지배 권력의 체제와 닮은꼴로서 자기 조직의 이해만을 위해 사회적 약자로 통하는 소수자를 배제한 체제적 경직성에 의해 '진정한' 해방으로부터 멀어져 있지는 않은지 일상적으로 반성하는 '새로운 감성'이 요구된다. 이른바 그 이름과 뜻이 전혀 다른 '신자유주의'로 확산된 기층 민중의 비정규직이 60%

이상을 웃도는 현재의 한국 노동 현실에서 비정규직을 해방의 주체('새로운 주체')로 조직하지 않고서는 '해방'을 말할 수 없는 것도 명확한 현실이다. 현재 비정규직의 상황을 생각하면 반세기 전에 마르쿠제가 말했던 '새로운 주체'는 '새로운 감성'의 해방론 그 적실성의 '중심'에 들어서고 있다고도 할 수 있겠다.

## 새로운 감성과 문화운동

마르쿠제의 '새로운 감성'의 해방론은 세계 진영 전선이 냉전에서 '평화공존'의 지대로 옮겨온 시기를 반영하고 있다. 선진산업자본주의의 '심장'에서 살아온 마르쿠제로서는 체제의 공존이 무엇을 의미하는지 쉽게 간파했을 것이다. 그것은 정통적 방식의 사회주의적 세계혁명이란 이제 먼 하늘에 떠있는 한갓 구름에 불과한 것으로 비치게 했을 것이 틀림없다. 그러나 자본주의의 '심장'을 경험한 그로서는 '일차원적 인간'을 끊임없이 양산하는 현재의 자본주의 체제를 묵인할 수 없었기에 여전히 혁명의 꿈을 꿀 수밖에 없었을 것이다. 하지만 노동운동이 '생활의 안정'을 통해 상당히 보수화되어 있고 그 덕분에 자본주의체제가 그만큼 더 안정화되어 있는 마당에서 그가 꿈꿀 수 있는 혁명의 방식은 기존의 도덕적 가치와 행복 지수를 새롭게 보게 만드는 일이었을 것이다. 이런 의미에서 그의 '새로운 감성'의 해방론은 일종의 문화운동인 셈이다. 문화운동의 논리선상에서 본다면, 그가 혁명의 '새로운 주체'로 지식인 계급에게 눈을 돌린 것은 자연스러운 현상으로 여겨진다.

문화운동 차원에서 마르쿠제의 『해방론』을 꿰고 있는 줄은 '자율주의'이다. 그가 자율주의를 표방하는 것에는 중앙집권화된 스탈린적 사회주의에 대한 반사적 경험이 묻어 있다. 그는 『해방론』에서 이렇게 말한다. "새로운 급진주의는 중앙화된 관료주의적 공산주의(…) 조직과도 투쟁한다. 이러한 저항에는 자발성, 나아가 아나키즘의 강력한 요소가 존재한다. 이것은 새로운 감성, 즉 지배에 반대하는 감성의 표현이다."(해방, 133) 그러나 마르쿠제가 '자발성'을 강조하고 있지만 그것은 로자 룩셈부르크 식의 자연발생적 자율성을 의미하는 것은 아니다. 그의 경우 자연발생적 자발성은 혁명의 에너지가 될 수 없다. 그는 "자발성 자체가 급진적이고 혁명적인 힘이 될 수 없다"고 말한다. 그의 주장에 따르면, 자발성이 '계몽'과 '교육', 정치적 실천과 조직화 등으로 접목될 때 혁명적인 힘으로 분출될 수 있다.[11] 엄밀한 의미에서 본다면 그의 '자율주의'는 아나키즘의 자율주의가 아니라 계획된 자율주의라고 할 수 있다.

마르쿠제의 '새로운 감성'의 『해방론』이 스탈린적 사회주의를 반대하는 '자율주의'에 근거하고 있다고 해서 그의 '해방론'이 무목적성의 '부정성'을 띠고 있는 것은 아니다. 그의 해방론의 귀착지점은 '사회주의'다. 그의 경우 사회주의는 "해방의 근원적이고 일차적인 제도의 개념"(해방, 131)일 뿐만 아니라 '새로운 감성'과 '새로운 의

11 최근 정부에 저항한 자발적인 촛불 문화제가 마르쿠제 말하는 '혁명의 힘'으로 타오르지 못하고 단기간에 그치고 그 파장력도 약화된 것에서 자발성이 조직화되지 못할 때 갖는 한계를 읽을 수 있다.

식'에 합당한 현실의 창조를 위한 '필요조건'으로 통한다. 물론 그가 구상하는 사회주의는 생산 수단과 분배에 대한 집단적인 통제와 계획을 전제로 한다는 점에서 전통적 사회주의를 닮아 있지만 인간에 대한 억압과 통제로 물든 '회색빛' 단조로움을 보였던 동구의 사회주의와는 다른 '새로운 사회주의'를 의미한다. 이 사회주의는 '노동(labor)'이 '산고(産苦)'를 겪으면서 먹고살기 위해 죽지 못해 해야만 하는 일로서가 아니라 놀이이자 예술 활동이 되는 '미학적 환경'을 건설하는 차원과 관계한다. 마르쿠제는 이러한 '미적 차원'의 환경을 건설하기 위해 우리가 '청소'하거나 부정(저항)해야 할 사회를 다음과 같이 제시한다.

- 주민의 대다수를 어리석고 비인간적이고 불필요한 직업을 통해 생계를 '벌어' 가도록 강요하는 사회.
- 빈민굴과 슬럼가 그리고 내외의 식민주의의 이면에서 활기를 띠는 비즈니스를 이끌어 내는 사회.
- 폭력과 억압으로 가득 차 있는, 폭력과 억압의 피해자로부터 복종과 순종을 요구하는 사회.
- 그 위계 관계를 좌우하는, 이윤을 남길 수 있는 생산성을 유지하기 위해 쓰레기와 파괴에 막대한 자원을 사용하며 순응적인 욕구와 만족을 방법적으로 더 창출해 내는 사회.(해방, 96)

마르쿠제는 이상의 사회를 부정하고 '미적 차원'의 사회주의를 건설하기 위해 필요한 사업으로 '협업'과 '연대성'을 내세운다. 이때 그가 염두에 두고 있는 것은 맑스-레닌주의의 의미에서 '세계 혁명'

이기도 하다. 그것은 곧 자본주의 체제의 주변부들 간의 '연대'를 통해 자본주의 체제의 중심부를 교란하는 것이고, 이 교란은 자본주의 중심부에서의 저항을 돕는 일과 관계한다. "주변부의 혁명은 자본주의 중심부에서의 저항에 있어 본질적인 부분이 된다. 하지만 주변부 혁명의 모범적인 힘과 이데올로기적인 역량은 중심부의 구조와 자본주의 체제의 응집력이 붕괴될 때 결실을 얻게 된다. 이 착취의 사슬은 그 가장 강한 고리에서 끊어져야 한다."(해방, 124)

마르쿠제는 연대와 협업이 파시즘과 군국주의에서도 작동한다고 본다. 그러나 파시즘과 군국주의의 그것들과 '새로운 사회주의'의 그것들이 다른 점은 '자율성'에 있다는 것이다. 이러한 자율성의 논리를 따를 때에도 '당파성'은 유지된다. 이는 "모든 '나' 그리고 내가 선택한 '우리'와 함께 한다"(해방, 132)[12]는 표현에서 드러난다. 이 당파성이 추구하는 목표는 "사회의 경제, 정치, 그리고 문화적인 특성이 그것을 위해 싸우는 사람들의 기본적인 욕구가 되어야만" 하는 '계급 없는 사회'이다. 그것은 곧 '소외된 노동'이 폐기되는 사회를 의미한다. 마르쿠제는 해방된 노동 본능의 사회적 표현을 '협업'으로 규정하고, 협업은 연대성에 기초하여 '필연의 왕국의 조직화'와 '자유의 왕국의 발전'을 지향한다고 말한다.(해방, 132)

계급들 간의 이해관계뿐만 아니라 동일한 계급(정규/비정규의 노동계급) 안에서도 이해관계가 첨예하게 작동하는 '필연의 왕국'을 '새로운 감성'으로 조직하지 않고서는 '자유의 왕국'의 도래를 기대할 수

12 같은 책, 132쪽.

없다는 점에서 '필연의 왕국의 조직화'는 인간해방 운동의 선결조건이 된다. 그런데 토대의 변화를 조직화하는 것은 생산수단을 공유화하고, 생산관계를 바꾸는 과정을 뜻한다. 이는 정치투쟁의 범위를 훨씬 넘어서는 계급투쟁을 의미하기도 한다. 그러나 현재 자본주의 체제가 작동하는 '필연의 왕국'의 장벽은 '만리장성'보다 길고 높을 뿐만 아니라 그 보호 장벽의 장치들도 물샐틈없이 치밀해 보인다. 중심부 자본의 작동에 순응하지 않거나 걸림돌이 되는 체제에 대해서는 국제적 '연대'와 '협업'을 통해 그 체제를 초토화한다. 이 초토화는 공포를 유발하여 스스로 복종과 순응을 하게 만드는 효과를 거둔다. 그것은 곧 '일차원적 사회'와 '일차원적 인간'을 끊임없이 재생산하도록 한다.

일차원의 세계는 저항과 반항, 거부를 용인하지 않는다. 이 세계가 필요로 하는 인간은 오로지 '일차원적 인간'일 뿐이다. 여기서는 순응이 최대의 미덕이고, 사소한 반항(이의제기)조차 제거해야할 불순물로 취급된다. 순응의 미학이 체제가 만들어내는 교육학이다. 이에 대한 저항은 교권에 대한 도전이다. 교권이 어떤 식으로 작동하든 이 작동에 항변의 이물질을 투입하는 것은 미적 가치가 없는 추의 대상으로 심판받는다. 이로써 체제는 영속화된다. 이 체제를 해체하거나 최소한 마비시키기 위해서는 그 행위 주체는 현재 허용된 안정성뿐만 아니라 미래의 안정 욕구마저 포기해야 하는 결단이 필요하다. 이 결단을 마르쿠제 식으로 표현하면 '새로운 감성'일 것이다. '새로운 감성'에는 희생과 헌신이 요구되는 모양이다.

물리적 폭력으로 저항을 제압하고, 체제 전체가 마치 순응미학을 교육하는 학교처럼 되어 있는 현재의 '필연의 왕국'에서 저항의 한 가지 효과적 가능성을 찾는다면 그것은 이 왕국 내부에서 그 내부로부터 흠을 내는 운동일 것이다. 이는 어쩌면 마르쿠제의 고민 지점이었는지도 모른다. 그가 '계몽'과 '교육'을 말하면서 '새로운 감성'을 강조한 것도 이런 맥락과 연계되어 있다고 볼 수 있다.

흔히 유물론자들은 "의식이 존재를 결정한다"는 테제를 허무맹랑한 관념론으로 단숨에 배제해왔다. 그러나 관념론자들과 지배계급은 의식이 존재를 결정하게 함으로써 자신의 지배체제를 온존·강화해온 덕을 톡톡히 보아왔다. 피지배계급이 자신의 존재 위상을 배반하고 자신을 지배하고 억압하는 권력을 선택하는 데에는 의식이 중요한 결정을 해왔던 것이다. 이 진리 가치를 잘 알았기 때문에 지배계급과 그 이데올로그들은 사회 전체를 학교로 만들어 지배자의 의식을 주입함으로써 체제를 강화한다.[13] 그 세계는 마치 브레히트가 「상어가 인간이라면」에서 말하듯, "이 학교에서 물고기들은 상어의 아가리 속으로 헤엄쳐 들어가는 법을 배우는"[14] 세계를 방불케 한다.

---

13 현재 뉴라이트 지식 이데올로그들이 역사 교과서를 '새롭게' 편집해서 교육현장에 유포하려는 것도 그 진리 가치의 단맛을 잘 알기 때문일 것이다.

14 B. Brecht: 「Wenn die Haifische Menschen wären」, Bertolt Brecht Werke, 18권, Frankfurt/M 1995, 447쪽 「상어가 인간이라면」이 펼치는 '바다 세계'의 교육·예술·종교·관료 따위의 묘사가 오늘 한국 현실의 서사처럼 생생하다.

## 해방의 토폴로지

'새로운 감성'이 필요하다. 진보 세력은 '존재/의식'의 관계에서 그 진리의 참의 문제를 두고 관념론을 논박하는 것도 중요하지만 이 테제를 현실적으로 활용하는 싸움도 중요하다. 현재의 '필연의 왕국'을 교란하기 위해서도 실제의 교육현장을 들여다 볼 필요가 있다. 교육 현장에서 기득권의 보수 세력은 순응과 복종의 '감성'을 가진 인물들을 양성하고 그런 인물들을 선택한다. 그 시너지효과는 체제의 순응을 미학화함으로써 기존 질서를 강화하는 동시에 진보에 대한 전선의 초병들을 양산하게 된다. 초병들이 많을수록 기존 체제의 방위력은 강해진다. 그 초병들의 방어벽은 두텁다. 진보 세력은 이 점을 배울 필요가 있다. 교육이데올로기가 지배질서를 강화하고 재생산한다는 것은 굳이 알튀세르의 이론을 빌릴 필요가 없을 만큼 체화되어 있는 상태다. 지배이데올로기에 흠을 내고 저항이데올로기를 확산하기 위해서는 저항과 불복종의 이력을 가진 세력을 양산할 필요가 있는 것이다. 한국 학계의 보수화는 이를 허용하지 않는다. 여기서부터 이미 싸움은 시작되고 있는 셈이지만, 진보 지식인 집단은 이 싸움의 전초병을 육성하는데 소홀한 것도 사실이다. 진보 세력은 이에 적극적이지 못했다. 왜 '우리'는 그러지 못했을까 생각해볼 시점이다. 관념상의 진보가 아니라 현실의 진보를, 그리고 장구한 '해방'의 길을 생각한다면 말이다. 행여 진보 속에도 해방의 대상인 체제의 경직성이 은밀히 가동되지 않았는지 되돌아볼 '새로운 감성'이 필요하다. '교육의 백년대계(百年大計)'를 '지배의 백년대계'

라는 말로 치환한다면 이는 마르쿠제의 '새로운 감성'의 해방론에 심각하게 오염된 지나친 '새로운 감성'의 탓일까!

말머리에서 이미 말했듯이 마르쿠제가 『일차원적 인간』에서 '일차원의 세계'의 억압성을 고발하고, 이의 극복을 위해 『해방론』에서 '새로운 감성'과 '새로운 주체'를 웅변한지도 거의 반세기가 경과하고 있다. 그러나 오늘 우리가 살고 있는 세계와 우리를 돌아보면, 인류의 부단한 '진보'는 고사하고 '이차원의 세계' 그 입구에라도 들어섰는지 의심하게 만든다. 세계는 "신이 죽었다!"는 니체(F. Nietzsche)의 냉소적 발언을 제대로 증명이나 해주는 것처럼 여전히 '자유'와 '평화'의 이름으로 폭력이 맹위를 떨치고 있는 판이다. 여기서는 불의가 정의를, 비합리성이 합리성을, 반이성이 이성을 마냥 '자연스럽게' 억압하는 꼴을 취하고 있다. 그 꼴은 마치 프로이트적 실험의 세계를 방불케 한다. 말하자면 비정상적인 것이 정상적인 것을 판단하고 지배하는 모습이다.

그러나 어느 시대든 지배가 쉽게 허물어질 수 있을 만큼 그 '관리'가 허술했던 적은 단 한 번도 없었다는 점을 상기한다면, 해방의 꿈은 항상 현재 진행형일 수밖에 없을 것이다. 이 진행형을 완료형으로 만들어나가는 데에는 "모든 '나' 그리고 내가 선택한 '우리'와 함께 한다"는 '자율'에 근거한 '협업'의 연대의식이 무엇보다 중요할 것 같다. 왜냐하면 극복의 대상인 '일차원의 세계'는 '동일성'의 '욕구'로 대중을 부지불식간에 무형의 한 덩어리가 되게 하는 연대적 힘을 과시하고 있기 때문이다. 말하자면 무언의 강력한 억압적 연대를 구성하고 있는 것이다. 반성은 타자를 통해서도 교훈을 얻을 수 있다. 물론 이때의 반성적 연대는 억압을 핵으로 하고 있는 단일화(Unifikation)나 균일화(Uniformität)가 아니라 복수 · 다양(Pluralität)의 결합(Kombination)이어야 한다. 따라서 '협업'의 연대의식에서 경계해야 할 대상은 '중심주의'라는 배타성이다. 이런 '중심주의'에 사로잡힐 경우 연대의 벽은 깨어지게 마련이다. 그렇다고 '중심'을 완전히 배제할 수는 없는 노릇이다. 중심이 없다면 해방운동의 힘은 분산되거나 개별 차원에 그칠 수 있기 때문이다. 따라서 낡은 '중심주의'의 배타성은 지양하되 새로운 '협업'의 연대를 강화하기 위해서는 '중심'의 분자적 네트워크의 구성[15]이 절실히 요구된다. 이때 '중심'이 갖는 억압성을 최소화하려면 '소통'의 '일상적 민주화'가 필요할 것이다. 이런 소통의 민주화에 근거할 때 '자율'은 역동성을 발휘하여 더욱 빛날 것이다. 이러한 네트워크의 원리에서는 각각의 매듭이 해방 분자의 주체가 된다. 성좌(星座)를 구성하는 이 분자들의 긴밀한 짜임관계야말로 '모든 나'가 위치하는 해방의 새로운 토폴로지가 되는 셈이다.

물론 해방의 토폴로지에서 '모든 나'가 해방의 '새로운 주체'가 된다는 것은 말처럼 쉬운 일이 아니다. '일차원의 세계'는 마치 '보호소'처럼 지정된 것만을 선택할 수 있는 '자유'를 허용하고 있고, 이 '자유'의 울타리 안에서 끊임없이 '생활의 안전욕구'를 뿜어내고 있

15 오늘날 네트워크는 해방의 기재일 뿐만 아니라 통제의 기재이기도 하다. 스페인 출신의 마누엘 카스텔(Manuel Castells)은 탈현대의 자본주의를 '네트워크 자본주의'로 규정한다. 그러나 이 규정 속에서도 네트워크 형태의 '단결'이 해방의 조건이 된다. 이런 논리는 네트워크 투쟁으로 '제국'에 맞설 것을 제안하는 안토니오 네그리(Antonio Negri) 논점과 맥을 같이한다.

기 때문에 이 유혹으로부터 누구도 자유로울 수 없는 것은 사실이다. 이 유혹의 부정은 현재의 '생활안전'은 말할 것도 없고 미래의 그것까지 위협할 정도의 공포를 수반한다. 그러나 해방의 '새로운 감성'은 "내가 선택한 우리와 함께" 할 각오를 다질 때, 마르쿠제가 구상하는 해방의 '미적 세계'가 가능하지 않겠는가 하고 유혹한다. 이 유혹의 힘도 만만치는 않아 보이다. 왜냐하면 이런 유의 유혹에서 인류가 진보해온 것도 엄연한 역사적 사실이며, 또한 인간은 '일차원'의 물질로써만 사는 것이 아니라 '새로운 감성'의 해방이라는 '고차원'의 꿈을 항상 먹고 살기 때문이다. 이 꿈의 실현을 위한 험난한 도정이 '성좌'를 바라보며 '미적 세계'를 그리는 '새로운 감성'의 '새로운 주체들'이 걸어가야 할 해방의 길 가운데 하나가 아닐까! '성좌'는 오늘도 무한한 해방을 무한히 욕망하게 한다.

『모던 타임즈』의 마지막 장면.
느린 걸음이라도 '일차원의 세계'를 넘는 길이라면, 맞잡은 손 어찌 아름답지 않으랴!

• 참고문헌


도종환: 「희망의 바깥은 없다」, 『슬픔의 뿌리』, 실천문학사 2002.

G. 루카치: 『이성의 파괴』, 1권, 변상출 역, 백의 1996.

V. I. 레닌: 『무엇을 할 것인가?』, 김민호 역, 백두 1988.

H. 마르쿠제: 『해방론』, 김택 역, 울력 2004.

—: 『에로스와 문명』, 김인환 역, 나남 1999.

L. 코와코프스키: 『맑스주의의 주요 흐름』, 3권, 변상출 역, 유로 2007.

B. Brecht: Wenn die Haifische Menschen wären, Bertolt Brecht Werke, Band 18, Frankfurt/ M. 1995.

H. Marcuse: Der eindimensionale Mensch, Neuwied/ Berlin 1967.

M. Horkheimer/ Th. W. Adorno: Dialektik der Aufklärung, Frankfurt/ M. 1969.

5

# 루이 알튀세르와 이데올로기론

양 종 근

## 맑스 일병 구하기: 벼랑 끝에서 극단적으로 사고하기

프랑스의 맑스주의 철학자 루이 알튀세르(Louis Althusser, 1918~1990)는 알제리에서 태어나 파리의 고등사범학교(École Normale Supérieure)에서 수학하였으며, 그 곳에서 철학 교수로 재직하였다. 그의 대표적인 저서인 『맑스를 위하여』(1965)와 『자본론 읽기』(1968), 그리고 『레닌과 철학』(1970) 등은 그를 일약 프랑스 공산당을 선도하는 이론가로 만들었으며, 서구 유럽에 맑스주의를 둘러싼 다양한 논쟁을 촉발시키기도 하였다. 소비에트 연방과 동구권 사회주의 국가가 몰락하기 전, 여전히 냉전체제와 이데올로기가 강력하게 국제사회를 지배하던 시절, 알튀세르는 맑스주의자로서 맑스주의에 대한 가장 강렬한 비판가였으며, 맑스주의를 폄하하고 왜곡하려던 시도들에 대해서는 가장 열렬한 옹호자였다. 마치 사회주의 진영의 붕괴를 예견이라도 한 듯, 그는 맑스주의의 쇄신과 변화를 지속적으로 요구하였으며, 그의 전 이론적 실천은 바로 맑스주의의 이러한 쇄신과 변화를 위한 것이었다.

사회주의 진영의 붕괴는 자본주의에 대한 가장 강력한 비판을 행해왔던 맑스주의의 즉각적인 몰락으로 이어지고, 그로 인해 자본주의의 일방통행은 더욱 가속화된다. 사회주의라는 대안 체제의 붕괴는 곧장 자본주의의 승리를 의미하게 되었고, 자본주의야말로 인류의 가장 바람직한 삶의 양식으로 여겨지게 된 것이다. 맑스주의가 변화시키려고 한 대상은 자본주의이며, 자신의 지향점을 사회주의로 명시하고 있다는 것은 널리 알려진 사실이다. 그러나 현실 사회주의의 붕괴와 자본주의의 전지구화 라는 현상은 맑스주의를 실천적 무기력 상태로 몰고 갔다. 그래서 맑스주의자들과 이에 호의적이던 사람들 중 일부는 맑스주의에 대해 청산주의적 태도를 보이기 시작했고, 그것은 맑스주의를 경원시하던 자들에게는 자본주의의 우월성을 확신하는 계기로 작용했다. "변화시켜야 할 것은 자본주의가 아니라 맑스주의 자신이었다"라는 말이 나올 법도 한 상황이 된 것이다. 그러나 강한 것이 선한 것은 아니다. 우리는 인류 역사에서 약육강식의 야만성을 헤아릴 수 없을 정도로 목도하지 않았던가.

우리는 지금 어떤 편향을 경험하고 있는 것인데, 현실 사회주의의 건설(소비에트 국가의 성립)을 곧장 맑스주의의 승리로 간주했던 그 자만심만큼이나 냉전 후의 맑스주의에 대한 패배주의적 환멸 또한 피상적이기는 마찬가지이다. 맑스주의가 자본주의와의 투쟁을 통

맑스는 「공산당 선언」에서 "지금 유럽에 공산주의라는 유령이 떠돌고 있다."고 선언했다. 1990년대 사회주의가 몰락하면서 맑스의 관 뚜껑은 더 이상 열리지 않을 줄 알았지만, 2008년 글로벌 금융 위기로 인해 '맑스 르네상스' 시대가 열리게 되었다. 알튀세르는 사회주의 몰락 직전에 이미 '맑스주의의 위기'를 주장하며, 맑스주의의 쇄신과 변화를 요구했다.

해서만 변화 발전할 수 있다면, 맑스주의는 아직 역사의 박물관으로 분리 수거될 수 없다. 사실 자본주의가 확립된 이래 서구에서 맑스주의가 수세적 국면에 처해있지 않은 적은 한 번도 없었다. 이 수세적 국면은 이중적인데, 한편으론 제3세계국가들에 대한 직·간접적 착취를 통해 그 물적 토대를 확보한 선진 자본주의 국가들이 자국의 소외된 계층들을 끌어안는 데 주력해왔기 때문에, 자본주의를 부정할만한 결집된 세력은 와해될 수밖에 없었고 그 결과로 자본주의는 더 공고해졌다. 서구 노동자들은 후진 자본주의의 노동자들을 착취한 잉여가치가 제공한 물질적 풍요 속에 안주하게 되고 그들의 계급적 지위에 대한 의식을 점점 망각하게 된 것이다. 물질저 풍요와 수정주의적인 복지 정책, 그리고 냉전적 이념 공세 등을 통해 계급 갈등이 첨예화되고 시장의 기능에 위기가 오게 될 것이라는 예상과는 달리 서구의 자본주의는 자신의 위기와 한계를 영리하게 변화의 기회로 삼으며 번성하게 된 것이다. 다른 한편으로 스탈린의 집권과 동구권 국가들에 대한 무력 침공으로(그리고 이에 대한 서구의 편파적인 보도와 이데올로기적 공세와 맞물려) 맑스주의의 살아있는 모델로 여겨졌던 소비에트는 나치와 같은 이미지로 전락하게 되었다. 현실 사회주의에 대한 환멸과 서구 자본주의의 상대적 풍요 속에서 서구의 맑스주의는 점차 자신의 입지를 잃어갔다.

알튀세르는 이러한 상황에서 맑스주의를 구해내려고 시도한다. 자본주의에 개입하여 자본주의의 본질적인 모순을 드러내는 생생하고 활기있는 구체적 사상으로 맑스주의를 재건하려는 알튀세르는 맑스주의를 실천적 비판적 무기로 만들기 위해서 그 무기를 비판하는 이론 작업으로부터 시작한다. 그는 이론이 실천을 위한 실용적 경험적 도구가 아님을 분명히 한다. 이론에 대한 실용주의적 경험주의적 태도는 앞서 언급한 '청산주의적 태도'나 '승리=진리 태도'와 무관하지 않다. 이러한 조급증에 대항하여 알튀세르는 '실천에 대한 요구를 포기하지 않'으면서도, 이론 자체에 실천적 정치적 성격과 물질성을 부과함으로써 이론과 실천이 맺고 있는 보다 복잡하고 고양된 관계를 설정해보고자 했던 것이다. 당시(1950~60년대) 프랑스 좌파 이론가들은 이론 작업을 등한시하고 행동주의적 경향에 빠져 있었는데, 알튀세르는 올바른 실천이 이론에 대한 올바른 태도에서 나온다고 확신한 것이다. 알튀세르는 이론 작업이 지닌 정치적 중요성을 맑스주의에 대한 이론적 개입의 형식을 빌어 실천적으로 정치적으로 보여준 것이다. 그가 제안한 많은 도발적(?) 용어들과 개념들은 −인식론적 단절, 문제틀, 반인간주의, 중층결정, 최종심급, 이데올로기 등− 그를 옹호하든 그렇지 않든 맑스의 저작을 다시 읽고 연구하게 만들고 비판과 반론을 시도하게 하는 등 맑스주의 진영 내에서 이론적 지적 분위기를 재생해 냈다. 그의 이론적 개입이 지닌 정치적 의도가 분명하게 실현된 것이다.

이론과 실천의 관계에 대한 재조명은 우리에게도 많은 시사점을 던져준다. 1980년대까지도 우리 학생운동은 현장운동에 대한 지나친 부담을 갖고 있었고, 좌파 지식인들과 현장 운동가들 간의 괴리와 반목은 결정적이진 않다 하더라도 변혁운동의 오래된 숙제 중의 하나이다. 문학 진영에서 비평가들과 창작자들의 관계가 불편한 현실 역시 이론과 실천의 관계문제와 무관하지 않다. 이러한 상황에서 이론 작업의 고유성과 정치성을 다른 실천들과의 관계 속에서 엄밀하게 검토해 보는 것은 유의미한 작업일 것이다.

알튀세르는 스스로 명명한 '극단적으로 사고하기'를 통해 모순의 중층결정과 상부구조의 상대적 자율성, 최종심급으로서의 경제론을 주장했다. 경제적 실천에만 국한되어 있던 이전의 운동 편향을 극복할 수 있는 이론적 토대가 마련된 것이다. 스스로 마련한 토대 위에서 작업한 알튀세르의 가장 영향력 있는 연구 분야는 '이데올로기'이다. 그의 「이데올로기와 이데올로기적 국가기구」(1969)라는 유명한 글은 많은 파장을 불러일으켰다. 이 글의 핵심은 지배 권력의 재생산을 위한 이데올로기적 국가 기구의 운용과 그 과정에서 주체가 구성되는 과정에 관한 내용이다. 지배 권력의 이데올로기가 어떻게 대중에게 자발적으로 수용되고 내면화되는가에 대한 그의 설명은 이제는 일반화된 것이지만 당시에는 충격적이었다. 주체의 구성과 관련해서는 페미니즘과 포스트 맑스주의, 그리고 탈식민주의 진영 등에 많은 시사점을 제공했고, 맑스주의 진영에도 상부구조의 다양한 실천들에 관심을 돌리게 만들었다. 프랑스의 석학인 푸코 등에 영향을 주었으며, 담론과 문화에 대한 연구의 필요성을 환기시켰다. 데리다조차도 그의 작업의 필요성에 공감했으며 그의 활동을 침묵으로 승인했었다고 밝힌 바 있다. 현대 철학이 주체의 분열과 자기동일성의 회의에 주목하고 있긴 하지만, 그것이 지배 권력과 그 이데올로기와의 관련 속에서 검증되지 못하고 있는 것은 안타까운 일이다. 이런 점에서 알튀세르는 까다롭기 그지없는 해체론과 정신분석, 언어학 등에 접근하여 함께 관심을 공유할 수 있는 이론적 초석을 놓았다고 볼 수 있다.

우리가 알튀세르에게 주목해야 하는 이유는 그가 활짝 열어준 새로운 이론적 지평에 있기도 하지만, 그것을 가능하게 만든 그의 '극단적인 태도'에 있다. '위기'를 기회로 포착하는 능력, 현실에 부단히 개입함으로써 맑스주의를 변화시키려는(맑스주의 본연의 태도를 잃지 않으려는) 그의 태도로부터 우리는 포기하지 않은 투쟁적 관점의 유효성과 의미를 배우게 되고, 부단한 변화의 가능성을 모색할 수 있게 된다.

## 이데올로기 바깥은 없다

알튀세르의 논의 중에서 가장 매력적인 부분은 역시 이데올로기에 관한 것이다. 이데올로기는 통상 '이념'으로 번역되어 자본주의 이데올로기, 자유주의 이데올로기, 사회주의 이데올로기, 민족주의 이데올로기 등으로 사용된다. 하지만 맑스주의자들은 이데올로기를 '허위의식'의 뜻으로 일반적으로 사용해 왔다. 이데올로기를 허위의식으로 파악하는 방식은 지배 권력의 이데올로기가 그 사회의 지배적인 의식으로 자리잡는다는 의미와 그 결과 자신의 계급적 지위에 대한 올바른 대자적 인식을 하지 못하게 한다는 의미에서 이중적인 것이다. 다시 말해 사회의 억압과 착취 구조를 은폐하고, 지배 계급의 지배 권력을 정당화하기 위해서 지배 계급은 자신들의 이데올로기를 자연스럽고 보편적인 것으로 받아들이게 해야 한다는 것이 이데올로기에 대한 맑스주의의 공통된 접근법이었다. 결론적으로 억압과 착취가 사라지게 되면 이데올로기는 저절로 소멸하게 될 것이라는 것이 이들의 주장인데, 알튀세르는 이데올로기에 대한 이와 같은 주장을 나이브한 것이라고 비판한다. 주체의 구성과 이데올로기의 역할을 관련지어 설명하는 알튀세르에게 이데올로기의 소멸은 곧 주체의 소멸을 의미하게 된다. 주체와 이데올로기의 관계에 대한 알튀세르의 설명을 그의 명제들을 따라 이해해 보자.

◦ **이데올로기는 개인을 주체로 호명한다.**

여기서 중요한 것은 '개인'과 '주체'를 구별하여 이해해야 한다는 점이다. '개인'은 생물학적인 개체로서의 개별적 존재를 의미하며, '주체'는 사회구성원으로서 사회 속에서 다른 사회적 주체들과 관계 맺고 살아가는 존재를 의미한다. 다시 말해서 주체는 '사회에 포섭된 개인'을 의미한다. 달리 말하면 주체는 사회 속 일원임을 자각하고 그 속에서 자신에게 주어진 역할과 의무, 책임과 권리를 행사하며 살아가도록 개인에게 부여하는 일종의 사회적 '자격'인 셈이다. 사회는 인간 개인을 어떻게든 수용하여 사회 속에서 살아가도록 해야 할 의무가 있다. 이 개인의 수용 방식이 바로 개인의 '주체화'인 셈이다.

영화 『늑대소년』은 인간으로 태어난 것이 곧장 사회적 주체로 용인되는 것을 의미하지는 않으며, 개인이 주체로 수용되는 것은 사회적 '자격'을 부여받는 것임을 잘 보여준다. '늑대소년'을 '주체'로 받아들일 사회가 과연 존재할 수 있을까.

개인이 주체로서 만나게 되는 첫 사회는 '가족'이다. 우리는 아들 혹은 딸, 아버지 혹은 어머니로서 가족 내에서 수행해야 할 역할을 부여받고 있다. 이 역할에 대한 기대에 부응하기 위해 개인은 선과 악, 해야 할 일과 해서는 안되는 일, 성별에 따른 역할 등 사회적 가치와 통념을 자신의 것으로 받아들이게 되는데, 이때 개인은 주체로서 '호명'되는 것이라고 볼 수 있을 것이다.

따라서 개인을 주체로 호명한다는 것은 개인에 대한 사회적 인정을 의미하며, 역으로는 사회에 대한 개인의 인정을 의미한다. 이와 같은 '상호인정의 메커니즘'을 통해 주체는 사회 속에서 안착하게 된다. 원시 밀림의 타잔이나 늑대인간의 경우를 떠올려보자. 정글의 법칙이나 야생의 습관에 길들여진 개인들은 사회적인 주체로서 받아들여지기 어렵다. 사회가 요구하는 특정한 행동 패턴들, 즉 다른 사람을 해쳐서는 안된다, 잡아먹어서도 안된다, 신호등을 지키고, 식사습관을 익히고, 정해진 의복을 입고 두 발로 걸어야 한다 등을 따르지 않는다면, 이러한 개인을 주체로 받아들일 사회는 없을 것이다. 주체의 행위와 의식은 사회적 기대와 예상의 범위 내에 있을 때라야만 주체로서 인정받을 수 있을 것이다.

정신분석학이 주체 형성에 관한 중요한 연구로 평가받을 수 있는 것이 바로 이 부분이다. 정신분석학은 주체 형성에 있어서 유아기의 중요성과 가족 관계의 역할을 강조하고 무의식의 형성이 주체화의 과정과 깊은 연관이 있음을 주장하기 때문이다. 정신분석학은 개인이 사회에 안착하지 못하는 병리적인 심리기제를 분석 치료하는 것이 원래의 목적으로 알려져 왔지만, 최근의 연구는 사회화 과정에서 발생하는 '무의식'의 의미에 보다 초점을 맞추고 있다. 단지 문명화

이전의 본능적 욕망이 억압된 것으로 치부되었던 무의식에 사회적인 의미를 부여함으로써 무의식에 대한 새로운 지평을 열고자 하는 것이다. 이에 대해서는 지젝에 대한 글에서 자세히 논하기로 하자. 개인의 주체화 과정을 사회적 기대와 가치의 수용에 대해 좀더 상세히 알기 위해서는 우리는 알튀세르의 다음 명제로 넘어가야 할 것 같다.

◦ **이데올로기는 개인이 사회와 맺는 상상적 관계를 표상한다.**

이제껏 우리는 이데올로기가 개인을 주체로 호명한다는 명제 하에 개인의 주체화 과정을 사회적 기대와 가치의 수용이란 말로 이해했다. 그렇다면 사회적 기대와 가치를 이데올로기로 부를 수 있을 것인데, 앞서 언급했듯이 알튀세르에게 이데올로기는 단지 사회적 지배 관계를 은폐하는 '허위의식'에 머무는 것이 아니라, 사회 속에서 개인들을 배치하고 그 속에서 자발적이고 적극적으로 주체적인 모습으로 살아가도록 만드는 그 무엇을 의미하는 것이다. 이데올로기는 주체의 신념 뿐 아니라 감성, 욕망, 심지어는 도덕의식마저도 지배한다. 그러나 이때 이데올로기가 현실을 있는 그대로 비춰주는 투명하고 매끈한 거울이 아니라면 사정은 달라진다. 바흐친(Mikhail M. Bakhtin)의 주장처럼 주체는 현실세계와 직접적으로 만나는 것이 아니라, '이데올로기적 환경'[1]이라는 '프리즘'을 투과해서 현실을 바라본다. 이데올로기는 주체의 눈에 씌어놓은 벗을 수 없는 '색안경'

1 이에 대해서는 M. 바흐친의 『마르크스주의와 언어철학』, 송기한 역, 한겨레 1988. 제1부 언어철학과 마르크스주의에 있어서의 그 의의 부분을 참조할 것.

과도 같은 것이다. "이데올로기 바깥은 없다"라는 알튀세르의 말이 사실이라면, 이 안경 너머의 세계 뿐 아니라 그 세계와 관련맺고 살아가고 있는 자기 자신에 대한 파악마저도 이 안경에 의해 영향을 받지 않을 수 없는 것이 아닐까. 따라서 주체는 자신의 믿음과는 다르게, 사회와 맺는 관계에서 항상 스스로의 자리에서 비켜나 있다. "이데올로기는 개인들이 자신들의 현실적 존재 조건들과 맺는 상상적 관계의 표상이다"[2]는 명제에서 가장 중요한 단어는 바로 이런 의미에서 '상상적 관계'라는 용어이다. 정신분석학에서 차용한 이 용어는 주체와 사회의 관계가 터무니없이 허구적이라거나 사회에 의해 주체가 완전히 속고 있다는 것을 의미하는 것은 아니다. 색안경도 안경의 일종으로 세상을 일정 정도 비춰주고 있듯이, 이데올로기는 주체가 현실을 이해하는 데 반드시 필요한 정보들을 제공하면서, 그 정보들을 필연적으로 왜곡하고 있다는 것이 '상상적 관계'의 의미인 것이다.

이데올로기는 주체로 하여금 신념, 가치체계, 도덕의식 등을 지니게 하면서도 동시에 현실에 대한 일종의 편향된 시각을 지니도록 하는 이중적인 성격을 지닌다. 이데올로기는 주체에게 언제나 이미 주어진 제도적, 문화적 환경을 제공하며, 주체는 이 제도와 문화적 환경에 적응할 뿐 이데올로기를 벗어날 수 없다. 주체와 이데올로기의 관계는 상호 불가분의 관계에 있으며, 서로 분리될 수 있는 것

---

2 L. 알튀세르, 「이데올로기와 이데올로기적 국가 장치」, 『재생산에 대하여』, 김웅권 역, 동문선 2007, 384쪽.

또한 아니다. 주체와 이데올로기의 불가분의 관계는 주체로 하여금 이데올로기의 존재를 의식하지 못하게 만든다.

물론 주체는 특정한 이데올로기들에 대해서 의식할 수 있다. 여기서 말하는 이데올로기는 이데올로기 일반을 의미한다. 이데올로기 일반이란 특정한 국면의 특정한 집단들의 특정 이데올로기들을 의미하는 것이 아니다. 우리가 민주주의에 관한 일반적인 정의를 내릴 수 있는 것처럼, 이데올로기에 관해서도 일반적인 정의를 내릴 수 있을 것이다. 그러나 일반적으로 정의 내려진 민주주의가 실제로 적용되고 실천되는 국가는 존재하지 않듯이(말뜻 그대로의 이상적인 민주주의 국가는 존재한 적도, 존재할 수도 없다), 이데올로기 일반에 관한 정의가 그대로 적용되는 사회도 존재하지 않는다. 이데올로기 일반이란 통상적으로 이데올로기가 작동하는 보편적 메커니즘을 의미할 뿐 그 실제적 사례는 국가마다 시대마다 다양하게 변주되어 나타난다고 할 수 있다.

아무튼 주체는 특정 이데올로기들에 대해서는 의식할 수 있지만, 모든 이데올로기들에 대해서 의식할 수 있는 것은 아니다. 더 나아가 이와 같은 이데올로기들에 대한 의식을 가능하게 하는 것 또한 주체가 의거하고 있는 이데올로기에 의해 가능한 것이다. 다시 말해 가능한 것은 '이데올로기에 대한 이데올로기적인 인식' 뿐인 셈이 된다. 그러나 주체의 오만은 종종 자신은 이데올로기로부터 자유로울 수 있다고 믿는 실수를 범한다. 이데올로기가 이데올로기로서 기능할 수 있는 것은 바로 이와 같은 주체의 과도한 확신으로 인해 가능하다.

주체의 과도한 확신을 넘어서 주체에게 작용하는 이데올로기의 기능 원리를 이해해 본다면 이러한 사실은 더욱 선명하게 드러날 것이다.

◦ **이데올로기는 국가 장치를 통해서 기능한다.**

이데올로기는 그냥 누군가의 목적을 위해 그때그때 만들어지는 것이 아니다. 이데올로기는 국가 권력을 차지한 세력이 지배 권력을 유지, 강화하기 위해 국가 장치(State Apparatus)를 이용해서 생산, 유포한다. 물론 국가 장치는 지배 계급이 지배 권력을 잡기 이전부터 존재해 온 것이며, 따라서 이데올로기 또한 이전부터 존재해 온 것이다. 권력을 잡은 계급이 이데올로기적 국가 장치를 제대로 활용하지 못한다면 그 권력을 온전히 유지할 수 없을 것이다. 역으로 말하자면, 기존의 이데올로기와 이데올로기적인 국가 장치들을 제대로 활용하였기 때문에 권력을 잡은 것이라고 할 수 있을 것이다.

근대 이후 가장 강력한 이데올로기 국가 장치는 가정과 학교일 것이다. 앞서 언급하였듯이 가정은 주체화 과정이 가장 먼저 발생하는 공간이며, 유년기의 정서와 욕망, 지식 등의 형성에 있어서 가장 강력한 영향력을 지닌다. 부모의 사회적 지위와 수입, 이데올로기적 성향과 취향, 정서적 문화적 지향성은 자녀의 전반적인 주체적인 인격형성에 가히 절대적인 영향을 끼친다. 라캉이 재치있게 설명하고 있는 '아버지의 이름/부재(nom/non de pere, 이 둘은 발음이 같다)'은 아버지로 대표되는 상징질서의 의미를 잘 설명하고 있다. 여기서 중요한 것은 실제 아버지라기보다 아버지의 이름으로 행해지는 '가치의 질서화'이다. 군사부일체는 봉건시대의 유물이 아니다. 한때 대단한 인기를 구가했던 『다빈치 코드』는 부계로 이어지는 서구 문명의 정통성이 얼마나 막강하게 서구인들의 의식을 지배하고 있는지를 흥미롭게 보여주고 있다. 현대 문명은 대체로 '가부장적인' 위계질서를 바탕으로 형성되어 있으며, 가부장적 가족 제도의 사회적 확장 형태를 지니고 있다. 양성평등의 민주주의 사회라는 현대적인 보편적 가치가 가부장적 위계질서와 충돌함에도 불구하고, 가부장제가 굳건히 존속되고 있는 것은 바로 가부장적 가족 이데올로기가 주체의 형성기에 너무도 확고하게 뿌리내리고 있기 때문이라는 사실을 잘 보여준다고 할 수 있다.

학교 또한 마찬가지이다. 소수를 제외하고는 정식 학교 교육이 특정 이데올로기를 주입할 것이라고 생각하는 사람은 거의 없다. 전교조에 대한 잘못된 거부감은 종종 소속 교사들이 이데올로기 교육을, 특히 친북 혹은 좌파 이데올로기를 교육하고 있다는 편견 때문인데, 실상 모든 교사들은 자신이 믿는 특정한 이데올로기를 교육하는 사람들이다. 우리는 심심찮게 "여자는 시집만 잘 가면 된다"거나 "가난한 것은 자신이 게을러서이다" 등의 성차별적이고 계급차별적인 이야기를 학창시절에 수업시간에 듣곤 한다. 친북이 이데올로기적인 것이라면 반북 또한 이데올로기적이라는 사실을 우리는 망각하기 쉽다. 자신은 "이데올로기적으로 공정하거나 객관적이다" 혹은 "나는 이데올로기와는 무관한 교육을 하고 있다"라고 믿는 교사가 있다면, 그는 바보이거나 거짓말쟁이라고 밖에 말할 수 없다. 앞서 언급하였듯이 모든 주체가 이데올로기로부터 자유로울 수 없다면, 교사라는 주체 또한 개개인의 이데올로기적 경향성을 지닐 수밖에 없기 때문이다.

더 나아가 학교라는 이데올로기적 국가 장치는 훨씬 체계적이고 집요하게 이 사회의 지배적인 가치들을 다음 세대들에게 학습시키는 장소라고 할 수 있다. 이것은 반공 교육 같은 사상 교육만을 의미하는 것은 아니다. 일례로 인문계열과 실업계열의 구분, 대학의 서열화 등은 이미 학생들로 하여금 사회에 나아갔을 때, 그들의 사회적 지위를 어느 정도까지는 결정짓게 된다. 학교는 학생들을 사회에 잘 분배하여 흩뿌릴 수 있도록 해야 하며, 학생들로 하여금 사회적 포지셔닝에 대해서 잘 숙지하고 그에 따른 언행을 학습하는 곳이기도 하다. 학교가 지식만을 가르치는 곳이라고 여기는 사람이 없다는 말은 역설적으로 학교야말로 사회적 가치에 대한 존중을 가르치는 곳이라는 말이 될 터이고, 이것이야말로 학교의 이데올로기적 기능을 잘 설명하는 말인 것이다.

이처럼 가족과 학교의 예에서 잘 알 수 있듯이, 이데올로기는 국가 장치들을 통해서 발현되며, 이데올로기로부터 가장 거리가 먼 것처럼 여겨질수록 이데올로기적인 기능을 훌륭하게 수행한다. 물론 이데올로기적 국가 장치들은 언제나 서로 협조적이고 공조적일 수 없다. 때론 상호 견제하기도 하고, 충돌하기도 하면서 지배 권력의 유지에 가장 효과적인 방식으로 지배 이데올로기는 변모해 간다. 이와 같은 변화를 거부하거나 변화에 실패할 경우에는 지배 계급은 자신들의 지배 권력을 잃을 수도 있을 것이다.

◦ **지배 이데올로기와 대항 이데올로기의 투쟁은 필연적이다.**

이상의 설명은 주로 지배 권력의 이데올로기가 어떻게 지배 이데올로기가 되는가에 관해 초점이 맞춰져 있다. 서구 자본주의의 한가운데에서 알튀세르는 지배 이데올로기의 생산과 재생산 기제를 파악하는 것이 무엇보다도 중요하다고 생각하였기 때문에, 이러한 경향은 어쩌면 당연한 귀결이라고 할 수 있을 것이다. 하지만 이러한 경향을 띤다고 해서 지배 이데올로기의 지배로부터 벗어나는 것이 불가능하다고 주장하는 것은 아니다.

앞서 언급하였듯이 이데올로기는 가족, 학교, 종교, 미디어 등의 국가 장치들을 통해서 지배적인 것이 된다. 이와 같은 장치들은 일괄적으로 통일된 이데올로기를 생산하거나 상보적인 관계를 지니고 있지 않다. 알튀세르의 유명한 용어인 '상대적으로 자율적인'(relatively autonomous) 관계를 각 장치들은 유지하고 있다. 완전히 자율적으로 따로 작동하지도 않지만, 그렇다고 하나의 명령에 의해 움직이듯이 유기적인 관계를 지니지도 않는 것이 사회적 실천 영역들의 특징 중 하나인 것이다. 우리는 쉽게 미디어 간의 충돌이나 정치권과 학계의 상호 비판을 목도할 수 있다. '안티조중동운동'은 기존의 활자 매체 중심의 지배적인 미디어가 사실을 왜곡하고 여론을 호도할 수 있다는 미디어 소비자들의 각성이 만들어낸 운동이지만, 이는 한겨레신문이나 경향신문뿐 아니라 인터넷이라는 새로운 테크

놀러지와 결합된 대안 미디어의 등장이 결정적인 역할을 한 것이라고 볼 수 있다. 그 결과 우리는 두 개의 서로 다른 뚜렷이 대립적인 여론층을 형성하고 있는 바, 이는 미디어 상호 간의 대립과 투쟁 관계를 잘 보여주고 있는 좋은 예이다. 지식과 권력의 관계 또한 마찬가지이다. 푸코의 주장처럼 지식은 권력과 불가분의 관계에 있지만, 이 말이 곧 지식은 언제나 권력에 복종한다는 말로 오해해서는 안 된다. 특정한 정치적 사안 뿐 아니라 사회적 현상이나 과학적 사실에 대한 해석에 있어서도 우리는 종종 서로 다른 입장들을 목도하게 된다. 100분 토론의 패널들이 특정 주제에 관해 설론을 벌이는 현상에서 우리는 특히 지식생산자라 말할 수 있는 대학교수들이 전혀 상반된 입장과 해석을 제시하는 경우를 많이 볼 수 있는데, 이것이야말로 지식이라는 것이 얼마나 객관적인 것과는 동떨어진 것인지를 징후적으로 증명하는 것이다.

물론 이데올로기적 국가 장치들 간의 '상대적으로 자율적인' 경쟁적, 투쟁적 관계는 사회의 다른 실천 영역들과의 관계로 확대할 수 있을 것이다. 사회의 이데올로기적인 실천 영역은 경제적, 정치적, 이론적 실천 영역들과도 상대적으로 자율적인 관계를 유지한다. 알튀세르에 따르면 이와 같은 4가지 실천영역들은 각기 특정 국면에 따라 지배적인 역할을 수행하면서 상호 협력 및 대립관계를 유지한다. 여기서 놓치지 말아야 할 것은 제반 사회적 실천 영역들에 내재한 모순과 억압관계이다. 각 영역들에서 지배 권력을 행사하는 쪽은 그들의 이데올로기를 지배 이데올로기로 만들어 지배 권력을 강화하려 하겠지만, 피지배 권력 집단은 지배 이데올로기에 내재한 모순과 그 모순이 은폐하고 있는 억압관계를 현실 관계 속에서 부단히 경험하게 된다는 사실이다. 지배 이데올로기에 의해 제대로 파악할 수는 없지만, 지배 이데올로기가 완벽하게 차단할 수 없는 현실 관계의 모순이 주체로 하여금 지배 이데올로기를 온전히 내재화할 수 없게 만든다. 각도를 달리 해 말하자면, 지배 이데올로기의 주장을 주체가 있는 그대로 받아들일 경우, 그 이데올로기는 언제나 스스로가 모순된 주장을 하고 있음을 스스로 폭로하게 될 것이다. 일례로 회사의 사장은 직원들에게 언제나 '가족 같은' 노사관계를 주장하며, 회사에 대한 헌신과 열정을 기대하지만, 어려움에 처했을 때 구조조정의 대상이 되는 것은 언제나 노동자들이며, 이로 인해 가족 운운하는 고용주의 논리의 허구는 극명하게 드러나게 되는 것이다. 자유 민주주의가 용인하는 노동 3권은 노동자들로 하여금 단체 교섭권과 파업권을 법을 통해 인정하고 있지만, 언론과 국가 권력은 사용자측을 옹호하고 파업을 사회 파괴적인 행위로 매도하는 것이 일반적인 경향이다. 다시 말해 우리 사회가 민주주의 사회임을 강조하면 할수록 지배 권력은 자신의 비민주성을 스스로 폭로하게 되고 만다. 민주주의 교육은 우리 체제의 우월성을 위한 효과적인 도구로 활용되는 한편 바로 그 교육으로 인한 민주주의 의식의 확대와 발전이 지배 권력을 위태롭게 만드는 무기가 되는 것이다. 이처럼 지배 이데올로기는 언제나 모순적인 것이며, 스스로 부단히 더욱 세련된 담론과 포장을 통해 자기 자신과 자신이 옹호하는 지배 관계를 은폐하려고 하지만, 그것이 언제나 효과적으로 그렇게 되는 것은 아니다.

물론 지배 이데올로기의 허구성은 스스로 폭로되지 않는다. 그것은 이데올로기 투쟁의 결과이다. 지배 이데올로기 생산자들은 부단히 새로운 이데올로기를 생산하고, 대항 이데올로기는 부단히 그 이데올로기에 맞서는 이데올로기를 생산하려고 한다. 알튀세르에 대한 오해와는 달리 지배 이데올로기를 논의하는 것은 그것에 대항하는 이데올로기를 전제하는 것이다. 그렇지 않다면, 지배 이데올로기에 의한 지배 권력의 지배는 영속화 될 것이며, 지배 이데올로기의 새로운 버전만이 계속 생산될 것이기 때문이다. 실상 지배 이데올로기의 지배 하에서 새롭고 시의적절한 대항 이데올로기를 생산하기란 생각보다 용이하지 않다. 정보력과 자금력, 그리고 미디어 등 주도권을 쥔 쪽은 지배 이데올로기이기 때문이다.

특정 국면에서의 어떤 이데올로기는 그 허구성을 드러낼 수 있다. 그러나 그렇다고 해서 곧장 지배 관계가 역전되는 것은 아니다. 그 이데올로기를 대체하고 보완할 이데올로기는 언제나 다시 등장할 가능성이 있기 때문이다. 그러나 그것이 지배 내에서 주도적인 이데올로기라면 어떤 국면에서는 그 이데올로기로 인해 상황은 급변할 수 있다. 특정 이데올로기가 특정 국면에서 주도적인 것인지를 결정하는 것은 사회적 실천 영역들 간의 관계이다. 사회의 다양한 실천 영역들에서는 예상치 못한 우발적인 사건들이 많이 발생한다. 그러나 모든 사건들이 사회적으로 의미를 지니는 것은 아니다. 그것이 이데올로기적으로 의미있는 것으로 받아들여질 때에만 그것은 의미있는 사건이 될 수 있는 것이다. 예를 들어 언어적 성차별 발언이나 성적 추행은 이에 관한 이데올로기적 인식이 발전되기 전에는 단지 개인적인 인격의 문제로 치부될 뿐, 사회적인 담론으로 연결되지 못한 때가 있었다. 그러나 성에 대한 인식의 변화는 언어적 추행만으로도 그 가해자를 법적, 도덕적으로 단죄할 수 있게 만들어 버렸다. 이제 성에 관한 이슈는 대통령에서부터 정치인들에 거쳐 다양한 사회적 지도인사들의 선별하는데 중요한 문제 중의 하나가 된 것이다.

이처럼 이데올로기는 주어진 사회적 환경을 인식하고 이해하는데 있어서 필수불가결한 존재이면서 동시에 주어진 사회적 환경을 변화시키는 데에도 없어서는 안될 중요한 것이다. 특정 사회적 영역을 변화시킬 수 있는 추동력이면서 동시에 그 변화를 수용하여 사회적으로 의미있는 것으로 만들기 위해서는 이데올로기적 투쟁 관계를 면밀하게 검토하지 않으면 안된다.

## 이데올로기로 무엇을 할 것인가?

맑스주의의 쇄신과 변화를 주도한 알튀세르의 논의가 이데올로기를 중심으로 새롭게 변모되는 과정을 우리는 지금까지 살펴보았다. 그렇다면 알튀세르의 논의에서 우리가 배울 수 있는 것은 무엇인가를 세부적으로 파악할 필요가 있을 것이다. 서구 지성계에 많은 논란을 일으키며 일약 논쟁의 중심에 선 알튀세르의 이론적 공과를 주체적으로 수용함으로써 우리 지성계를 반성적으로 되돌아보고,

그것을 보다 생산적이고 건강한 논의로 발전시킬 수 있을 때, 알튀세르를 읽는 진정한 의의는 발현될 것이다.

### ◦ 사회의 모든 영역이 실천의 장이다

알튀세르의 가장 독창적인 이론적 업적들 중 하나는 사회구성체에 관한 그의 탁월한 문제틀인 사회적 실천 영역들 간의 '상대적 자율성'이다. 다소 애매한 표현이기도 한 이 용어는 사회의 제반 영역들이 분명 상호 연관 하에 작동하면서도 각기 자율적인 실천의 역사와 영역 및 기능을 지니고 있다는 사실을 적시한다. 교조적인 분석이 흔히 빠지기 쉬운 오류는 사회의 특정 영역이 절대적인 지배력을 행사한다는 단선적인 사고방식이다. 알튀세르는 이 용어를 맑스주의 진영의 '경제결정론'을 비판하기 위해서 적극 활용하였지만, 사실 이러한 오류는 많은 이들이 범하는 잘못이기도 하다. 선거를 통해서 세상을 바꿀 수 있다는 정치 중심적 사고 또한 편향된 것이기는 마찬가지인데, 우리는 지난 10년간의 정권교체를 통해 우리가 그토록 기원하던 민주주의가 실현될 것이라고 생각했지만, 변화와 개혁에 반대하는 세력들의 저항과 복수가 만만치 않음을 경험을 통해서 알게 되었다. 물론 선거는 정치적 실천의 중요한 부분이며 파급력 높은 이벤트로서 활용도가 높은 사건이겠지만, 선거를 통한 변화에 과도한 기대를 한 것이 아닌가 혹은 선거 이후 사회 전분야에 걸친 지속적인 민주적 역량 강화가 더욱 필요했던 것이 아닌가에 대해서 반성해야 할 것이다. 흔히들 "정치가 가장 낙후되었다", "교육계는 인의장막에 갇힌 보수의 철옹성이다", "삼성은 기술에 있어서는 선진국인데 경영에 있어서는 봉건적 후진성을 면하지 못한다"라고들 한다. 이런 말들이야말로 사회적 실천 영역들 간의 불균형을 극명하게 보여주는 대표적인 예라고 할 수 있다. 이 불균형은 물론 우연히 생겨난 것도 예외적인 것도 아니다. 이러한 불균형은 다른 사회 영역과의 관련 속에서 생겨나고 지속된 것으로 다른 영역과의 연관성 속에서 파악해야 한다.

이처럼 서로 연관되어 있으면서도 상호 독자적으로 진행되어가는 사회적 실천 영역들 간의 상대적으로 자율적인 관계에 대한 이해는 사회 각 실천 영역들이 저마다의 방식으로 변화 발전할 수 있는 가능성을 열어준다. "정치가 이 모양이니 뭘 해도 안될 것이다" 혹은 "경제가 발전해야 민주주의도 가능하다"라는 식의 단선적이고 환원론적인 인식에서 벗어나, 주어진 영역에서의 실천만으로도 충분히 변화 가능성이 있으며, 이를 통해서 다른 실천 영역의 변화를 이끌어낼 수 있다는 믿음을 가져야 할 것이다. 4대강 정비의 허울좋은 개발지향적 정책은 비단 정치적인 논리뿐만 아니라 성숙한 환경론적 입장에서도 비판이 가능할 것이고, 재벌의 미디어 장악을 용인하는 종합편성제의 언론독점 폐해는 정치, 경제, 사회, 문화 전영역에서 막대한 영향력을 지닐 것이라는 점을 분명히 알아야 할 것이다. 결론적으로 말하자면, 사회적 실천의 특정 영역에만 몰입하지 않고, 사회적 부문 운동의 역량 강화의 필요성과 부문 운동 간의 연대의 중요성을 동시에 강조할 수 있기 위해서는 다소 모순적으로 보일지라도 상대성과 자율성 둘다를 포기하지 않는 태도가 중요하다. 그러한 과정에서 레닌이 강조한 사회의 '약한 연결고리'는 변화와 변혁의 불씨가 될 것이며, 알뛰세르는 이러한 인식의 이론적 기반을 제공하고 있다는 점에서 의의가 있다고 할 것이다.

◦ **문제는 언제나 복합적이다**

알뛰세르를 논할 때 상대적 자율성 못지않게 중요한 것이 모순의 '중층결정'(over-determination)이다. 이 용어는 프로이트가 꿈을 해석할 때 사용한 용어를 차용한 것인데, 사회의 특성 모순을 결정짓는 것은 단일한 하나의 요소가 아니라 여러 개의 요소들이 복합적으로 작용하고 있거나 다른 요소로 변질된 것이라는 것이 중층결정의 주된 핵심이다. 꿈에 나타나는 이미지는 의식이 무의식의 영역으로 밀어낸 것으로 그 내용이 생경하게 드러날 경우 불쾌하고 충격적이어서 일정한 위장을 할 수 밖에 없는데, 그 방식이 바로 '응축'(condensation)과 '전치'(displacement)이다. 응축은 하나의 꿈 이미지에 몇 개의 내용들이 녹아있는 현상을 말하며, 전치는 비슷한 이미지나 내용으로 바뀐 채 꿈의 이미지로 등장하는 것을 의미한다. 이처럼 무의식적 욕망은 특별한 위장을 통해서만 꿈을 통해 자신을 드러낼 수 있으며, 따라서 꿈의 내용을 있는 그대로 받아들이거나 해석해서는 곤란하다. 꿈은 분석가의 복잡한 분석 과정을 거쳐야만 꿈 이면에 감추어진 꿈을 꾼 사람의 억눌린 진정한 욕망을 이해할 수 있다.

이와 같이 사회적 모순 또한 그것이 드러나는 형태 그대로 받아들여서는 안된다. 특정 사회모순은 중층적으로 결정된다. 그것은 앞서 언급한 다양한 사회적 실천의 결과이다. 사회적 모순을 형성하는 계기들은 다양하며, 그 계기들은 특정 사안에 복합적으로 개입한다. 물론 사회적 모순들이 다양하게 산재되어있다는 식의 나열적인 이해방식은 곤란하다. 모순들은 '주요모순'과 '부차적 모순'으로 나눌 수 있고, '적대적 모순'과 '비적대적 모순'으로도 나눌 수 있다. 자본주의 사회는 경제적 실천 영역에서 발생하는 모순이 가장 기본적인 모순이지만, 사회적 심급에 따라 주요모순은 변할 수 있다. 한편 사회적 모순들이 언제나 적대적인 관계를 형성하는 것은 아니다. 적대적인 모순은 그 대립관계를 투쟁을 통해서 해소해야만 사라지지만, 비적대적인 것은 대화와 타협으로도 해결이 가능할 수 있다. 이처럼 중층결정이라는 용어는 사회적 계기들이 복합적으로 상호규정하면서 영향관계를 형성한다는 사실을 강조함으로써 문제해결을 위한 좀더 다면적이고 총제적인 접근법을 요구한다. 입시와 교육 문제가 단지 교육자들의 문제이며 교육적 차원의 대안으로만 해결 가능하다고 생각하는 사람은 없을 것이다. 모두가 현단계의 교육정책에 대해서 비판의 소리를 높이지만, 그것은 비단 교육의 문제가 아니라 경제적, 정치적, 계급적, 문화적 사항들이 모두 고려될 때에만 올바른 방향으로 나아갈 수 있을 것이다. 막대한 사교육비 문제, 암기위주의 주입식 입시교육, 대학에서의 비정규 교수 제도, 사학비리와 전교조 탄압 등 교육계에서 자행되고 있는 제반 비교육적 상황들은 철저히 계급 차별적이고 이념적이며, 전근대적인 기성세대의 가치관이 세심하게 투영된 결과인 것이다. 앞서 언급했듯이 학교야말로 가장 대표적인 이데올로기적인 국가 장치이다. 그럼에도 불구하고 높은 교육열과 공교육 체제 내에서의 과잉경쟁이 지속되는 이유는 우리가 교육의 객관성과 평등성을 믿고 있기 때문이 아니라 내 자식만은 낙오되어서는 안된다는 절박한 위기의식에서 나온 것이다. 교육제도 안팎에서 시도되고 있는 다양한 대안교육에 대한 인식의 확대와 지금과 같은 교육이 더 이상 지속되어서는 안된다는 문제의식이 대중적 공감대를 형성해가다보면 교육 문제는 68 프랑스 운동이 그랬듯이 우리 사회의 주요한 변화의 계기로 작용할 수 있을 것이다.

◇ [사진=KBS]

학교는 현대의 가장 대표적인 이데올로기적 국가장치이다. 학교는 사회에 진출하여 사회적 관계를 생산 및 재생산하게 될 미래의 주체들을 배출해 낸다. 학교는 지식의 전달뿐 아니라 미래의 사회적 지위에 걸맞는 말투와 태도, 가치와 감성 등을 학생들에게 전수함으로써, 사회적 구성원으로서 안착하도록 한다. 이것이 이데올로기적 국가 장치로서의 학교의 역할이다.

알튀세르의 중층결정론은 사회의 다양한 영역에서 발생하는 모순들에 대해 입체적이고 다각적인 시선을 확보할 수 있도록 도와준다. 이는 빠르게 변화하는 국내외적 정세 속에서, 세밀하게 분화된 현대의 삶 속에서 좁은 시야에 갇혀 불안하게 살아가는 단자화되고 파편화된 개인들에게 보다 넓은 안목과 복합적인 문제의식을 지니도록 요청한다. 비유적으로 말하자면 우리는 나노 단위로 나뉘어진 캡슐 속에서 빛의 속도로 여행하는 우주선을 타고 있다. 내 눈 앞에서 놓여진 문제에만 골몰하다보면 그 문제를 야기시킨 더 큰 요인들을 보지 못하게 되고, 현안에만 급급하게 대처함으로써 좌표를 잃어버리게 된다. 내가 탄 우주선의 선장이 될 것인가 아니면 길 잃은 우주선에 승선하여 우주의 미아로 떠돌 것인가. 사회적 문제에 있어서 총체적이고 복합적인 시야를 확보할 수 있는가 아닌가에 따라 대답은 달라질 것이다.

◦ **변화를 위한 대화적 소통과 연대가 필요하다**

알튀세르의 이론적 업적은 그가 끼친 다른 이론 영역에의 파급력을 고려할 때 더욱 의미가 있다. 먼저 맑스주의 진영에서 그의 이론은 '이론에 대한 중요성'을 환기시킴으로써 맑스-엥겔스와 레닌 등 진영 내의 고전이라고 할 수 있는 원전에 대한 탐독과 새로운 해석들을 낳게 만들었다. '이론적 실천'의 고유성에 대한 알튀세르의 주장과 『자본론』을 포함한 맑스 저서들에 대한 새로운 해석, 이에 기반한 프랑스공산당 내에서의 쇄신에 대한 지속적인 요구, 이데올로기에 대한 연구와 상부구조에 대한 연구의 필요성 역설 등, 알튀세르는 맑스주의자들에게 그들의 신념과 주장을 반성적으로 되돌아보고 재점검하는 과정이 필요하다고 강력하게 제기한다. 구 소련연방의 교조화된 독선적인 독트린으로서의 맑스주의가 아니라, 현실 사회주의 국가의 이념적 보증으로서의 맑스주의가 아니라, 비판적이고 분석적인 맑스주의 본연의 현실 대응력을 강조함으로써 프랑스, 영국, 이탈리아 등의 유럽은 물론이고 전세계적으로 맑스주의 학습의 열풍을 이끌어냈다. 그의 이론에 동의하든 그렇지 않든 간에 알튀세르는 일약 논의의 중심에 서게 된다. E. P. 톰슨(E. P. Thompson)이나 캘리니코스(Alex Callinicos) 같은 영국의 맑스주의자들은 대체로 그에게 비판적이었지만, 그가 자본주의 진영의 한복판에서 맑스주의를 구해내기 위해 노력한 점만은 높이 평가했으며, 플란차스(Nicos Poulantzas)나 마셔레이(Pierre Macherey) 등은 알튀세르의 논의를 발전시켜 정치학과 문학예술론에 독창적인 기여를 하게 되었다. 프스트맑스주의의 장을 연 라클라우와 무페(Ernesto Laclau & Chantal Mouffe), 현재 가장 왕성한 활동을 과시하며 서구 지성계에 새바람을 불어넣고 있는 지젝과 같은 이론가는 자신의 이론적 출발점을 알튀세르에 대한 논의에서 찾고 있다. 이 외에도 셀 수 없을 정도로 많이 다양한 영역에서 다양한 이론가들이 알튀세르의 영향을 받게 되었다.

그의 파급력이 비단 맑스주의에 한정된 것은 물론 아니다. 가족과 국가 장치를 연관시키는 방식은 여성주의 이론가들에게 영향을 주었고, 지식과 권력의 이론가인 푸코 또한 그의 이론에 힘을 입었다. 데리다는 훗날 알뛰세르의 '맑스로 돌아가자'는 구호는 시의적절한 것이었다고 인정했으며, 라캉 또한 그의 구조주의적 인식론에 영향을 받아 자신의 독특한 정신분석 이론을 설립할 수 있었다. 이처럼 알뛰세르는 맑스주의를 서구의 다양한 담론들과 조우시키며, 급진적 서구이론들로 하여금 맑스주의를 지속적으로 참조하도록 만들었다. 이는 서구의 담론 환경을 더욱 풍성하게 만듦과 동시에 그 불구성을 극복하고 이념적 균형을 맞출 수 있도록 했다는 점에서도 의의가 크다. 자본주의적 신자유주의적 가치의 세계화라는 국제정세의 일방통행과 독주를 견제하고 이를 비판적으로 조망할 수 있기 위해서는 자본주의와 오랜 악연을 맺어왔던 맑스주의의 유산이 반드시 필요하다. 현대의 최신 이론들이 지니는 급진성과 혁명성을 과소평가할 수 없겠지만, 맑스주의가 행해왔던 역사적 소임과 역할 또한 여전히 소중한 이론적 자산이 될 수 있을 것이기 때문이다. 물론 교조적인 낡은 틀을 그대로 유지한다면 다변화하는 사회를 분석하고 포착하는 효과적인 역할을 수행할 수 없을 것이며 맑스주의는 박물관의 유물로 전락할 것이다. 이것이 알뛰세르가 '맑스주의의 변화'를 통해 '세계를 변화'시키려는 이론적 전략의 핵심 내용이다.

## 맑스주의의 변화는 끝나지 않았다.

얼마 전 모 연예인을 좌파라고 부르자, 자신은 좌파가 아니라고 손사레를 치는 것을 본 적이 있다. 이 해프닝은 '좌파'라는 말이 여전히 우리 사회에서는 모종의 좋지 않은 '낙인'으로 받아들여진다는 사실을 잘 보여준다. 좌파-빨갱이-친북-맑스주의 등이 별다른 구분없이 매도되고 있다. 자유민주주의 국가에서 사상의 자유는 인간의 기본권일진데, 특정 사상을 표현한다고 해서 이를 매도하고 심지어는 법적 처분까지 받는 걸 보면, 자유와 민주라는 용어에 부끄러워지기까지 한다.(2011년에도 '사회주의노동자연합' 사건 같은 사상탄압은 여전히 일어나고 있고, 국가보안법 같은 반민주악법도 여전히 존속하고 있다)

맑스주의는 특정한 국가형태나 권력형태를 지칭하는 것이 아니다. 그것은 사회주의국가라고 여겼었던 구소련의 국가형태를 보증하지도, 북한의 지배권력을 보증하지도 않는다. 그것은 현존하는 사회적 국가적 억압과 모순을 은폐하는 이데올로기를 폭로하고, 자유민주주의의 실현을 막는 여타의 지배 이데올로기에 저항하며, 자유와 평등 같은 민주주의적 가치를 제대로 구현할 수 있는 경세적, 사회적 대안들을 제시하고 실천하려는 세계관을 의미한다. 자본주의가 서구에서 안착한 이후 부단히 스스로를 변모시키며 발전해왔다면, 당연히 맑스주의 또한 부단히 현실의 변화에 민감하게 반응하며 스스로를 변화시켜왔다. 자본주의의 계급 차별과 이에 기반한 억압과 불평등이 존재하는 한 맑스주의는 그 비판적 생명력을 잃지 않을 것이다. 물론 그것은 스스로를 부단히 쇄신시킨다는 전제 하에서 가능하며, 그것이 알튀세르를 통해 우리가 배울 수 있는 교훈인 것이다. 지배 권력은 쉽게 바뀌지 않는다. 그것은 지배 이데올로기의 효과적인 운영을 통해서 존립하며, 이데올로기는 국가 이데올로기

장치를 통해서 발휘된다. 가족, 학교, 교회, 군대, 미디어 등 인간 주체는 이데올로기의 전방위적 압박에 응답하며 살아가고 있다. 이데올로기는 정치적 신념 뿐 아니라 감성과 가치 체계, 양심과 무의식에 까지도 영향을 미친다. 그러므로 누구나 지배 이데올로기로부터 자유로울 수 없으며, 그 결과로 지배 권력은 확대 재생산된다. 주체를 둘러싼 여러 층의 이데올로기들은 주체를 놓고 서로 협조하거나 갈등하며 주체를 이데올로기의 담지자로 만든다. 인간 주체가 이데올로기와 무관하다고 생각하는 순간 주체는 이데올로기의 포로가 된다. 그것이 이데올로기의 역할이며 작동 방식이기 때문이다. 그렇다면 자신을 둘러싼 이데올로기의 내용들을 겸손하게, 그러나 깐깐하게 고찰해 볼 일이다. 불편하게 모순적으로 나를 규정하는 이데올로기들의 존재를 깨닫는 순간 이 불편한 진실이 진정 나를 해방케 하는 초석이 될 것이기 때문이다. 중층적으로 구성된 사회적 모순들과 이를 온몸으로 체화하고 있는 주체를 해방하는 일은 그리 간단히 이루어지지 않겠지만 그렇다고 해서 불가능한 일도 아니다.

• 참고문헌


진태원(편): 『알튀세르 효과』, 그린비 2011.

G. 엘리어트: 『알튀세르 : 이론의 우회』, 이경숙, 이진경 역, 새길아카데미 2009.

L. 알튀세르: 『레닌과 철학』, 이진수 역, 백의 1997.

—: 『맑스를 위하여』, 이종영 역, 백의 1997.

—: 『미래는 오래 지속된다』, 권은미 역, 돌베개 1993.

—: 『자본론을 읽는다』, 김진엽 역, 두레 1991.

—: 『재생산에 대하여』, 김웅권 역, 東文選 2007.

M. 바흐친: 『마르크스주의와 언어철학』, 송기한 역, 한겨레 1988.

6

# 지젝의 정신분석학과 실재계의 윤리

양 종 근

## 바보 혹은 어릿광대에서 벗어나기

슬라보예 지젝(Slavoj Žižek 1949~)은 슬로베니아 출생의 철학자로 헤겔, 맑스, 라캉 정신분석학에 기반하여 철학, 정치이론, 영화이론, 정신분석학 등에서 분야를 망라한 전방위적 활동을 펼치고 있다. 지젝은 현재 슬로베니아 류블랴나 대학교 사회학 연구소의 선임연구원이며, 또한 유럽 대학원(영어: European Graduate School)의 교수이다. 영국과 미국의 여러 대학에서 교환 교수로 재직했으며, 류블랴나에 있는 이론정신분석학회의 의장이다. 그는 주체, 이데올로기, 자본주의, 근본주의, 포스트모더니즘, 인종주의, 세계화, 이라크전, 혁명, 이상주의, 전체주의, 대중문화, 오페라, 영화, 정치이론과 종교를 포함한 다양한 주제에 대해서 엄청난 양의 집필활동과 강연 등을 실천하고 있는, 서구 사회에서 가장 영향력있는 이론가 중 한 사람이다.

그의 이론적 범위는 그 스펙트럼이 너무도 다양하여 특정한 분야에 한정시킬 수 없을 정도로 난해하고 복잡하다. 그는 알튀세르의 비판적 계승으로 알려진 『이데올로기의 숭고한 대상』이라는 저서를 통해 서구 지성계의 주목을 받기 시작했으나 그를 맑스주의자로 보기에는 애매하며 오히려 그의 이론은 라캉의 정신분석학을 더욱 참조하고 있는 것처럼 보인다. 그는 서구 형이상학의 최고봉이라고 할 수 있는 헤겔의 이론을 긍정적으로 재해석하고 있으나 그의 헤겔 해석은 전통적인 해석과는 너무도 상이하여 마치 우리가 모르고 있는 또 다른 헤겔을 설명하고 있는 듯한 착각마저 불러일으킨다. 그는 프랑크푸르트학파의 전통 속에서 독일의 고전철학과 프랑스의 현대이론들을 횡단하면서 철학, 정신분석, 문학, 영화, 음악 등 영역을 불문하고 정력적인 활동을 펼치고 있다. 그가 참조하는 텍스트들은 너무도 방대하고 다양해서 그의 이론을 체계적으로 이해하기란 쉽지가 않다. 좌/우의 구분에 의거해 그의 이론을 설명하는 것은 거의 무의미하며,(그럼에도 불구하고 그는 자본주의를 비판하고 공산주의의 승리를 믿어 의심치 않는 좌파 지식인이다) 특정 이론에 기대어 온전히 이해하기도 불가능하다. 오히려 그는 좌/우를 성역없이 비판하면서, 현대 서구 담론의 틀을 마구 뒤흔들고 있다.

지젝에 따르면 우파 지식인은 주어진 현질서를 옹호하기만 하는 '악당'이고 '순응주의자'이며, 좌파 지식인은 현질서에 비판적이지만 진정한 의미에서 체제 전복적이라기보다는 현존하는 질서의 보충물로서 기능하는 '바보'이고 '궁중의 어릿광대'이다.[1] 특히 주목할 부분은 좌파 지식인에 대한 그의 비판이다. 좌파 지식인들의 현실 비판 혹은 거짓의 폭로가 '찻잔 속의 폭풍'으로 머물지 않고, 진정한 현실의 변화를 견인하도록 하려면 어떻게 해야 할 것인가. 지젝이 좌파 지식인을 비판하고 반성을 촉구하는 이유는 현존하는 질서의 보충물이 아닌, 그 질서에 실제적인 위협과 전복의 실천을 종용하기 위해서일 것이다. 이 글은 지젝의 이론이 서구 지성계에 던지는 새로운 통찰력과 문제의식을 공유하면서, 생산적 수용의 가능성을 검토해 보기 위한 것이다.

## 내 속엔 내가 너무도 많아 ……

지젝이 참조하는 많은 이론가들 중에 가장 눈에 띄는 이론가는 헤겔과 라캉이다. 헤겔은 통상 포스트주의시대가 도래하게 됨에 따라 '관념론'의 수괴처럼 비판의 주요 대상이 되곤 했다. 따라서 서구 철학의 담론 공간에 헤겔을 다시 등장시켜 그의 명예를 회복시키는 것이 그의 중요한 이론적 임무 중 하나이다. 또 하나 프랑스에서 만난 자크 알랭 밀러(Jacques-Alain Miller)로부터의 영향은 지젝으로 하여금 라캉에 대한 이해를 가져오게 했다. 라캉을 정신분석학이라는 좁은 영역으로부터 사회비평과 문화비평의 더 넓은 지형으로 나아가게 하는 것이 지젝의 또 하나의 목표였다. 이러한 그의 노력을 헤

1 S. 지젝: 『환상의 돌림병』, 김종주 역, 인간사랑 2002, 96쪽 참조.

겔을 통한 라캉 다시읽기, 라캉을 통한 헤겔의 재발견이라고 부를 수 있을 것이다.

헤겔은 아도르노, 바타이유, 코제브, 그리고 데리다 등으로부터 지속적인 비판의 대상이 되었다. 이들의 비판은 한결같이 헤겔의 변증법이 '동일성'의 원리에 기초한 형이상학적인 이론이라는 것이 주된 내용이었다. 이러한 비판들 중에 잠시 알튀세르의 헤겔 비판을 참고해보자. 프랑스의 동시대 철학자들과 마찬가지로 알튀세르는 헤겔과 (맑스주의에 내재한 헤겔주의를 포함하여) 헤겔주의 전반에 대한 비판적 입장을 개진하였는 바, 그는 헤겔과 맑스를 마주세움으로써 헤겔과 맑스 사이의 단절적 계기를 강조한다.

알튀세르가 보기에 맑스주의 변증법이 헤겔 변증법과 근본적으로 차별적인 점은 세계를 '기원'과 '목적'을 가지지 않는 '이미 주어진 하나의 구조화된 복잡한 전체'로 파악한다는 것이다. 헤겔의 변증법은 '두 개의 대립항을 지닌 단순한 과정'으로서 정과 반의 계기가 다시 정의 계기로 합쳐지는 근원적 통일성과 단순성만을 원리로 삼는다는 것이다. 정-반-합의 일직선적인 단순성과 이데아의 원리가 시작에서부터 끝까지 투영되는 통일성이 헤겔의 변증법인데 반해, 맑스주의 변증법은 '불균등하게 발전하는 모순들'이 다양하게 형성되어 있는 지배-종속 관계 속에서 통일을 이룬다는 것이다. 알튀세르에게 헤겔의 총체성은 하나의 '닫힌' 체계로서 모든 현상들을 포괄할 수 있는 중심으로의 집중을 의미하는 하나의 '원의 구조'를 지닌다. 어떠한 비동일적인 요소들도 결국에는 원의 중심으로 수렴되는 동일성의 구조는 맑스의 토대-상부구조 모델인 건축물의 비유와 대조를 이룬다. 이 모델은 토대의 결정 속에서 요소들의 불균등성과 단일한 원리로의 '환원불가능성'을 설명하는 것이다. 결정과 환원불가능성을 설명하기 위해 알튀세르는 맑스의 건물비유에 더욱 정교한 설명을 첨가하는데, 그것이 바로 토대의 최종심급에서의 결정, 상부구조의 토대에 대한 '상대적 자율성'과 상부구조적 실천들 간의 '상대적 자율성', 그리고 상부구조의 토대에 대한 '반작용'이 그것이다. 알튀세르는 헤겔 비판을 통해 맑스주의에 내재한 헤겔적 잔재와 단절하고 모순의 중층결정과 모순들 간의 환원불가능한 불균등성을 강조하려고 한 것이다.

헤겔에 대한 새로운 해석을 시도하는 지젝은 헤겔과 라캉을 나란히 세워 이들의 공통점에 주목한다. 지젝에 따르면 "헤겔 변증법과 라캉의 '기표논리'는 동일 매트릭스의 두 버전"[2]이다. 헤겔에 대한 통념적 해석들로부터 '동일성의 철학'이라 명명된 헤겔의 철학은 포스트모던한 지적 문화적 지형에서 언제나 공격의 대상이 되어왔지만, 지젝이 보기에 헤겔 철학의 매력은 동일성이 아니라 '부정성'에 놓여 있다. 헤겔의 일원론은 변증법적 과정에서 차이의 극복을 주장하는 것이 아니라 훨씬 극단적으로 '존재의 부정성의 실현'을 통해 정립될 수 있는 것이다. 지젝은 『정신현상학』의 최종 순간에 헤겔이 강조한 것은 이데아의 현현이라기보다는 '무'의 상태라고 말한다. 변증법적 과정에서 정과 반의 대립적 관계가 지속적으로 등장하

---

2 S. Žižek: For They Know Not What They do, London: Verso 1991, xix.

는 것은 지식과 존재 사이의 부정적 관계에 헤겔이 주목하고 있다는 사실을 보여주는 것이며, 이는 이성과 현실, 지식과 존재 사이의 부정적 관계를 강조하는 것이라고 지젝은 주장한다. 지젝은 헤겔이 "이성도 현실성도 '즉자적'으로는 존재하지 않는다는 것"[3]을 드러내고 있다고 주장한다. 즉자적으로 존재하지 않는 이성과 현실성이란 곧 주체에 의해 매개된 것이라는 의미이다. 인간의 이성과 인간이 현실이라고 파악하는 현실성은 언제나 일면적이고 주관적일 수밖에 없다. 이성의 작용에서 도출된 개념은 언제나 현실의 풍부함을 따라갈 수 없고, 오히려 현실을 고정시키고 추상적, 도식적으로 파악할 수밖에 없기 때문이다. 이것은 인간의 의식에 대한 부단히 변화하는 현실의 우위성을 입증하는 것으로서, 정신의 변증법적 과정 끝에서 우리가 만나게 되는 절대지란 결국 우리의 이성이 현실에 대한 파악에서 결국 '불가능성'과 '금지'만을 확인하게 된다는 슬픈 인식이다.

이렇듯 지젝이 이해한 헤겔의 '절대지'는 정신의 변증법적 과정의 최종 순간, 즉 순수한 무와 일치하게 된 순간, 혹은 '지식과 존재의 일치 불가능성'을 깨닫는 순간을 의미한다. 결국 지젝에게 "대상을 개념으로부터 분리시키는 간극없이 주체는 존재하지 않는다."[4] 다시 말해 주체는 감각적으로 받아들인 대상을 개념적으로 파악할 수밖에 없는데, 이렇게 개념적으로 파악된 대상은 언제나 대상 그 자체와는 거리가 있을 수밖에 없으며, 개념과 대상과의 거리는 언제나

3 같은 책, 67쪽.

4 같은 책, 131쪽.

대상에 대한 불충분한 이해에 머물게 된다. 지젝에 따르면 타자에 내속해있는 '공허함'과 '텅빔' 다시 말해 타자와의 충만함이란 원래부터 존재하지 않는다는 것이 헤겔 철학이 밝혀낸 최종 목적지라는 것이다. 여기서 우리는 지젝이 헤겔과 라캉을 연결시키는 지적 배경을 이해할 수 있다. 일차적으로는 포스트주의로부터 집중적으로 비판을 받고 있는 헤겔을 옹호하고, 헤겔 철학을 복원함으로써 포스트주의의 주체이론과 현실논리를 재비판할 수 있는 이론적 교두보를 확보할 수 있게 된다. 동시에 유사한 이론으로 오해받고 있는 포스트주의와 라캉의 정신분석학을 구분하고 차별화하여 이를 더 넓은 이론 지형에 활용할 수 있게 된다.

지젝도 언급하듯이 주체의 불가능성이라는 정신분석학의 전제설정은 해체론을 포함한 포스트주의와 명백하게 차이점이 있다. 포스트주의는 주체의 탈중심성, 기표의 불확정성을 통해 존재의 형이상학을 해체하고, 온전한 존재가 아닌 '연기'와 '흔적'의 속에서 고정된 정체성을 해소시키는 것을 목적으로 한다. 결국 탈중심성을 특징으로 연기되고 달라지며, 계속 흩뿌려지고 흔적을 남기는 불확정성과 해체가 주체의 본질이라는 것이다.

포트스모던 이론가들은 변증법적 과정에서 소실과 부정성이 단지 비본질적인 것에만 적용되고 본질적인 것은 그 과정에서 살아남거나 오히려 강화되어, 절대지를 더욱 순수하게 만들어버린다고 헤겔을 비판하지만, 그러나 헤겔의 기본 전제는 본질적인 것과 비본질적인 것의 구분 자체가 언제나 실패한다는 것에 있다고 지젝은 반박

한다. 적절한 변증법적 전도의 중요 핵심은 본질적인 것과 비본질적인 것의 전환이다. '부정의 부정'은 비본질적인 것을 희생하여 주체가 모든 것을 장악하는 것처럼 솜씨를 부리는 것이 아니라, 비본질적인 것을 희생한 후에 본질적인 것을 이미 잃어버렸다는 것을 알게 되는 무시무시한 경험을 상징한다.

데리다에게 주체는 언제나 실체를 남기는 반면, 라캉에게 주체는 정확히 실체가 아닌 것이다. 데리다에게 주체 개념은 최소한의 본질적인 자기-동일시, 우연한 변화의 흐름 아래에 똑같이 남아있는 자기-현존의 핵심을 포함한다. 반면 헤겔에게 주체는 본실, 동일시의 핵심이 사건들에 의해 동요하고 있다는 사실을 의미한다. '실체의 주체가 되는 것'은 끊임없는 중심의 대체, 구중심이 달라진 구조적 원리에 의해 지배되는 새로운 총체성에 의해 종속적인 순간으로 변하는 것, 이러한 대체과정의 매체 혹은(그리고) 작동원리로 기능하는 텅빈 공간을 의미한다. 탈중심적 연쇄 속에 실체를 분산시켜놓은 주체가 데리다의 주체라면, 텅빈 껍질을 입고 사는 존재가 헤겔의(그리고 라캉의) 주체라는 것이 지젝의 주장이다.

텅빈 주체와 텅빈 타자, 이것이 바로 '실재의 사막'이다. 그러나 주체는 자신이 텅빈 존재라는 사실을 인식하지 못하는데, 그것이 바로 상징계가 은폐해야만 하는 주체의 본질이기 때문이다. 그렇다면 상징계는 어떻게 주체로 하여금 스스로를 충만한 실체라고 여기도록 만드는가. 이제 우리는 겨우 빨간 알약을 선택했을 뿐이다.

## Eli, Eli, lama sabachthani?(주님! 어찌하여 저를 버리시나이까?)

지젝은 자신의 작업을 철학을 지식의 닫힌 공간에 묶어두지 않고 다양한 대중문화의 예를 통해서 철학을 '외재화'시키는 것이라고 줄곧 말해 왔으니, 대타자를 설명하는 다양한 방법들 중에 영화의 예를 들어보자. 우리는 영화에서 상투적인 장면들을 많이 보게 된다. 자동차 추격 장면에서는 과일들이 과일 수레로부터 쏟아지고, 도심 속 도로는 마비되지만, 거리의 사람들은 쏜살같은 차들을 잘도 피해내며 죽지 않는다. 멜로영화의 두 주인공은 바로 옆을 스쳐도 서로를 알아보지 못하는 운명같은 인연을 지니며, 오해로 인해 결별하는 순간을 반드시 맞이한다. 주인공과 악당들의 거친 싸움이 끝난 후에야 경찰들은 싸이렌을 울리며 현장에 나타나고, 공포영화에서 곧 돌아오겠다고 말하는 인물은 반드시 죽는다. 지젝에 따르면 영화 속 이런 장면들이 우리 삶의 상징적 실체로 기능하는 '대타자'의 모습이다. 상징질서 속에서 우리가 자연스럽다고 여기고 기대하는 그런 '멜로드라마적' 모습들 속에서 우리는 대타자의 모습을 발견하게 된다. 일상적으로 자동화된 의식이 자발적으로 받아들이는 상징계의 지배질서가 바로 '대타자'인 것이다.

라캉의 대타자는 알튀세르의 '대주체'를 연상하게 만든다. 알튀세르는 이른바 주체에 대한 지배이데올로기의 호명 기제로서 '대주체'라는 용어를 사용한다. 지배이데올로기가 지배적이 되기 위해서는 대주체의 역할이 절대적인데, 대주체를 통해 주체들을 자발적으로 복속하게 만들기 때문이다. 예를 들어 기독교인들에게 대주체는

'신'이다. 이 전능한 신이 없다면 기독교인들은 자신이 무엇을 하는지 무엇을 해야 하는지, 무엇이 옳고 그른지 알 수 없게 된다. 그들은 말씀을 통해 살고 말씀을 실천하며 살아간다. 신은 언제나 어디서나 나를 보고 있으며, 나를 평가하고 위로한다. 신에 대한 복종은 자발적이며 신은 나의 생각과 행동의 지침이자 길잡이가 된다. 내가 믿고 따르며 닮고 싶은 존재, 그를 통해 인정받고 스스로의 정당성을 확인하는 존재. 대주체는 바로 이와 같은 역할을 성공적으로 수행하는 존재이다.

지배이데올로기가 대주체를 통해 재현되는 것은 상징계가 내나사에 의해 기능하는 것과 유사한 작동방식을 지닌다. 그러나 지젝은 알튀세르의 이데올로기론이 기능주의에 빠진 결과 대주체의 꼭두각시로 전락한 주체의 죽음(혹은 소외된 주체)을 선언하고 있다고 비판한다. 지젝은 주체와 대주체 간의 관계설정의 변화를 통해 주체의 죽음이라는 난국을 돌파하려 하는데, 이때에도 지젝의 이론이 의지하고 있는 것은 라캉이다. 그에 따르면 주체와 대타자(대주체의 다른 이름) 간에는 동일시가 이루어질 수 없다. 주체는 결코 대타자의 호명에 적절하게 응답할 수 없고 대타자의 요구를 들어줄 수 없는데, 왜냐하면 주체는 대타자가 진정으로 바라는 것이 무엇인지를 모르기 때문이다. 주체는 상징계 내에서 위임받은 '상징적 관계의 상호주관적 네트워크' 속에서 고정되어 매달려있는 위치를 의미한다. 그런데 주체에게 특정한 자리를 부여하는 이 위임은 언제나 자의적이며, 주체의 실제 속성이나 능력을 통해 설명될 수 없다. 그러므로 주체는 신탁과도 같은 이 위임에 대해 대타자에게 "당신이 나에게서 바라는 것이 무엇입니까?"라고 물어야 할 것이다. 그러나 되돌아오는 것은 답이 아니라 내가 물었던 바로 그 질문이다. "당신이야말로 무엇을 원하는가?" 대타자는 주체에게 그가 이 위임을 부여받게 된 이유에 대한 대답을 소유하고 있는 것처럼 보이지만 이 질문은 당연히 대답될 수 없다. 주체는 자신의 본질적이고 고유한 자질로 인해 대타자로부터 특정한 위임을 받는 것이 아니다. 따라서 그 위임을 완수한다고 해서 주체가 자신의 의미를 알 수 있는 것이 아니다. 그렇다면, '왜 나인가' 라고 대타자에게 질문을 해도 만족한 대답을 해줄 수 없을 것이며, 혹은 위임의 수행을 통해 '나는 누구인가'를 알아내려고 해도 주체 스스로가 자신의 정체성을 알아낼 수는 없을 것이다. 결국 주체와 대타자의 동일시는 성공적인 것이 아니라, 정반대로 거의 언제나 실패하게 되어있는 것이다. 이 실패한 동일시가 바로 '소외'의 철학에서 '분리'의 철학으로 진전하게 만드는 핵심 키워드라고 할 수 있다. 대타자가 결핍된 존재이기 때문에, 주체의 결핍을 충족시켜줄 수 없다면, 이는 역설적으로 대타자로부터 주체를 분리할 수 있게 만드는 원인으로 작용할 수 있을 것이기 때문이다. 앞서 신이라는 대주체의 사례에서 만약 신이 주체가 진정으로 필요로 하는 어떤 결핍을 채워주지 못한다면 그 신은 주체로 하여금 절대적 권위를 인정받을 수 없을 것이다. 이것이 실제 과학적 발전과 발견들로 인해 종교의 사회적 역할과 위상이 심각하게 훼손당한 이유이기도 하다. 주체와 대타자의 분리는 주체를 체념하게 만들기도 하겠지만, 역설적으로 그것은 새로운 열정과 욕망을 가능하게 만드는 요인이 되기도 한다. 지젝의 표현대로 그것은 "타자의 변덕이라는 지배로부터 우리를 해방시켜 욕망을 향한 길을 열어놓는다."[5]

그러나 소외로부터의 분리로 나아가는 것이 쉬운 일인 것만은 아니다. 대타자로부터의 분리를 불가능하게 만드는 '환상'이 개입하기 때문이다. 주체와 대타자가 실제로는 동일시 될 수 없음에도 불구하고, 주체는 그것을 가능하다고 느낀다. 이때가 바로 '환상'이 개입하는 시점이다. 환상은 대타자 혹은 상징적 질서가 근본적으로 불가능성에 의해 구성되어 있다는 사실 - 이를 정신분석 용어로 트로마직 중핵(traumatic kernel)이라고 부른다 - 을 은폐하며, 대타자, 상징적 질서에 주체가 안착하도록 만드는 핵심적 기제이다. 환상은 부조리하고 비체계적이고 실체가 없는 환각과 같은 것이 아니다. "환상은 우리의 욕망을 구성하고 그 좌표를 제공해 준다."[6] 환상은 주체에게 현실에서 무엇을 욕망해야 하는지, 혹은 욕망해서는 안되는지에 대한 '좌표' 혹은 '도식'을 제공한다. 우리는 흔히 나의 욕망은 가장 내밀한 나의 개성 혹은 고유성의 발로이며, 나를 나로 만들어주는 핵심적인 내용들 중의 하나라고 생각하지만, 실제로는 '환상'의 중재와 도움을 받아 욕망의 대상이 결정되는 것이다.

환상이 제공하는 도식을 지젝의 용어로 '횡이데올로기적인 핵심'이라고 할 수 있다. 다시 말해 이데올로기적 동일시는 대타자(대주

5 같은 책, 265쪽

6 S. 지젝: 『환상의 돌림병』, 22쪽.

체)의 호명에 자발적으로 응하는 주체에 의해서가 아니라 이데올로기와 동일하지 않다고 생각하는 그 때 발생한다. “나는 이데올로기로부터 자유롭다”거나 “이데올로기의 영향에도 불구하고 나는 인간적일 수 있다”라고 생각하는 순간 인간 주체는 이데올로기에 포섭된다. 아니 이렇게 생각하도록 만드는 것이야말로 이데올로기의 형식 그 자체이다. 다시 말해 가장 이데올로기적인 것도 그 안에는 이데올로기적이지 않은 것이 불가피하게 포함되어 있으며, 주체로 하여금 이데올로기적이지 않은 것만 받아들일 수 있다고 믿도록 만드는 것이 포함되어 있다는 것이다. 이것이 바로 횡이데올로기적인 핵심인데, 결국 이데올로기가 이데올로기로서 제대로 작동하도록 하려면 바로 이와 같은 횡이데올로기적인 핵심을 풍부하게 만들어야 한다. 이데올로기의 작동 여부는 바로 주체가 스스로를 이데올로기와 분리되어 있다고 느끼게 만드는 것, 횡이데올로적인 핵심이 주체로 하여금 특정 이데올로기와 동일시되도록 만드는 것에 달려있으며, 그것이 바로 환상의 고유한 이데올로기적 기능이다.

이데올로기 내에서 환상의 역할은 특히 포스트시대를 살고 있는 주체를 설득력 있게 설명해낸다. 주체가 이데올로기를 ‘자발적으로 내면화’한다는 알튀세르의 주장은 ‘냉소주의’로 특징화되는 포스트시대 주체를 설명하기에 적합하지 않다고 지젝은 판단한다. 주체가 이데올로기로부터 명백히 거리를 두고 있다는 입장을 취함으로써 오히려 이데올로기에 사로잡힌다는 것이다. 포스트시대가 되면서 절대적 권위는 조롱의 대상이 되었고, 권력이든 종교든 교육이든 이

제 보편적 가치가 존재한다거나 투명한 객관성이 가능하다고 주장하기 어려운 시대가 되었다. 그러나 과연 포스트주의자들이 주장하듯이 이러한 시대적 현상이 탈권위와 탈냉전, 탈이분법적 사고를 유발하여 우리에게 폭넓은 다양성을 인정하고, 나와 이질적인 존재나 판단에 대해서 수용적인 태도를 취할 수 있게 만들어주었는가. 지젝은 포스트주의자들의 장미빛 전망과는 다르게 포스트시대에도 여전히 혹은 더욱 인종주의와 성차별, 계급갈등 등이 끊이지 않는 현상, 부조리하고 불합리한 관례나 규범, 제도들이 여전하다는 사실에 주목한다.

지젝은 '상징적 법과 그 외설적 이면'이라는 대타자의 양면성에 대한 설명으로 나아간다. 법은 외견상 가장 정의롭고 공정해 보이지만, 실제로는 범죄와 가장 친연성이 있다. 일상적으로 우리는 범죄의 성립조건이나 그 경중, 예외적 조건 등에 대해서 잘 알지 못한다. 〈솔로몬의 선택〉과 같은 범죄와 법률에 관련된 TV 퀴즈 프로그램이 만들어질 만큼 법과 범죄는 애매하고 일반인들은 무지하다. 그런데 법은 범죄의 원리에 대해서 잘 알고 있으며 죄인에 대해서는 그/그녀가 저질렀던 것만큼이나 비인간적인 형벌을 가하게 된다. 결국 개인적인 힘이든 공권력이든 물리력을 동원해 상대에게 영향력을 행사한다는 점에서 법과 범죄는 작동원리가 유사한 측면이 있다. 민주주의 국가가 채택하고 있는 법치주의를 나타내는 '법은 법이다'라는 말은 동어반복 같아 보이지만, 앞의 법이 자유와 정의, 평등을 상징한다면, 뒤의 법은 완고함, 잔인함, 폭력성을 상징한다고 볼 수 있다. 그것은 마치 기독교에서 그 어떤 것보다도 '하나님이 제일 무서워'라고 말할 때 지상의 그 어떤 폭력과 공포, 두려움의 대상도 하나님 앞에서 시시하게 변해버리는 것과 같다. 하나님 자신이 '사랑'과 '외경'이라는 이질적인 자질로 분리되어버리는 것이다. 프로이트 후기 저작에서 볼 수 있는 초자아와 이드의 근친성에 관한 설명을 통해서 알 수 있듯이 법은 '외설스러운 초자아'의 모습을 띄고 있는 것이다. 이러한 이중성이 대타자가 주체를 호명하는 방식이다. 대타자의 이러한 양면성을 오늘날의 냉소주의자들은 보지 못한다. 이들은 자신을 호명하는 대타자의 이데올로기로부터 스스로 거리를 두고 있다고 여기고 공적인 법을 공공연하게 불신하지만, 이 명시적인 법이 저속한 초자아의 보충물을 이면에 간직하고 있다는 사실을 보지 못하기 때문에 법의 기저까지 붕괴시키지 못한다. 다시 말해 이 저속한 기저에 퍼져있는 향유가 환상 속에서 구조화되는 한, 명시된 이데올로기 텍스트의 환상적 배후를 냉소주의자들은 알아차릴 수도 붕괴시킬 수도 없다는 것이다.

이처럼 냉소적인 거리와 환상의 상호의존 혹은 공존이 바로 '향유'의 이름으로 자행되고 있는 인종청소와 포스트시대의 병리적 사회현상에 대한 지젝의 대답이다. 오늘날의 전형적인 냉소적 주체는 공적인 이데올로기의 권위에 대해 불신과 반박을 표하는 것처럼 보이지만, 그러한 포즈만 취할 뿐, 실제로는 아무런 거부감없이 대타자에게 헌신하는 태도를 보이고 있다는 것이다. 권위에 대한 무관심과 냉소에 감추어진 진짜 헌신은 대타자의 극단적인 향유, 편집증적인 환상에 몰입하는 모습을 보인다. 그 결과 대타자에 대한 주체의 복속은 지속될 수밖에 없고, 상징적 질서 혹은 그 질서를 규율하는 법은 실제로는 거부되지 않는다.

환상은 상징질서의 비일관성을 은폐하고 이데올로기적 호명을 효과적으로 작동하게 만드는 이데올로기 내의 또 다른 기제인 것이다. 주체의 입장에서 보면 환상은 '욕망의 실현'을 의미한다. 그러나 이 때의 욕망은 주체가 진정 원하고 알고 있는 욕망이 아니라 환상이 알려주고 욕망하도록 가르치는 욕망을 의미한다. 고정관념과 편견, 주어진 도덕적 강요로부터 자유롭나고 믿는 사람들이 오히려 내직 금지와 장애에 사로잡혀 있음을 보여주는 것, 자유로움을 즐긴다고 믿는 바로 그 순간이 불행을 향해 다가가는 모습임을 깨닫게 하는 것, 거짓 욕망에 사로잡힌 주체에게 '너 자신의 욕망에 충실하라'고 주문하는 것, 이것이 바로 현대의 병리적 주체에게 전하는 정신분석학의 교훈인 것이다.

## 네 이웃을 사랑하라고요? 천만에요.

"대타자는 없다" 라든가 "아버지는 부재한다" 혹은 "진정한 성관계란 없다" 등은 상징 질서에 종속된 주체들의 믿음의 근간을 뒤흔듦으로써 상징계의 실상을 전하려는 라캉의 의도를 가장 함축적으로 표현한 말들이다. 지젝은 여기에 '적대'(antagonism)라는 용어를 첨가한다. 적대는 원래 모순의 두 가지 양상 중 하나를 의미하는 용어이다. 사회적 모순은 그 특성상 '적대적 모순'과 '비적대적 모순'으로 나눌 수 있는데, 적대적 모순은 이해관계가 근본적으로 대립적이어서 타협의 여지가 없는 집단이나 세력 간의 모순을 의미하는 말이다. 사회적 모순이 언제나 모두 적대적인 것은 아니어서 비적대적인 모순은 대화와 타협으로 해결할 수 있는 경우들도 많이 존재한다. 그러나 라클라우와 무페는 모순이라는 용어보다 '적대'라는 용어로 사회관계의 특성을 설명하려 한다.

라클라우와 무페는 사회가 유기적으로 통일되어 있거나 통합되어 있는 것이 아니라 다양한 층위의 갈등과 적대관계로 형성되어 있다는 사실을 강조하고자 한다. 그리하여 특정 사회 운동을 강조하거나 우선시하는 태도를 지양하고 사회 전영역에서 형성되어 있는 적대관계를 해결해야 한다고 주장한다. 이러한 주장은 대화와 타협만을 강조하는 통합주의적 수정주의나 통상적으로 계급투쟁만을 강조하는 속류적 맑스주의를 모두 비판하고, 새롭게 등장하고 있는 모든 사회운동을 지지하고 의미를 부여하는 '민주주의' 운동을 강조하기 위해 주창된 것이다. 사회적 관계들 속의 각 개인은 다양한 사회적 위치를 지니며 그에 따른 다양한 주체성(들)을 내면화한다. 이들 중 그 어느 주체성을 선험적으로 특권화하지 않고, 다양한 위치에 따른 다양한 주체성들의 적대관계에 모두 주목함으로써 '민주주의 운동'을 다면화하고 활성화하자는 것이 이들의 주장이다. 환경운동, 비핵운동, 반관료주의 운동 등 새롭게 등장하는 다양한 사회운동들을 '새로운 민주주의 투쟁'이라는 이름으로 환영하고 이 운동들에 대한 적극적인 가치평가를 위해서는 다양하고 상이한 불평등의 형태들에 대항하는 모든 투쟁을 접합시키려는 노력이 있어야만 한다. 자본주의 국가체제의 확립과 그 영향력의 증대가 사회 전 영역에 걸쳐 민주주의에 대한 인식을 확대시키고 그 열망을 강화시켜왔다. 따라서 사회 전 영역에서 '진지전'을 수행하기 위해서는 '사회주의'라는 계급중심, 노동자중심의 용어보다 좀더 보편적으로 받아들여질 수 있는 '민주주의'라는 효과적 개념을 통해 변혁의 가능성을 확대하자는 것이다. 결론적으로 라클라우와 무페는 사회관계들의 총체에 민주주의 혁명의 확대를 요청함으로써, 현실 사회주의가 몰락하고, 사회주의라는 용어가 파시즘/전체주의의 한 축으로 여겨질 만큼 그 효용이 의심스러운 현실에서, 자본주의에 의해 확대 성장했기 때문에 그 의미에 있어서는 오해나 의심의 여지가 없는, 그러나 그럼에도 불구하고 자본주의 하에서는 온전히 성취될 수 없는, 자본주의의 이념이면서도 자본주의를 내부에서부터 해체시킬 수 있는 '민주주의'라는 용어를 전략적으로 채택한 것이라고 볼 수 있다.

지젝은 이들로부터 '적대'라는 용어를 차용하지만, 그 의미를 변화시켜 사용한다. 지젝에게 적대는 라캉의 '실재' 개념과 유사하다. 그는 라클라우와 무페가 주체를 이미 고정된 것이 아니라 담론 과정에서 우연성에 의해 생산된 일련의 특별한 주체위치들로 파악한 점을 긍정적으로 평가한다. 그는 여기서 한걸음 더 나아가 적대를 '항상 실패하는 상징화'로 파악한다. 정신분석학에서 주체는 언제나 트로마를 지닌 존재일 수밖에 없는데, 앞서 언급했듯이 주체는 대타자의 부름에 응할 수 없고, 대타자가 원하는 것을 알 수도 줄 수도 없는 존재이다. 대타자의 욕망을 욕망하지만, 그것이 무엇인지 알 수 없는 주체의 곤궁, 그 공허한 빈공간이 주체의 다른 이름이다. 지젝이 이해한 적대 개념은 "나 안의 실체성을 성취하지 못하게 하는 것은 외부의 적이 아니라, 모든 실체성은 이미 불가능성에 의해 특징지워지고 한계지워진다는 것"[7]을 의미한다. 이때의 적대는 '현실 속의 적대적 투쟁' 혹은 '적대적인 주체위치들 간의 관계'를 의미하는 것이 아니라, '순수적대' 즉 "사회적인 것의 한계, 사회 영역이 구조화되는 불가능성이라는 극단적인 형태로서의 적대" 좀더 정신분석학적으로 표현해 보자면, "상징적 영역이 주체의 실체성을 획득하지 못하게 하는 내재적 한계"[8]를 의미한다. 그리고 이것이 바로 라캉의 '실재'이다. 사회의 적대적 투쟁은 주체의 구성적 불가능성을 은폐하는 기제이며, 주체의 불가능성의 원인을 외재화함으로써 내재적 난국에 대한 인식을 차단한다. 앞서 설명했듯이 개인은 상징계에 진입하는 순간 주체가 되면서 자신의 실체를 포기할 수밖에 없다. 주체라는 개념 자체가 자신의 실체로부터 멀어진 채, 상징질서의 욕망을 자신의 것인 양 오인한 채 이를 추구하는 존재라는 의미를 함축하고 있다면, 적대는 이러한 주체의 가련한 존재성을 은폐하고, 주체의 불가능성을 적대적 관계에 있는 대상에게 투사하여 자신의 욕망을 충족하는 상징질서의 기제를 의미하는 것이다.

7 S. Žižek: Interrogating the Real, London: Continuum 2005. 273쪽.
8 같은 책, 276쪽.

사회적 투쟁과 운동을 전방위에 걸쳐 진행하고자 고안되었던 라클라우와 무페의 적대라는 용어는 지젝이 '순수 적대'라는 층위를 설정함으로써 상징질서 내의 주체의 불가능성을 은폐하는 의미로 변질되어 버렸다. 주체가 자신의 순수 적대적인 존재론적 본질을 깨닫기 위해서는 상징질서 내의 적대적 대상에게 자신의 잃어버린 실체성에 대한 책임을 물을 것이 아니라, 주체적 존재 자체가 실체를 담보로 상징질서와 맞바꾼 결과임을 깨달아야 한다. 그러므로 문제는 언제나 '내 안에 있는 나보다 더한 어떤 것' 다시 말해 '내 안의 낯선 이방인'을 성찰할 수 있어야 한다는 것이다. 이 낯선 이방인과 대면하는 것, 그것이 실재의 세계에 들어서는 첫 관문이 될 것이다.

## 실재계의 사막에 오신 것을 환영합니다

영화 『매트릭스』에서 '매트릭스'는 정확히 지젝이 상징계라고 부른 현실세계를 상징한다. 네오가 매트릭스가 무엇인지 묻자 모피어스는 '사방에 있는 것, 방안에도, 창밖에도, TV에도, 출근할 때도, 교회갈 때도, 쇼핑을 하거나 세금낼 때도 있는 것' 그러면서 '진실을 못보도록 눈을 가리는 것'이라고 대답한다. '무슨 진실'이냐고 묻자, '네가 노예라는 진실, 네 마음의 노예'라고 답한다. 이보다 더한 상징계에 대한 설명이 또 있을까. 빨간색 알약을 선택한 네오에게 보여지는 삶의 실상은 끔찍하다. 그래서 모피어스는 이렇게 말하지 않던가. "실재의 사막에 오 걸 환영합니다.(Welcome to the desert of the real.)"

영화 『매트릭스』에서 '매트릭스'는 상징계를 은유적으로 나타낸다. 우리가 진실이라고 믿고 있는 것이 사실은 진실이 아니라면 어떻게 할 것인가. 지젝은 끔찍한 실재와의 대면이야말로 '윤리'적인 행위임을 강조한다.

3편에 이르기까지 등장인물들이 수도 없이 되뇌이는 것은 "나는 누구인가?"와 "실재란 무엇인가?"라는 존재론적 질문이다. 인간의 생체 에너지를 이용하여 구축된 디지털 가상세계 '매트릭스'의 허구성을 폭로하고 이 세계를 붕괴시키려는 트리니티, 모피어스, 네오는 흡사 정신분석가의 모습을 닮아있다.

만약 우리가 살아가는 상징계가 은유적으로 영화의 모습과 닮았다면, 우리는 매트릭스를 어떻게 탈출할 것인가. 무엇이 우리의 빨간색 알약이 되어줄 것인가. 지젝의 해답은 '실재계의 윤리'이다. 물론 영화에서처럼 시온(Zion)의 세계가 따로 존재할 리는 없다. 현상계 너머 초월적 세계가 존재한다는 모든 생각은 관념론이거나 관념론의 일종인 종교일 뿐이다. 그렇다면 '실재계의 윤리'라는 말로 지젝이 상징계 내의 주체들에게 전하는 메시지는 무엇인가.

앞서 대타자와 환상에 관한 논의에서 살펴보았듯이 지젝은 라캉의 철학을 '분리의 철학'이라고 명명한다. 초기에 라캉은 상징계 내에서의 주체의 구성에 관심을 보였다면, 후기의 라캉은 상징계와 주체의 분리 가능성에 주목하고 있다. 지젝이 주목하는 것은 물론 후기의 라캉이론인데, 라캉에게도 주체의 분리는 손쉽게 이루어지는 것은 아니다. 주체를 주체이게끔 하는 것, 다시 말해 한 개인을 주체로서 살아가게 만드는 것이 바로 상징계이기 때문이다. 알튀세르는 주체에게 '이데올로기 바깥은 없다'라고 주장한다. 라캉에게 주체는 '상징계'를 벗어나서 살 수 없다. 상징계에 진입하는 순간 인간은 주체가 된다. 마치 현관문 앞에서 신발을 벗듯이 주체는 상징계에 들어서는 순간 무엇인가를 남겨두게 되는데, 바로 그 무엇을 라캉은 '오브제 a'라고 부른다. 소문자 a라는 대상은 사실 그 무엇이 남겨지긴 하지만, 그것이 무엇인지를 표현할 수가 없다는 뜻이기도 하다. 그것이 무엇인지 표현된다는 것은 상징화된다는 것을 의미하기 때문에 표현 불가능한 것으로 남겨둘 수밖에 없는 것이다. 알 수 없지만 분명히 남겨진 그 무엇으로 인해 상징계에 진입한 주체는 언제나 결핍된 존재로 살아갈 수밖에 없다. 달리 말하자면 그 결핍이 주체에게는 '트로마적인 소외'를 야기한다. 그러므로 이 '오브제 a'는 상징질서를 절대화하고 보편화하려는 모든 시도들에 필연적 균열과 틈새를 의미하며, 그것을 망각함으로써만 상징질서를 유지시키는 그 무엇이다. 그것은 어느 누구도 그것이 무엇인지 알 수 없으며, 따라서 아무도 말할 수 없는 그 무엇이지만, 그것으로 인해 주체는 이미 결핍되고 상처받은 소외된 존재임을 증명해 주는 것이다. 이 대상이 실재계의 가능성을 열어주는 중요한 열쇠가 된다.

상징계에 들어선 주체는 상징계 내의 타자들과의 관계를 통해 자신의 주체성을 형성해 가며, 새로운 욕망들을 만들게 된다. 모든 욕망은 타자의 욕망이다. 그러나 그 타자들에게 나 또한 타자이다. 마치 누군가는 돈을 가져왔겠지라고 생각하며 식당에서 밥을 먹은 후 모두가 빈지갑 만을 들고 있는 것을 확인하는 친구들처럼 타자들은 내가 무엇을 욕망해야 하는지를 알려주지 못한다. 아버지의 이름으로 비유되는 상징질서의 법 혹은 대타자는 주체를 호명하지만 빈지갑처럼 비어있는 대타자는 주체에게 무엇을 욕망해야 하는지, 자신이 주체에게 무엇을 바라는지를 설명할 수 없는 것이다. "왜 그렇게 해야 되나요?"라고 묻는 아이에게 "그래야 하니깐"이라는 동어반복만을 되뇌이는 어른처럼 대타자는 주체에게 안정적이고 바람직한 설득력있는 자신의 욕망을 제시할 수 없는 것이다. 앞서 언급한 '음란한 법', '법과 초자아 사이의 대립'이라는 말로 라캉이 강조하고자 하는 것이 바로 이러한 대타자의 욕망과 주체의 욕망 사이의 영원한 이율배반이다. 대타자를 상징적 중심으로 하여 주체들이 불가능성을 특징으로 조직되어있는 곳, 이곳이 라캉이 상징계라 명명하는 매트릭스의 세계이다.

대타자의 행복을 나의 행복으로 오인하도록 만드는 상징계의 욕망 구조와 분연히 절연하는 방법은 '실재계의 윤리'와 대면하는 방법밖에 없다. 주체가 상징계에 머무는 한 그/그녀는 분열된, 탈중심화된 주체라기보다 '죽은' 주체이다. 주체 자신의 본연의 욕망을 망각하고 대타자의 욕망에 자신의 욕망을 귀속시키는, 그리하여 자신이 무엇을 원하는지도 알지 못하고 살아가는 것이 죽은 주체가 보여주는 모습인 것이다. 그러나 상징계적 주체가 실재계의 윤리를 대면하기란 결코 쉬운 일도, 의식적 노력과 훈련을 통해서 가능한 것도 아니다. 그것은 마치 '애피파니'(epiphany)처럼 돌연 다가왔다가 사라지는, 찰라의, 일시적인 경험을 의미한다. 그것은 상징질서를 바로잡는 상징계 내에서의 운동이나 실천을 의미하는 것이 아니라, 상징계와의 단절을 의미하는 윤리적 결단을 의미한다. 그것은 지배 이데올로기로부터 대항 이데올로기로 나아가는 도정이 아니라, 모든 이데올로기와의 단절을 촉구하는 것이며, 정치적으로 특정한 입장에 동조하는 것이 아니라, 어떤 정치적 당파나 행위와도 무관한 개인적 결단과 규범을 강조하는 것이다. '윤리 그 자체를 위해 행사되는 윤리'라는 칸트적 맥락의 자율적 주체만이 사회적 질서와 구조관계로부터 구원된다.

지젝은 결국 실재계라는 것은 '알 수 없고 말할 수 없는 진실' 같은 신비주의적 실체가 아니라, 상징적인 진실이 '모든 것은 아니라는(not-all)', 그리고 상징질서의 진실은 실패를 내재하고 있다는 사실을 드러내게 만드는 것이라고 설명한다. 그것은 주체로 하여금 대타자의 명시적 법과 그 이면의 향유에 대한 음란한 초자아적 명령으로부터 벗어날 수 있는 구조적 가능성을 의미하기도 한다. 그것은 본능적 욕구 충족의 순환에 닫혀있는 '상징계 이전'으로 회귀하자는 퇴행적 주장이 아니다. 아직은 상징화 되지 못한, 그래서 상징질서의 금지에 의해 유지되는 욕망이 아닌 욕망의 우주, 더 정확히 충동의 우주이다. 그것은 불가능의 세계라고 괄호쳐둔 초월적 세계가 아니라, 상징계를 둘러싸고 있는, 상징계를 통해서만 구현되는 현세적 세계이다. 결국 지젝이 라캉을 통해 강조하는 것은 끊임없이 상징질서를 교란하는 어떤 충동적 힘에 대한 찬미이며, 그 결과로 발생하는 균열과 틈을 통해 상징 질서의 허구성과 그 속에서 발생하는 다양한 충돌과 투쟁의 양상들을 파악할 수 있기를 희망한다. 실재를 파악하는 것은 우리가 살고 있는 현실이 그다지 믿을만하지 않다는 지속적인 자기반성을 출발점으로 삼는다. 현실에 대한 더욱 섬세한 해석과 현실을 뛰어넘는 횡단에 대한 요청을 의미하는 실재계는 충돌과 투쟁의 역동적 현실에 대한 인식의 가능성을 뜻한다.

## 새로운, 그러나 알 수 없는 ...

실재계가 상징계가 어떤 막다른 길에 봉착했음을 알려주는 위상학적 윤리 범주라면, 정신분석학은 상징계의 핵심에 가하는 일종의 타격이다. 정신분석학에 대한 오래된 오해 중의 하나는 정신분석 치료가 흔히 환자들을 다시금 사회의 기능에 맞게 '건전한 시민'으로 바꿔놓는 일이 아닌가 하는 것이다. 이에 대해 지젝의 대답은 '아니오'이다. 그는 정신분석학의 목표가 "아버지냐, 더 나쁜 것이냐"의 양자택일에서 "더 나쁜 것"을 선택하도록 권하는 것이라고 주장한다. 아버지를 해체하는 것 혹은 아버지를 거부하는 것은 상징계에 온전히 뿌리내리는 '건전한 시민'이라기보다는 불온한 시민, 시민권을 반납하는 시민이 되는 일이다. 역사와 전통이라는 이름으로 강요된 삶의 양식과 주어진 사회적 관습과 규범을 그 기저에까지 회의하고 의심하는 주체를 만드는 것이 바로 정신분석학의 목표인 것이다. 그렇다면 '아버지의 해체'의 정치적 함의는 무엇인가.

"Slavoj Žižek Speaks at Occupy Wall Street" 2011년 '월스트리트를 점령하라' 운동에 참여하여 강연하고 있는 지젝. 여기에서 그는 미국의 금융자본주의를 비판하며, "사람들은 종종 뭔가를 욕망하면서도 실제로는 원하지 않습니다. 여러분이 욕망하는 것을 실제로 원하기를 두려워마십시오"라고 강연하고 있다.

지젝은 냉전시대가 끝나고 신자유주의적 자본주의가 세계화되는 시대의 새로운 정언명령– "너의 행위가 결코 자본의 자유로운 순환과 재생산에 방해되지 않도록 행하라!"[9] –을 거부하고 이에 맞서는 다양한 실천 형식들을 지지한다. 그에게 정신분석학은 "자본의 순환에 맞설 수 있는 가능한 저항의 영역을 규명할 책임"을 지고 있다.

지젝의 정치적 입장은 이처럼 분명한 것 같다. 지젝이 라캉을 경유하여 헤겔에게서 결국 구해내려고 했던 것이 '동일자'가 아니라 '특수자'라는 사실도 이러한 그의 이론적 개입지점과 무관하지 않은 것 같다. 이 '특수자'는 '자본의 자유로운 순환과 재생산의 순환을 거부'하는 다양한 형태의 운동이며, 이는 명백히 반자본주의적임에도 불구하고 공산주의라는 틀로는 담아낼 수 없는 '새로운 사건'들을 포함한다. 물론 새로운 사건들은 이제 출발점에 서 있으며, 자본주의의 광포한 흡입력과 저항력에 맞설 수 있을지도 알 수 없다. 참여 주체들의 윤리적 결단력과 열정적 헌신 정도에 따라 기존의 이데올로기 체계에 다시 종속될 수도, '그들 자신도 알 수 없는' 진정 새로운 사건이 될 수도 있다.

지젝의 이론을 통해서 우리가 얻을 수 있는 것은 '특수자'라는 개별성을 통해 '전체주의적 과오'를 반복하지 않으면서 자본주의의 세계화라는 일방통행을 견제할 수 있는 윤리적으로 고양된 태도일 것이다. 자신의 욕망과 가치판단에 대한 과도한 확신을 반성하고, 집단주의에 빠져들거나 목적을 위해 수단을 합리화하지는 않고 있는

---

9 S. Žižek: For They Know Not What They do, London 1991, 270~71쪽.

지, 나의 지배이데올로기 비판이 바보나 어릿광대의 수준에 머무르고 있는 것은 아닌지를 언제나 성찰하고 응시해야 한다는 당위적인 요구를 우리는 지젝을 통해 확인할 수 있다.

• 참고문헌

김상환/ 홍준기(편): 『라깡의 재탄생』, 창작과 비평사 2002.

E. 라클라우/ Ch. 무페: 『사회변혁과 헤게모니』. 김성기 외 역, 도서출판 터 1992.

S. 지젝: 『환상의 돌림병』, 김종주 역, 인간사랑 2002.

S. Žižek: For They Know Not What They do, London: Verso 1991.

—: Interrogating the Real, London: Continuum 2005.

7

# 포획을 넘어서는 욕망의 정치

-들뢰즈 · 가타리-

김 겸 섭

이제 나의 친구들은 더 이상 우리가 사랑했던 동화 속의 주인공들을 이야기하지 않는다/ 고흐의 불꽃 같은 삶도, 니체의 상처 입은 분노도 스스로의 현실엔 더 이상 도움 될 것이 없다 말한다/ 전망 좋은 직장과 가족 안에서의 안정과 은행 구좌의 잔고 액수가 모든 가치의 척도인가 / 돈, 큰 집, 빠른 차, 여자, 명성, 사회적 지위 그런 것들에 과연 우리의 행복이 있을까/ 나만 혼자 뒤떨어져 다른 곳으로 가는 걸까/ 가끔씩은 불안한 맘도 없진 않지만 걱정스런 눈빛으로 날 바라보는 친구여 우린 결국 같은 곳으로 가고 있는데. — 신해철: 「나에게 쓰는 편지」

## 피로사회의 자기계발 신드롬

한국은 자살율 1위 국가이다. 삶이 불안하고 고단해서 누구나 자살 충동을 느낀다. 초등학생은 물론이고 고등학생, 대학생도 몸을 날린다. 추락하는 삶은 성공한 사람으로 인정받는 이들 역시 예외가 아니다. 그나마 스스로 죽음을 선택한 자들은 사정이 나은지도 모른다. 자살도 대개 사회적 타살인 경우가 많지만 무한경쟁의 회로 속에서 죽임을 당하는 사람들 역시 늘고 있기 때문이다. 가령 급증한 과로사는 신자유주의 사회의 속살을 날 것으로 보여준다. 한국 노동자의 평균 노동 시간은 2193시간으로 OECD 평균을 500시간이나 초과한다. 과로사는 2006년 이후 약 1600명이었는데 이후 급증하고 있다고 한다. 그중 남자 과로사는 임원과 관리직이 가장 많고 여성의 경우 단순직이 많았다고 한다.

며칠 전(2012년 12월 15일) 명문대 출신 한 증권맨의 죽음이 언론에 보도된 바 있다. 그는 대형 증권사 회계 부서에 근무하면서 일과 공부를 병행했다고 한다. 당연히 엄청난 스트레스를 받았을 것이다. 그는 미국 MBA 출신 동료들이 훨씬 많은 연봉을 받는 것에 힘들어하며 학벌 스트레스를 극복하고자 했다고 한다. 그는 반복되는 회식 속에서 꾸준히 실적을 내야 했다고 한다. 하지만 그 가운데서도 늘 공부하고 발전해야 한다는 강박을 안고 살아야 했다고 한다. 그러던 중 회식을 마치고 집에 돌아와 샤워를 하다 심장마비를 당했다.

이러한 '샐리던트(saladent: salary+student)'는 끊임없는 자기계발을 '강요'하며 '성공'을 독려하는 우리 사회의 일상적 풍경이다. 유치원부터 직장까지 한 번도 맘껏 쉬어보지 못하는 이들에게 자살이든 타살이든 재앙은 늘 근처에 있다. 재독 철학자 한병철은 2012년 문제작 『피로사회』에서 "현대는 인간이 자기 스스로를 노예처럼 과잉노동으로 몰고 가는 자기 착취 시대"라며 이를 진단한 바 있다. 그에 따르면 피로는 성과사회, 즉 모두가 '난 할 수 있어!'라고 외치며 질주하는 사회에서 발생한다. 긍정 과잉의 사회, 지나치게 행복을 추구하는 사회, 강요 없이 자발적으로 스스로에게 동기부여를 하고 능력을 개발하는 사람들의 자기 착취가 일상화된 사회는 육체적 소진과 우울증이나 ADHD 등의 심리적 질병을 야기한다. 당연히 그 원인은 1970년대 중반 이후 본격화된 신자유주의적 자본주의에서 찾을 수 있다.

우리 모두 사실 이러한 현실을 안다. 하지만 우리는 그 원인을 고치려고 과감하게 행동에 나서지 못한다. 찍히면 죽는다고 생각하니까. 다만 그 불안과 스트레스를 다양한 종류의 자기계발서로 위로받고자 한다. 사람들은 그 수많은 힐링 상품과 멘토 열풍을 아프니까 읽고 소비한다. 『아프니까 청춘이다』나 『견디면 이긴다』에는 '분노하라', '행동하라' 같은 위험한 언사가 없다. 다만 말랑말랑한 허사들만 넘쳐날 뿐이다. 뻔히 보이는 '닭달 하는 구조' 앞에서 긍정과 성공의 신기루만 제시할 뿐이다.

자기계발서들은 서점가 베스트셀러 부문에서 부동의 1위 자리를 지키고 있다. 급기야 '자기계발서'는 독서 시장의 한 갈래로 확고한 자리를 잡았다. 그리고 그것은 대학 사회에서도 위력을 발휘하고 있다. 강의실과 학교 거리에서도 그런 책들을 손에 든 학생들을 쉽게 찾아볼 수 있다. 학교 도서관 대출 빈도에 있어서도 자기계발서의 괄목할만한 증가가 보고된다. 심지어 권장도서 목록에도 버젓이 그런 책들이 올라와 있는 것을 보면 그 인기를 실감할 수 있다. 아마 '무한경쟁'의 시대에 '불안'과 '위기'의 감정을 달래주고, 신자유주의라는 '정글'에서 살아남을 수 있는 '생존의 비책'이 들어있을 것이라는 막연한 기대가 주효하게 작용했을 것이다. 기업과 자본의 원활한 성장에 '올인'할 뿐 사회 구성원들의 생존을 포기해버린 국가 아래에서 생존마저 철저하게 개개인의 책임이 된 현실에서도 그 원인을 찾을 수 있을 것이다. 이제 살아남기 위해 우리는 '스펙'을 쌓아야 하고 외모를 가꾸어야 하며 심지어 정신마저도 개조해야 한다. 그렇지 않으면 우리는 영원한 패배자(looser)로 살 수밖에 없다. 아니면 '자살'이라는 벼랑 끝으로 내몰릴지도 모를 일이다. OECD 국가들 중 자살률 1위라는 오명은 자기계발이 일상화된 한국 자본주의의 '실재(the real)'이다.

요즘 대학생들은 스펙을 관리하느라 여념이 없다. 마치 '미쳐야 된다'는 자기계발서의 주문을 실천이라도 하듯 학점관리, 영어점수 관리, 자기 표현능력 함양, 봉사학점 관리 등 필수적인 스펙 관리에 미쳐있다. 이미 한국의 대학들은 영어를 마법의 주문처럼 앞세우고 자산 부풀리기에 여념이 없는 평가 위주, 성장 위주의 외형적 순위 경쟁에 몰두하면서 기업 자본주의의 철저한 체제지향적 부속품·하수인 대량 양성소로 전락한 지 오래다. '대학의 몰락'이라는 진단 앞에 별다른 항변을 내놓지 못하는 상황이다. 대학들이 경쟁력을 키우지 않아서 국가경쟁력을 갉아먹고 있다, 대학이 산업과 기업 즉 수요자들의 요구를 외면하고 있다, 정부지원을 줄이고 산학협동을 강화해야 한다 등의 비판과 명령들은 한국 대학의 자본 종속성을 강화하고 있다. 대학의 브랜드 가치를 높이기 위해 기금 모금과 금융자산 불리기에 애쓰는 상황은 한국 대학이 처한 현주소를 말해준다.

대학의 순위는 취업률에서 결정이 나는 바 지금의 영어에 대한 비효율적 광기는 자본 세계화의 또 다른 통로를 마련하고 있다. 이러한 상황에서 맞춤형 스펙을 내면화한 자기계발이 과연 경쟁력의 올바른 척도가 될 수 있을까 하는 질문은 생뚱맞은 것으로 치부되기 십상이다. 연일 신자유주의적 개혁만이 대학의 살 길이라고 노래하는 교육과학기술부와 보수 매체들의 목소리는 대학의 지상과제가 되어버렸다.

하지만 개인에게 있어 성공의 잣대는 이미 스펙 관리를 넘어서고 있다. 마침내 자본은 '창조성'을 갖춘 인재들을 요구하는 시대로 접어들고 있기 때문이다. 아니 기존의 기본 스펙에 창조적 아이디어와 위기 극복 능력을 갖춘 인재라는 덕목이 추가된 셈이다. 그만큼 부담은 더욱 커졌다. 서울을 중심으로 창조적 자기 경영 학원이나 사설기관이 급증하고 있는 사실에서도 이를 확인할 수 있다. 기업에서는 판에 박힌 업무보다는 창의적인 성과를 요구한다. 차세대 산업의 방향도 이른바 '창조산업' 아니던가?! 학교에서도 글로벌 인재니 창의적 인재니 하는 이야기들이 단골 슬로건으로 자리 잡은 지 오래다. 한국은 '자기계발의 시대'에 접어들었고, 나아가 '자기계발에 미친 사회'로 가는 경쟁의 흐름에 무한 노출되고 있다. 물론 그 목표는 더 많은 부(이윤)의 창출에 있다.

하지만 한국이 오래 전부터 자기계발과 창의성에 대한 사회적 명령에 포획된 사회는 아니었다. 1997년 이전까지만 하더라도 국가와 자본이 요구하는 인재상은 기업에 충성하는 성실한 노동자, 정답을 가장 효율적으로 빠르게 얻어내는 학생이었다. 국가 경제 역시 유사한 논리를 따랐다. 국가의 경제개발계획에 충성하는 기업, 국가가 보증하는 은행의 '묻지마' 대출은 개발독재시대 성장의 디딤돌 역할을 했다. 국가-기업-은행이라는 거시 권력의 3각 편대는 '충성'과 '성실'에 기초한 인재상에 모델을 제공했고, 각각의 개인들은 중앙집중적 시스템에 맞춰 알아서 기어야 했다. 이 시절 개인의 충성은 국가 전체의 이득과 풍요에 직결되는 것이라는 믿음 속에서 노동의 기쁨은 더욱 배가될 수 있었다. '수출역군'으로서 애국주의를 몸에 새긴 그런 개인에게 국가는 수많은 일자리와 두둑한 월급, 국민소득 증가와 국가 경제력 순위의 상승으로 화답하였다. 외견상으로는 노동자들의 충성이 국부의 증가로 이어지고, 이것이 노동자 개인의 소득 증가로 이어지는 순환 고리가 작동하고 있었던 것이다. '정의 구현'의 실현 여부와 상관없이 이 시절이 호시절로 기억되는 것은 그 때문이다. 이 시기에도 거시적인 권력은 개개인이 따라야 할 규범과 윤리를 내면화시킴으로써 미시적 지배를 실행했다. 국가와 자본의 욕망은 개인의 욕망으로 자연스럽게 전이되었던 셈이다.

하지만 1997년의 외환위기 사태는 이러한 선순환 시스템과 충성적 인재상의 추락을 가져왔다. 정경유착의 강고한 고리로 엮여있던 기업들의 연쇄도산은 우리 사회에 큰 충격을 가져다주었다. 과거 성장의 동력이었던 국가-자본-금융의 삼위일체는 위기의 원흉으로 지목되면서 사태의 반전을 예고했다. 기업 구조조정과 노동 유연화 전략에 감히 저항할 수 있는 주체는 없었다. 이후 수출이 증가하고 국가의 부도 급상승했지만 이것이 개인의 부로까지 이어지지 않는 기현상이 도래했다. 이른바 '낙수효과'(trickle down)의 허상이 깨지는 순간이 도래한 것이다. 1:9의 양극화 속에서 부는 소수에게 집중되고 대다수는 상대적 박탈감과 빈곤 속에서 불안한 미래를 감당해야 하는 상황은 지금 더욱 더 노골화되고 있다.

게다가 전 지구적 경제 구조 속에서 기업들의 생존마저도 자신할 수 없는 마당에 개인의 생존은 더욱 점치기 어려운 일이 되어버렸다. 매년 최대 경영 성과를 갱신해온 굴지의 기업들마저도 일자리 창출을 꺼려하는 상황이 빚어지고 비정규직이 경제 인구의 절반을 넘어서기 시작하면서 상호 충성의 옛 고리는 끊어지고 말았다. 이제 개인들에게도 충성과 성실이라는 덕목 대신 새로운 인재상의 이상적인 덕목들이 생존의 방안으로 제시되기 시작한다. 시장에서의 '자율'(?) 경쟁을 중시하는 신자유주의는 기업과 은행들의 자유로운 경쟁을 통해 작동하는 국가라는 새로운 비전을 강제했다. 이에 따라서 새로운 시장과 상품을 개척할 수 있는 새로운 인재상으로 '신지식인' 담론이 유행했고 기발한 아이디어를 통해 성공을 일군 벤처 회사들이 '인적자본'을 성공적으로 운영한 사례로 미디어를 물들였다. 이러한 흐름은 지금까지 계속되면서 우리의 일상을 지배하고 있다.

신자유주의 시대 '자기계발하는 사람'은 글로벌 신자유주의의 '비전'을 가장 잘 수행할 수 있는 인재상이다. 이제 관료는 물론이고 기업가, 노동자, 학생, 주부 등 모든 개인들은 경쟁에서 살아남기 위해 과거 계발 시대의 환경에서 벗어나는 '탈영토화'1의 모험과 실험을 감행해야 한다. 물론 이는 '비강제적인' 강요, 즉 '자율'이라는 외관 속에서 이루어진다. 급기야 끊임없이 새로운 아이디어를 개발하고 자기혁신을 감행할 수 있는 인재를 길러내는 일은 국가의 정책으로 자리 잡는다. 국가의 교육정책은 그것을 말해준다. '마누라만 빼고 모든 것을 다 바꿔라'라는 삼성 이건희 회장의 요청은 자기계발 시대의 제1복음이라 할 수 있다. 이를 위해서 필연적으로 요구되는 덕목이 '자기경영'이다. 신자유주의 시대의 개인은 1인 기업가라 할 수 있거니와, 이제 그는 시간과 에너지를 적재적소에 투여하고 자신을 효율적으로 경영함으로써 최대의 이윤을 창출할 수 있는 인재로 거듭나야 한다. 모두가 기업가가 되어야 하는 것이다. 이러한 상황에서 "이상야릇한 욕망, 자기 자신에 대한 사랑, 자본 자체 때문에 자본을 사랑하는 일, 관료제 때문에 관료제를 사랑하는 일, 억압 때문에 억압을 사랑하는 일"[2]이 시대정신이 된다. 이러한 상황에서 우리 모두는 시장의 미덕인 '무한경쟁'을 내면화한 사람들이 되고 만다.

우선 성공적인 자기계발을 위해서는 자신의 목표를 알아서 설정

---

1 원래 탈영토화는 "모든 사물(질료, 대상, 존재, 실체)에 관련하여: 1) 그 사물을 횡단하는 흐름을 포착하고 코드화하는 (본래적이거나 비유적인 의미에서의) 일종의 영토; 2) 새로운 영토로의 진입-이 두 운동은 같은 사물에 대하여 기능과 기능의 작동 그리고 의미의 변화를 유발"하는 운동 혹은 실천을 의미한다. 이는 변화와 생성을 내포한다는 점에서 긍정적 의미로 쓰이곤 하는 개념이다. 하지만 여기서는 부정적 의미를 띤다. 들뢰즈·가타리도 무조건 이 개념을 긍정하지 않았다(긍정적인 인상을 주는 들뢰즈의 모든 개념들은 이처럼 양가성을 갖는다). 이를테면 '자본-기계'는 생산의 흐름으로부터 '잉여가치'를 추출하기 위해 탈영토화의 다양한 방법들을 구사하기 때문이다. 자본주의의 장기 생존 전략에는 탈영토화를 향한 자본의 지속적인 노력이 전제되어 있는 셈이다. A. 빌라니 외: 『들뢰즈 개념어 사전』, 신지영 역, 갈무리 2012, 393~416쪽 참조.

2 W. B. 어빈: 『욕망의 발견. 우리가 원하는 것을 우리가 왜 원하는가』, 윤희기 역, 까치글방 2008, 15쪽.

하는 자율적인 목표설정의 자세가 요구된다. 위에서 부여된 과제나 목표에 만족하는 인간은 경쟁에서 뒤쳐질 수밖에 없다. 자기계발하는 주체는 자신의 경제적 가치를 늘리기 위해 자발적으로 끊임없이 고민하고 노력함으로써 기대 이상의 성과를 내어오기 때문이다. 유연근무제나 성과급 바람은 그러한 흐름을 단적으로 보여주는 사례라 할 수 있다. 위로부터의 지시를 최소화하고 구성원 스스로 목표를 세우고 그것을 추진하도록 독려한다. 출퇴근 시간을 자율화하고 업무 간 경계를 유연화한다. 기발한 방법으로 이윤을 낼 경우 그에 따른 성과급이 차등 지급된다. 회사원은 물론이고 교사나 교수 등도 성과급 경쟁에 뛰어든 지 오래다. 학생이나 주부와 같은 경제에 직접 가담하지 않는 것처럼 보이는 주체들 역시 이러한 흐름으로부터 자유롭지 않다. 자기계발서의 단골 덕목인 '자기소개서 쓰기'나 '유서쓰기' 등 끊임없는 자기반성을 요구하면서 창의적인 학생 혹은 주부로 거듭날 것을 요구하는 프로그램이 사방에 널린 데서 이를 확인할 수 있다. 효율적으로 가정을 경영하여 더 많은 이윤을 창출하는 일은 바람직한 주부상으로 자리잡았다. 재테크에 유능한 주부들은 우리 시대의 신사임당이다.

그리고 위기를 기회로 삼는 태도 역시 자기계발의 중요한 덕목이다. '할 수 있고' '하면 되는' '긍정'의 마인드를 갖추는 것은 신자유주의적 주체의 필수 자질이다. 목표를 정하고 이를 실현하는 과정은 위기의 연속이다. 위기를 유연하게 관리하고 이를 성공의 발판으로 삼는 자세야 말로 개인에게 요구되는 자세이다. 미디어의 다양한 성공담들이 말해주듯 실패는 성공의 어머니라는 진부한 격언은 자기계발하는 주체의 제2복음이라 할 만한다. 실패마저도 성공의 발판으로 삼기에 늘 성공할 수밖에 없는 주체야말로 신자유주의가 요구하는 인재상이라 할 수 있다. 이 속에서 실패한 개인들은 긍정의 마인드를 결여한 사람이다. 모든 실패는 개인의 잘못이지 사회의 책임은 아니다.

스스로 목표를 설정하고 위기를 새로운 기회로 삼는 자기계발은 언뜻 능동적이며 자율적인 주체를 길러내는 것처럼 보인다. 말 그대로 '자기 주도적' 학습을 통해 능력을 쌓고 개발하는 이상적인 인재상 육성에서 우리는 순수한 선의를 읽어낼 수도 있을 것이다. 어느 누구도 특정한 역할을 강제하지 않고 자발적인 혁신과 창조의 기회를 준다는 점에서 말이다. 하지만 이것이 무한경쟁 속의 생존을 위한 정글의 법칙이라면 말이 달라진다. 전 세계가 '위기사회'를 향해 추락하고 있는 상황에서 요구되는 덕목이라면, 국가나 사회가 자율성과 능동적 참여를 위한 물적 기반을 전혀 마련하지 못하면서 개인에게만 생존의 책임을 전가하는 가운데 나온 자율적 자기계발이라면 말이다. 이러한 현실에서 자신만의 삶을 자율적이고 능동적으로 설계하는 주체를 찾아보기란 쉽지 않다. 만일 그렇게만 될 수 있다면 삶이 무척 행복해지겠지만, 자기계발을 향해 아무리 노력해도 불안만 증폭되는 악순환은 그치지 않는다. 분명 자유롭기는 한데 그 자유가 구속으로 느껴지는 것은 바로 신자유주의적 자기계발 논리의 함정이요, 통제사회의 절묘한 지배 메커니즘이다. 사실 자기계발

담론의 실체를 확인해 가는 과정은 유쾌하지 않다. 자기계발을 핑계로 국가와 자본, 지식 권력들이 야합하여 지배와 통제의 새로운 장을 만들어 가는 '실재'에 직면할 것이기 때문이다. 그리고 신자유주의 세계 질서 속에서 미덕으로 강조되는 것들이 어느새 우리의 욕망으로 자리 잡게 된 것에 불쾌해하면서도 숙명적인 운명으로 치부하고 마는 수동적인 자신의 모습을 확인할 수도 있을 것이다.

우리는 자기계발의 자유가 한갓 환상에 지나지 않는 것은 아닌지 의문을 던져볼 필요가 있다. 저마다 자율적으로 스스로의 목표를 설정하는 것이 사실이라면 그만큼 다양한 목표들을 확인할 수 있어야 할 것이다. 하지만 지금 우리의 목표가 이전 사회보다 다양해졌다고 할 수 있을까? 대체로 우리가 설정하는 목표들이 더 많은 돈과 명예로 쏠려있다는 것은 무엇을 말하는 것일까? 온갖 자기계발서들이 성공 사례로 소개하고 있는 것들 역시 더 많은 부의 획득과 관련된 것들이다. 최고의 효율과 최대의 이윤이라는 자본주의적 가치는 여전히 신자유주의에서도 최고의 공리이다. 오히려 회사나 공장뿐만 아니라 삶의 모든 영역에서 효율적인 목표 달성을 위한 창조적 역량이 요구된다는 점에서 자본주의적 윤리의 강화를 확인할 수 있다. 대학사회의 최고 인기 사교 그룹이 취업 스터디 그룹이고 사회에서도 '10억 만들기' 등의 재테크 동호회라는 점은 여러 가지를 말해준다. 사업이나 성공적인 취업을 위한 아이디어가 오고가지 않으면 인간관계마저도 쉽지 않은 것이 지금의 현실이다. '1등만 기억하는 더러운 사회'에서 연대나 우정, 공감과 같은 가치들은 성공의 걸림돌일 뿐이다.

나아가 만일 누군가 대학원에 간다거나 NGO 학과와 같은 '돈 안 되는' 과로 진학을 하기로 결정을 한다면 주변의 우려 섞인 시선을 감내해야 한다. '부'를 향한 획일적인 성공의 잣대 속에 '특이한' 자기계발의 아이디어는 질식하고 만다. 이쯤 되면 자기계발이란 자율적인 목표 설정의 기회를 주는 것이라기보다는 '저만의' 갖가지 수단과 방법을 동원하여 목표에 도달하라는 윤리적 요청에 다름 아니다. 미디어와 학교, 기업은 이러한 목표를 닦달하고 우리는 생존을 핑계로 이를 내면화한다. 이 과정에서 주변과 외부에 대한 시선은 철저하게 차단되고 만다. 공동체니 공동선이니 하는 것들은 이미 한가로운 인문학자들의 공허한 한담으로 전락한 지 오래다. 모두 자기 자신만을 돌보고 자기 자신만을 염두에 둔다. 더 좋은 일자리, 더 많은 월급, 더 오래 일할 수 있는 일자리를 향한 자기계발의 비법만이 우리 시대의 화두이다. 과거의 애국주의는 이제 국가 간 스포츠 이벤트나 한류 스타를 바라보는 우리들의 시선 속에서만 자리한다. 취업을 했건 못했건 개개인 모두 국가보다는 자신을 우선 생각하는 '거대한 전환'이 이루어진 것이다. 이 과정에서 자기계발의 윤리는 우리의 욕망 깊은 곳에 뿌리내린다. 자본 자체 때문에 자본을 사랑하는 일은 우리를 '예속주체'로 만들고, 이로써 국가권력은 우리를 미시적으로 지배할 수 있는 수월한 방법을 획득한다.

위기를 기회로 여기라는 요청이야말로 신자유주의 국가권력과 자본의 요구가 가장 극명하게 나타나는 대목이다. 신자유주의는 불안과 위기가 일상화된 사회를 가져왔다. 항시적 불안사회를 가져온 것이다. 구조조정이니 비정규직의 양산, 청년 실업은 일시적인 현상이 아니라 신자유주의로부터의 방향선회가 없는 한 우리 사회의 '상수'로 자리 잡을 가능성이 크다. 우리는 과거보다 더 많은 실패를 경험할 가능성이 큰 사회에서 살고 있다. 단군 이래로 실패에 대한 사회적 대책이 이 정도로 마련되지 않은 사회는 없었다. 이러한 상황에서 위기와 실패를 기회로 삼으라는 요구는 국가와 사회에 대한 불만을 상쇄하는 작용을 한다. 모든 불행의 원인은 내가 못난 탓이기 때문이다. 이제 모두 자신만을 돌보고 자기 자신만을 염두에 두어야 한다. 위기를 기회로 만들 사회적 기반이 전혀 마련되지 않은 상태에서 실패를 개인의 무능력과 노력 결핍으로 돌리는 우리 스스로의 판단 속에서 저항은 기대하기 어렵다. 이러한 시스템은 이기주의적 주체를 양산한다. 지금까지 이렇게 머리부터 발끝까지 철저하게 이기주의적인 시대는 없었다. 그런 점에서 자기계발의 이데올로기는 자율적 주체를 길러내기보다는 수동적 주체를 양산하는 권력의 장치이다. 이는 '먹고사니즘'을 우리시대의 시대정신으로 받아들이고 '출세 못해 억울하지 않기 위해' 노력하는 우리의 자화상이기도 하다. 들뢰즈와 가타리는 이러한 주체를 가리켜 '좀비'라 불렀다.

## 이중의 포획과 새로운 파시즘

물론 자기계발이라는 담론이 심각하게 오염되었음에도 불구하고 그 말 자체를 거부할 이유는 없다. 거의 불가능에 가까울지라도, 권력과 주류('다수자')가 설정한 자기계발의 척도를 벗어나는 삶('소수자'적 삶)을 상상해 볼 수는 있을 것이기 때문이다. 존 레넌의 〈이매진〉이라는 노래처럼 우리가 살아보지 못한 삶을 '상상'하는 가운데 지금 여기에서의 우리 모습을 반성해볼 수 있고, 지금과 다른 삶을 위한 실천적 결실들을 축적해 갈 수 있는 동력을 얻을 수도 있을 수도 있기 때문이다. 물론 '자기계발'의 이데올로기 역시 자기 능력의 개발이 국가와 사회(물론 '기업사회'에서 국가와 사회의 이익은 기업의 이익으로 환원되기 십상이지만!!) 발전에 기여할 수 있음을 역설한다.

하지만 이렇게 해서 얻은 이익이 개인과 사회에 고루 분배되고, 그것이 사회 구성원 전체의 행복에 기여할 수 있을 때에만 자기계발은 의미를 가질 수 있다. 그러나 국민총소득이 2만 달러가 되고 한국이 선진국에 진입한다 한들 그것이 국민들의 '삶의 질'을 높여줄 가능성은 요원하다. 권력과 자본은 기업이 살아야 나라가 산다고 입에 거품을 물면서 '기업 프렌들리'를 외치지만, 이는 1:9의 양극화만 심화시킬 뿐이다. 그리고 국가는 신자유주의의 원활한 작동에 걸림돌이 되는 주체들에게 '압제적 포획(despotic capture)'의 장치들을 강화한다. 지난 쇠고기 파동이나 용산참사, 쌍용자동차 사태 등에서 우리는 과거 민주화의 성취들을 무색하게 할 정도의 국가폭력을 확인한 바 있다. 나아가 국가는 앞서 살펴 본 자기계발의 이데올로기를 통해 저항의 싹을 잘라버리는 '성과'(?)를 거두기도 했다. 물리적 폭력을 통해 다른 목소리를 억압하고, 미디어나 제도 등의 '마법적 포획(magician capture)' 장치를 통해 포획을 완성하는 국가가 바로 지금의 대한민국인 셈이다.

물론 우리는 지금의 상태에 만족하며 '잘' 살 수 있을 것이다. 자기에 대한 철저한 보살핌을 가장한 자기 배려가 사실은 자기에 대한 포기의 다른 이름임을 망각한 채 하루하루 그럭저럭 삶을 연명할 수 있을 것이다. 신자유주의적인 압박 속에서 각자의 다양한 욕망을 포기하며 '하루살이'의 삶을 영위할 수도 있을 것이다. 자기계발 담론들이 주문하는 대로 열심히 처세술을 익히고 자산가치의 증식에 유리한 관계들로 인간관계를 도모한다면 잠시 눈앞의 행복을 맛볼 수 있을 것이다. 지금의 자본주의가 노리는 것이 바로 그것이다. 자본의 흐름을 좇는 생활 리듬을 보호하고 거기서 벗어나고자 하는 자유로운 리듬을 억압하는 것이 국가의 임무가 된 것이다. '글로벌 엘리트'가 되기 위해 우리가 벌이고 있는 자기 배려의 운동은 결국 자본으로 회귀하는 운동이기 때문이다.

하지만 우리는 보다 행복해지기 위해 이러한 악순환의 고리를 끊을 필요가 있다. 자본의 완성이라는 국가의 욕망에 대해 개인의 완성이라는 욕망으로 맞서야 한다. 물론 여기서 개인은 이기주의의 감옥에 갇힌 개인이 아니라 결국에는 타자와의 특정한 관계를 맺을 수 있는 주체이다. 삶에 대한 불안으로 개인과 가족의 협소한 울타리에 갇히고 이 울타리를 다시 보험과 같은 미래보장형 자산으로 둘러치는 관행 속에서는 우리 모두가 욕망하는 제대로 된 '안전사회'의 미래가 없음을 직시해야 한다. 물론 여기서 자기를 배려할수록 자기는 박탈되고 삶은 불안해지는 현실을 극복하기 위해 다양한 아이디어와 실천들을 창안해야 한다. 이를 위해서는 자기를 포기하는 자기배려가 아니라 자기계발서들의 처세술이 일러주지 않는 앎과 삶의 방향들을 계발할 필요가 있다.

우리 사회에 만연한 '자기계발'의 이데올로기는 탁월한 능력을 가진 개인을 자유로운 존재와 동일시하는 환상을 부추긴다. 그들은 푸코가 말하는 '사목권력'의 꼭대기에 있는 자들인데도 말이다. 그리고 자기계발서들은 돈으로 성공한 자들의 후일담일 뿐이다. 이러한 흐름의 더 근본적인 문제는 '자본주의 너머'를 상상할 수 없는 제약에 있다. 자기계발은 '능력 있음'을 정상적인 것으로 전제하는데, 이 정상성을 결정하는 것이 자본주의의 가치 기준이라는 것이 중요하다. '더 많은 자유'라지만, 사실 그 자유의 실체는 자본주의 사회에서 합의하는 그 자유에 불과한 것이다. 자기계발에 매진했지만, 결국 좌절할 수밖에 없었던 이들은 냉소주의를 자기방어로 채택하기 마련이다. 자기계발서들의 주문대로 살더라도 실패할 가능성이 더 크다는 '불편한 진실'은 결국 냉소주의로 이어질 수밖에 없음을 인식할 필요가 있다.

그런 점에서 정치적 냉소주의의 긴 터널을 뚫고 나가야 한다. 냉소적 이성은 보수주의 일반의 특성이 되었을 뿐만 아니라 한국 사회의 개혁에 가장 큰 걸림돌이 되고 있기 때문이다. 사실 지금의 대학생들은 과거 대학생들에 비해 월등한 지력을 갖추고 있다. 모르는 것이 없고 그렇더라도 별 걱정이 없다. 인터넷이나 스마트폰 등 '친절한' 장치들이 지식의 길로 인도하기 때문이다. 물론 그 지식의 얕음과 비실천성에 대한 이견이 있을 수 있지만 그 이야기는 일단 제쳐두기로 하자. 문제는 '잘 알고 있다'고 가정되는 주체들이 오히려 그 지식을 통해 다른 삶을 일구고자 하는 욕망과 흐름을 막아서기도 한다는 것이다. 이를테면 지난 쇠고기 수입 반대 촛불집회에 참여한 10대들에 대해 일부 20대 네티즌들이 보인 반응은 과거 민주화 운동 시절 기성세대가 20대에게 보낸 것과 흡사한 태도였다. '너희들이 그런다고 세상이 변할 줄 알아?' 물론 냉소적 이성이 만연한 데에도 원인이 있을 것이다. 우리는 두 번의 집권을 통해 '민주'가 부패할 수 있음을 목격했고 현실 사회주의의 몰락으로 '평등'이 억압될 수 있음을 목격했다. '시민'의 자발성도 사회를 바꿀 수 없고, '생태'로 환경의 파괴를 막을 수 없음도 분명해졌다. 냉소는 이러한 연속된 좌절 경험이 불러온 무기력증의 표현일 것이다.

하지만 냉소는 성공과 출세를 향한 개인의 욕망과 만나 지배의 재생산에 기여한다. 자본과 권력은 이러한 냉소를 부추김으로써 지배를 유지하는 체제이다. 자본주의는 압제적 포획과 마법적 포획의 이중적 전략을 통해 지배를 공고히 해왔거니와, 지금은 후자의 위력이 유감없이 발휘되고 있다. 청년 세대의 냉소 역시 마법적 포획의 위력을 증언해준다. 들뢰즈·가타리는 이러한 지배의 고리에 맞서기 위해 욕망과 권력(국가와 자본)의 얽힘 관계에 주목할 것을 주문한다. 그리고 저항의 전략 역시 권력을 차지하는 것과 아울러 욕망의 수준에서 보다 철저하게 구성되어야 함을 강조한다. 돈과 소유물을 늘리는 데 많은 가치를 부여하고, 다른 사람의 눈에 그럴듯하게 보이거나 유명해지는 것에 가치를 두는 사회에서 구성원들의 포획은 욕망의 수준에서 작동하기 때문이다. 들뢰즈와 가타리에 따르면 자본주의는 자본의 생산이라는 '공리계(axiomatics)'에 주체들의 욕망을 묶어둠으로써 순항할 수 있는 체제이다.[3] '돈생돈사'의 복음은 이러한 공리의 바탕을 이루고 있다.

물론 발전된 자본주의의 '거대기계(mega-machine)'에도 경찰과 군대 등의 '압제적 포획' 장치의 위력은 강력하게 작동한다. 이것은 자본의 규범(code)으로부터 벗어나려는 흐름들(탈코드화 decodierung)과 자본 체제 '밖'에 새로운 삶의 시공간을 만들려는 노력(탈영토화)에 물리적 폭력으로써 개입한다. 자본에게 '괴물', '별종', '장애물'로 보이는 온갖 '외부'들이 폭력의 대상이 된다. 하지만 자본주의가 무르익으면 익을수록 '부드러운 지배', 즉 '마법적 포획'의 위력이 더욱 빛을 발한다. 신자유주의적 자기계발 이데올로기가 말해주듯, 이는 사회구성원들의 욕망을 '성공'과 '출세'라는 유일한 코드로 개조할 수 있는 유력한 수단이기도 하다. 특히 포획을 당하면서도 전혀 감지하지 못하는 마법의 성공만이 국가의 보전을 보장한다고 들뢰즈·가타리는 주장한다. 신자유주의 시대 포스트포드주의는 '자기계발하는 주체'들을 양산하고 끊임없는 변신을 독려(?)한다. 신자유주의적

3 이진경: 『노마디즘2』, humanist 2002, 579~580쪽 참조..

주체가 지닌 불안하고 끈질긴 자유에의 욕망이야말로 주체를 종속시키고 주체화하는 최상의 '마법적 포획' 장치라 할 수 있다.

물론 자본의 논리를 보호하기 위한 울타리를 벗어나는 주체들에게는 여전히 폭력적인 압제적 포획 장치들이 가동된다. 2008년 전국의 광장에 운집했던 '촛불'들과 용산의 철거민, 쌍용자동차의 노동자들은 바로 압제적 포획 장치의 희생양이었다. 물론 사람들은 '법-계약'을 따르지 않았으니 그러한 물리적 폭력은 당연한 것 아니냐고 반문할 것이다. 하지만 〈부당거래〉나 〈두 개의 문〉 등의 영화가 보여주듯, 그리고 김용철의 『삼성을 생각한다』가 말해주듯 자본주의 국가에서 중요한 법들은 합법적으로(많은 경우에는 불법적으로) 착취할 권리를 미리 정해둔 것에 불과하다. 국가는 자의적으로 '정상성'의 기준을 정해놓고 '조화'와 '균형'을 깨트리는 가상의 공포상태를 미리 방지하고자 한다.

하지만 국가는 스스로 '범죄'라고 규정한 폭력을 폭력으로 응징할 수 있는 제도적 장치만으로 움직일 수 없다. 특히 '의사 민주주의(pseudo-democracy)'에 진입한 한국의 경우 물리적 폭력은 심각한 저항을 불러올 수 있다. '마법적 포획' 장치는 바로 '예속'과 '종속'에 대한 왜곡된 욕망을 부추김으로써 '예속주체'를 만들 수 있는 유력한 수단이다. 예속주체는 '자발적으로' 지배를 욕망한다. 이를테면 삼성에서 과로와 산재로 죽어가는 노동자들이 속출함에도 불구하고, 여전히 삼성을 향한 우리의 태도는 욕망과 신화의 대상이다. 그리고 삼성에 '입성(入聖)'하기 위해 우리는 끊임없이 자기를 계발한다. 물론 주지하다시피 이때의 '자기'는 스스로를 세상의 주인으로 착각하는 맞춤형 로봇으로서의 '자기'이다. 신자유주의 시대 자본주의적 거대기계의 마법적 실체는 바로 자본을 향한 권력과 우리의 욕망임을 부인할 수 있을까?!

들뢰즈와 가타리의 말에 의하면, 신자유주의적 자본주의의 유연화 전략은 시장 교환, 자유로운 교환 등의 자유 시장 논리를 통해 스스로 포획의 올가미에 말려드는 마법적 포획의 진가를 보여준다.[4] '자기계발'에 자발적으로 미쳐 돌아가는 한국 사회에서 이러한 마법적 포획은 일종의 '주문(呪文)'처럼 기능한다. 저항할 수 있는 주체를 궤멸시킬 위력을 지녔다는 점에서, 그리고 신체적으로나 정신적으로 '불구화된' 주체를 생산함으로써 유지되는 체제라는 점에서 우리 사회는 '통제사회'의 전형적인 사례로 볼 수도 있다. 지금의 자본주의는 포획자(자본이나 국가)가 온갖 제도와 미디어를 통해 포획당하는 자에게 주문을 겲으로써 유지되기도 하지만, 포획당하는 자를 불구로 만들어 포획에 응하게 만들기도 한다. 겉은 정상이지만-사실 놀이를 잃어버렸다는 점에서 우리는 이미 불구인지도 모른다-정신적으로는 온갖 사회적 스트레스에 시달리는 우리에게 '불구'라는 말은 결코 과장이 아니다. 그래서 들뢰즈 · 가타리는 자본주의를 불구화의 체제이고 모든 주체를 '좀비'로 만들어버리는 체제라고 비판한다. 우리 모두는 '호모 사케르(homo sacer)'—살아 있으나 죽어

4 G. Deleuze/ F. Guattari: Tausend Plateaus, Kapitalismus und Schizophrenie II, Berlin 1992, 631쪽.

있는 좀비의 다른 이름－이다.

그런데 마법적 포획의 치밀함은 사회 전 영역을 포획하거나 피지배층을 포획하는 데에서만 그치지 않는다는 점에서 확인된다. 마법은 포획의 1차 대상으로서 좀비 중의 좀비, 노예 중의 노예로 거듭난 모범 좀비로 －스스로를 '사회지도층'이라고 명명하는－ 상위 계층을 양산하기 때문이다. 그리고 자기계발의 성공 사례로 '희망고문'을 일삼는 그들은 우리가 따라야 할 대상이고 욕망의 대상이다. 자본이라는 거대기계는 인간을 에너지원으로 삼아 작동하는 거대한 '매트릭스'라 할 수 있다. 자본가는 신자유주의적 자본주의라는 거대기계의 가장 비천한 노예이다. 누구 하나 할 것 없이 모두 거대기계의 노예가 되지만 정작 거대기계는 그들을 돌보는 구원자 혹은 지복의 땅으로 이끌 목자의 모습으로 나타난다. '우리를 먹여 살릴 거라고' 상상되는 '강력한 지도자'의 딸이나 이건희는 메시아로 행세한다. 그들의 '사목'을 통해 자본의 도구로서의 국가의 모습은 은폐된다. 거대기계의 주인은 유연한 공리들의 체계 즉 자본의 논리로만 남는다.

마르크스 역시 기업도 노동자도 국가도 없이 자본의 논리로만 움직이는, 자본가나 노동자 모두 '주체성'을 상실하고 시스템의 노예로 전락해버린 사회를 경고한 바 있다. 드라마 〈추적자〉에서 볼 수 있듯이, '기업사회'는 국가를 기업의 시녀로 삼으면서 자본의 원활한 흐름을 도와줄 '매끄러운 공간'으로 만드는 데 노골적인 행태를 보이고 있다. 국가는 자본이라는 '초코드(overcod, 제국)'에서 탈주하는 '탈코드화'의 움직임들을 외부(변방)로 밀어내고 '비정상'으로 매도한다. 이렇게 신자유주의적 무한경쟁의 게임에서 지거나 이탈하는 주체들은 비정상적 '루저(looser)'로 전락한다. 자본의 흐름을 지연시키거나 가로막는 개인들을 처리할 수 있는 메커니즘을 도입해야 했던 것이 과거 국가의 역할이었다. 하지만 이제 국가는 여기서 더 나아간다. '외부'로 향하는 욕망의 흐름을 억압하고 통제하는 것이 아니라 오히려 자신의 외부를 수용하고 자기 성장을 위한 거름으로 삼기 때문이다.[5] 고객들의 아이디어를 자신의 자산으로 삼는 일도 예사이다. 그런 의미에서 자본은 자신의 영토를 팽창하기 위해 수단과 방법을 가리지 않고 외부에서 자신의 에너지원을 찾는 능동적인 구성체로 스스로를 끊임없이 진화시키고 있다. 체 게바라, 핑크 플로이드, 아방가르드예술, 민중예술, 혁명, 상상력 등 자본에 저항적이었던 성분들이 하나같이 그것의 에너지원이 되고 있는 데서 그것을 알 수 있다. '매트릭스'라는 통치-기구에 에너지를 공급하고 있는 것은 체제에 저항하는 '아무개'일 수 있다.

하지만 이러한 사태를 두고 '외부'의 식민화로 단정 짓지는 말자. 자본은 끊임없이 외부를 자기 진화의 에너지원으로 삼지만 그 외부를 자본주의적인 것으로 만들지는 않기 때문이다. 자본은 그냥 '외부는 외부인 채로' 남겨두고 그것을 '주변부 자본주의화'할 뿐이다. 자본이 경계를 긋고 외부를 생산하는 이유는 그 외부의 운동 속에서 자본의 몸을 보(保)할 수 있는 좋은 음식들을 지속적으로 제공받

---

5 같은 책, 639쪽.

기 위해서다. 이를테면 영토적 외부의 경계를 맘껏 넘나들고 있는 글로벌 자본주의는 외부의 소멸이 아니라 외부/내부를 경계 짓는 방식 즉 자본주의적 공리계의 변화를 감행한다. 그런 의미에서 자본주의의 공리계는 무척 유연하다. '추가'와 '배제'의 메커니즘을 통해 끊임없이 새로운 욕망과 탈코드화의 흐름을 자기 입맛에 맞게 '재코드화(re-coding)'할 수 있기 때문이다. 자본주의적 공리들은 그 모습을 이리저리 바꿔가며 일상적 인간관계를 통해 대중을 지배한다. 물론 그 목표는 국가 권력의 원활한 작동과 전 세계적 자본 지배의 순조로운 운용에 있다.

'시장' 혹은 '자본'에 '프렌들리'한 신자유주의 국가의 지배구조는 독재나 파시즘 국가의 핵심 권력과 같은 '일자(一者)'적 중심을 가질 수 없다. 푸코의 말처럼, 신자유주의적 통제사회는 무수한 기능적 관계로 결정된 미시적 인간관계를 통해 움직이는 미시권력의 체계이기 때문이다. 이러한 권력 체계 하에서 자본주의의 마법적 포획은 더욱 완벽해진다. 게다가 한국 사회에서처럼 압제적 포획의 폭력까지 더해진다면 금상첨화이다. 들뢰즈 · 가타리는 자본주의의 완벽에 가까운 포획 메커니즘 속에서 파시즘 도래의 징후를 읽어낸다. 그들이 말하는 파시즘은 과거 나치나 박정희 시대의 '파시즘'과는 다르다. 그들은 파시즘과 전체주의를 동일시하는 관행에서 벗어나고자 하기 때문이다.

들뢰즈 · 가타리에게 파시즘은 미시적 차원의 지배 장치들로써 거시적 권력의 완성을 추구한다. 그들이 보기에 파시즘은 사회 구성원들을 하나의 '단일체'로 통합시켜 한 목소리로 공명하도록 만드는 '몰적(the molar)' 구성체[6]의 정치적 흐름이다. 물론 전체주의도 대중들의 '분자적(molecular)' 욕망의 흐름들을 억압하고 통제한다. 과거 박정희 정권의 청년 문화에 대한 억압처럼 말이다. 하지만 들뢰즈·가타리가 말하는 파시즘 역시 언제든 전체주의화할 수 있지만 전체주의는 아니다. 그것은 국가가 하나의 목소리로 공명을 요구하기 전에 대중 스스로 상호작용하고 전염시키는 분자들의 정치적 흐름이기 때문이다. 파시즘은 지배에 대한 자발적 욕망의 다른 이름인 셈이다. 그런 점에서 신자유주의 체제하의 국가야말로 파시즘의 배양지로 적합할 수 있다.

물론 한국의 경우 전체주의와 파시즘이 서로를 보완하는 체제이다. 미디어와 학교, 종교, 문화 등에 적극 개입하여 신자유주의적 경

---

6 '몰적인 것 das Molar, the molar'은 힘의 흐름에 구조적인 질서를 부여해서 총체화와 통일성을 지향하는 운동이다. 몰적 구성체는 "대수의 법칙(law of large numbers)에 따르는 통계적 집적을 통해 분자적 힘들의 통일, 총체화를 결과한다." 원래 '몰 mole'은 물리학에서 기체의 분자량을 나타내는 단위이다. 그것은 기체 상태의 분자들을 표준적인 상태와 조건 하에서 집계함으로써 얻어지는 것처럼 말이다. 몰적 조직체는 국가나 민족체뿐만 아니라 과거의 공산당이나 노동조합 등을 포괄한다. 진보적인 조직이더라도 단일한 노선이나 통일된 행동을 요구하면서 '다른' 목소리들을 억압하면 '몰적' 조직으로 분류된다. 이는 한국 사회의 운동 세력들에게도 시사해주는 바가 크다. '진정한 진보'를 표방하면서 다른 목소리를 억압하거나 배제하는 태도로는 지금의 위기 국면을 돌파할 수 없을 것이기 때문이다. 이러한 태도는 정책적 방향의 진보성에도 불구하고 운동의 동력을 해치는 결과를 낳기 마련이다. 한국사회의 변화라는 공감대 속에서 이질적인 흐름들이 '결연'을 통해 지금과 다른 가능성을 모색하는 것이 더 현실적이다. 이러한 연대에서 누가 중심이 되느냐 하는 논의 역시 피로감만 증가시킬 뿐이다. 결연을 맺은 모든 세력들이 서로의 '사이에서' 새로운 동일성을 형성해야 하는 것이다. 물론 이렇게 획득된 동일성 역시 지속적인 변이와 업그레이드의 대상이 되어야 할 것이다. 반면 분자 das Molekular, molecule는 집계되지 않는 최소 단위의 입자이다. '분자적인 것'은 몰적인 운동에 봉쇄되지 않은 힘들의 자유롭고 개방된 상태이다. 따라서 분자적 다양성들을 통계학적인 집계로 조직화하는 운동이 있는 반면, 형성된 유기체를 가로지르면서 그로부터 탈주하는 운동이 있다. 욕망의 분자적 흐름들은 몰적인 힘에 의해 통제되거나 저지되면서 고정된 질서와 구조로 조직되지만, 끊임없이 이로부터 벗어나 새로운 흐름들을 생산한다는 점에서 혁명적이다. G. Deleuze/.F. Guattari: Tausend Plateaus, Kapitalismus und Schizophrenie II, Berlin 1992, 51쪽.

제 논리로의 단일한 체질 변화를 강요하고 그 외부에 대해서는 가차 없이 칼을 들이댄다는 점에서 전체주의의 징후를 쉽게 찾아볼 수 있다. 나아가 단일한 자본의 목소리를 대중 스스로 욕망한다는 점에서, 즉 신자유주의의 논리가 자발적 숭배의 대상이 되고 있다는 점에서 파시즘의 징후 역시 농후하다. 인터넷 아고라에 대한 개입, 언론사들의 낙하산 사장 임명, 인터넷이나 SNS 등을 수시로 검열하고 처벌할 수 있는 '전자통신법' 제정 등은 전체주의와 파시즘의 동시성을 증언한다. 대학의 신자유주의화에 반대하며 대자보를 남기고 자퇴한 고려대생 김예슬에 대해 폭력적인 댓글로 대응하거나 대학 일용직 노동자들의 정당한 파업에 대해 외부 세력의 개입 금지를 요청한 대학 구성원들의 자발적 순응 속에 파시즘은 숨 쉬고 있다. 그런 점에서 아버지 박정희로부터 성장한 박근혜는 전체주의가 신자유주의적 파시즘으로 성장하는 과정을 몸소 예시하고 있다.

들뢰즈·가타리에 따르면 대중의 욕망 흐름을 자본주의적으로 재편('재영토화 reterritorialization')하는 과정에서 저마다의 고유한 욕망이 억압될 때 파시즘이 생겨난다. 파시즘은 '암적인' 정치체로서 대중의 욕망을 왜곡한다. 그 결과 굴절되고 왜곡된 대중들의 욕망을 통해 스스로를 억압하고 자신의 욕망을 억압하려는 욕망의 도착 현상이 생겨난다. 이러한 현상은 대중 스스로 '다수자'이고자 하는 욕망의 배치 속에서 가능하다. '다수자'는 '정상' 혹은 '성공'을 재는 주류적 가치들을 좇는 주체이다. 늘 자본주의는 모두에게 다수자로서 '부르주아'이기를-아니 그렇게 상상하기를-강요한다. 다수자이고자 하는 욕망은 소수자를 희생양으로 만든다. 파시즘은 대중들의 도착적 욕망에서 에너지를 얻는다. 파시즘을 양육하는 도착적 욕망은 다수자는 물론 소수자마저 죽음의 블랙홀로 빨아들일 위험을 늘 내장하고 있다. 선무당이 사람 잡는 경우처럼 말이다. 4대강과 뉴타운 등의 사업은 일부 사람들-우리는 그들을 '졸부'라 부른다-에게 부동산을 통한 축재를 향한 다수자적 욕망을 채워주는 것처럼 보이지만 거의 모든 사회 성원들에게는 '죽음 같은' 재앙을 안겨줄 가능성이 크다. 사실 거기에서 부를 획득하는 것은 토건 자본들뿐이기 때문이다. 사정이 그러한데도 우리 모두는 졸부들의 부를 욕망하고 우리에게도 그런 '천운'이 깃들기를 소망한다. 그런 식으로 상황이 되풀이되는 가운데 '부자공화국' 대한민국은 무사하게 잘 돌아간다. 이처럼 욕망의 분자적 흐름들을 탈주의 흐름으로 만들어 자기 운동의 동력으로 삼고 이러한 욕망의 흐름들을 이윤과 화폐적 부라는 단일 욕망의 추구로 향하게 한다는 점에서 자본주의 자체가 거대한 파시즘적 체제이다.

하지만 자본주의가 끊임없이 생산하고 가다듬고 있는 공리들의 체계에서 벗어나기란 쉬운 일이 아니다. 죽음의 선을 향하는 파시즘처럼, 마법적 포획이 극에 달할 경우 이 시스템은 좀비들에 의해 지탱되는 '신체 없는 기관'이 될 가능성이 크다. 자본주의는 파멸의 위험에도 불구하고 매우 유연하게 자신의 모습을 일신해 간다. 자본은 시장과 국가를 넘나들며 시장과 국가를 변모시키면서 위기를 타개해 가기 때문이다. 자본주의의 유연한 공리계는 공리의 추가와 제거를 통해 자본으로부터 벗어나고자 하는 탈주의 시도를 잠식할 뿐만 아니라 '포화'를 잊은 듯 제 먹잇감으로 삼을 만큼 강력하다. 이러한 상황을 운명으로 인정하고 수긍하는 숙명론만이 우리에게 제시된 길처럼 보이는 것도 당연하다. 출구가 보이지 않기 때문이다. 하지만 이러한 어려움들에 직면하여 모든 실천 가능성을 포기해버리는 숙명론이나 정치적 냉소주의는 동급 최강 좀비의 자세라 할 만하다. 이에 대해 들뢰즈·가타리는 자본주의의 '문턱'을 넘어 새로운 삶의 배치를 만들어 내려는 지속적인 노력을 주문한다.

들뢰즈·가타리는 자본주의의 '온전한' 극복을 위해서는 자본주의적 생산관계를 바꾸는 것만으로는 부족하다고 전제한다. 그들은 계급적 차원에서의 변혁과 자본주의적으로 각인된 욕망을 생산적 욕망으로 바꿀 것을 강조한다. 결국 파시즘으로 향하고 파시즘에 동조하며 파시즘을 만들어 가는 개인 대중의 욕망의 흐름을 바꾸지 않고서는 자본주의적 거대기계의 저인망식 지배를 벗어나지 못한다. 욕망의 문제를 무시하거나 간과했던 과거의 변혁운동은 다시 자본의 흐름에 몸을 맡겼다는 점에서 한계를 지녔다. 하지만 '욕망'의 문제에 천착할 경우 우리는 지금까지의 혁명들과 현실 사회주의 국가들의 한계를 반성할 수 있고 새로운 판을 짤 수도 있다. 나아가 '권력을 만들어내는 일상적 과정들'이 대중들의 욕망을 어떻게 물들이며, 도착적 욕망에 기초하여 작동하는 미시권력의 메커니즘을 읽어낼 수 있다. 뿐만 아니라 들뢰즈·가타리는 사회적 규범에 속박되지 않은 욕망에는 '지금 여기'와 다른 사회('communism')로 가는 생산적인 잠재성이 깃들어 있다고 판단한다. 따라서 일상과 욕망의 수준에서 대안적인 정치를 상상하는 그들의 '미시정치(micropolitics)'에 다다르기 위해서는 그들의 욕망이론을 살펴봐야 한다.

## 도착과 탈주의 욕망

동서양을 막론하고 오랫동안 욕망은 극복하고 제압해야 할 타자였다. 욕망은 괴로움과 질병의 원인으로 여겨졌기 때문이다. 서구의 기독교나 동양의 불교는 진정한 자아에 닿기 위해 과도한 욕망의 절제를 지상과제로 요구한다. 특히 욕망의 동급 최강이라 할 만한 '성욕'은 문명의 발전과 진화를 위해 반드시 억압되어야 할 장애물이었다. 고대의 '디오니소스교'나 인도의 일부 힌두교 전통 등을 제외하면 인간의 욕망에 관한 '관용'은 없었다. 이는 비단 종교에만 국한된 것은 아니었다. 동서양의 사상적 전통 속에서도 욕망의 '억압'과 '승화'는 정신과 진정한 자아 수호를 위한 알파요 오메가였다. 플라톤 이후의 주류 철학은 욕망으로부터 '정상적인' 지성과 이성의 왕국을 지켜내기 위한 치열한 몸부림으로 기록해도 무방할 정도이다.

하지만 욕망에 대한 배제와 억압의 처절한 노력은 역설적으로 그것의 잠재력을 반증하는 것이기도 하다. 나아가 온갖 이성과 노동을 찬양하는 금기들은 욕망을 잠재우는 데 실패했다. 근대 사상의 선구자 데카르트도 '정념(passion)'의 무게로부터 자유롭지 못했다. 오히려 이성과 금기의 왕국은 끊임없이 위반과 욕망의 게릴라들에게 시달려야 했다. 그러면 그럴수록 주류철학은 더 높은 철옹성을 쌓으려 했고 몇 안 되는 욕망의 철학자들을 음지로 내몰았으며 그들의 발언권을 회수하려했다. '자유의 왕국'을 수립한다는 명분으로 날 것의 자유('욕망')를 잠재우려 했던 역설의 지난한 고리를 철학사를 통해 우리는 확인할 수 있다. 그리고 욕망을 터부시하는 주류 사상의 온갖 주장들은 권력을 유지·강화하고자 하는 정치 세력의 이해에 부응했다.

흔히 우리는 욕망의 주인으로서 무엇인가를 '능동적으로' 욕망한다고 생각한다. 우리 스스로 선택하여 스펙 상품을 소비하고 자기계발서들을 탐독하며, 성형수술에 몸을 맡기는 것처럼 여기는 것이다. 하지만 들뢰즈·가타리는 우리가 욕망을 선택하는 것이 아니라 욕망이 우리를 선택하는 것은 아닐까 의문을 던진다. 자본의 흐름 속에서 '능동적인' 소비 주체들은 욕망의 자율적 주인들이 아니라 자본주의적 욕망의 연쇄망에 포획된 수인에 불과하다고 보기 때문이다. 욕망을 통하여 자기를 충족시켜 준다고 믿는 가운데 '욕망하는 것' 자체를 욕망하는 자폐적 수준의 욕망으로 심화된다. 자기 과시를 위해, 다른 이들로부터 자신의 우월성을 입증하기 위해 소비를 하면서 '욕망하는 것' 자체를 사랑하는 것은 자기를 자본 안에 가두는 것으로 귀결된다. 이러한 욕망은 정치적 상황에서 더욱 확연하게 나타난다. 예속으로 나아가는 것이 분명함에도 불구하고 자발적으로 예속되기를 욕망하는 대중들은 예나 지금이나 권력의 든든한 자산이다. 스피노자가 '왜 인간은 예속당하기를 욕망하는가?'라는 질문을 던진 것도 그런 이유에서이다. 예속이 주는 욕망 충족에 취해 그것을 감수할만한 가치가 있다고 믿는 사도-마조키즘적 주체들을 생산함으로써 자본주의는 강화된다.

들뢰즈·가타리에게 영감을 준 라이히 역시 스피노자의 질문을 이어 받으면서 파시즘에 대한 대중들의 열광을 분석한다. 라이히는 이상야릇한 "파시스트의 심리상태는 권위를 갈망하는 동시에 전복적인 노예상태에 있는 '소심한 인간'의 심리상태와 동일하다"[7]고 주장한다. '묻지마 선거'에서 '독재자의 딸'에게 51.8%의 지지를 보낸 대중들의 심리 상태도 이와 같은 것일까?! 따져볼 일이다. 권위에 종속적이면서 전복성을 동일한 인격 속에 내장한 이율배반적 심리 상태는 일종의 '분열증'에 해당한다.

그런데 특이할만한 점은 라이히가 이러한 병적 분열증의 원인을 개인의 비정상적 성격에서 찾고 있지 않다는 것이다. 그에게 욕망의 왜곡과 분열은 자본주의라는 사회구성체 속에서 빚어진 현상이기 때문이다. 라이히에 따르면 '소심하고 억압된 인간'은 "중병에 걸린 고도산업문명이라는 거대한 군대"와 "대산업가와 봉건적 군국주의자들"[8]이라는 복합적 요인에 노출되어 있다. 그런 도착적 욕망은 개인의 도덕적 탈선이나 비정상적 질병이 아니라는 것이다. 그리고 그것은 '대중적 차원의 전염병적 양상'으로 전개되면서 갈수록 강력해진다. 파시즘을 욕망하는 따위의 일들을 '자본주의적 욕망체계'에서

---

7 W. 라이히: 『파시즘의 대중심리』, 황선길 역, 그린비 2006, 14쪽.
8 같은 책 17~18쪽.

비롯된 것으로 본다는 점에서 그는 프로이트나 그의 후계자들과 다른 길을 가게 된다.

우리 시대의 제1의 욕망('공리계')으로 자본(돈과 성공 및 출세)이 지배하게 된 데에서 우리는 라이히의 현재성을 발견할 수도 있을 것이다. 따라서 개인에게 욕망을 버리라거나 절제와 금욕의 '무소유'적 삶을 살라고 요구하는 것은 자본주의적 욕망 구조에 대한 적절한 대응이 될 수 없다. 그 점에서 수많은 종교 멘토들의 영적 자기계발서들을 재고할 필요가 있다. 물론 위로는 고마운 일이지만 마취제 이상의 해법이 필요하기 때문이다. 문제는 자본주의와 도착적 욕망의 얽힘 관계를 직시하고 그와 다른 삶의 척도를 마련하고 실천하는 것이기 때문이다.

라이히나 들뢰즈·가타리는 자본주의와 도착적 욕망에 대한 동시적 변혁을 주문한다. 진정한 멘토링과 힐링은 사회 구조적 문제에 대한 개혁과 같이 가야 함을 분명히 말하고 있는 셈이다. 그렇지 않으면 그것들은 지금 시스템의 알리바이에 불과할 것이기 때문이다. 나아가 이들은 욕망의 복잡성에 대한 고려도 주문한다. 이들이 보기에 욕망 자체에는 창조와 생성의 역능이 잠재해 있다. 하지만 긍정적이고 생산적인 욕망의 힘은 자본주의적 배치 속에서 병리적인 욕망으로 굴절된다. 부동산, 주식, 벤처, 사교육 등의 열풍에 잠식된 한국 사회는 도착적 양상을 띠며 집단분열증의 양상마저 띠고 있다. 싸이의 〈강남스타일〉이 풍자하는 삶이야말로 우리가 닿고자 하는 유토피아 아니던가?!

하지만 들뢰즈・가타리가 보기에 부정적인 분열증만 있는 것은 아니다. 창조적 욕망과 관련 있는 예술적・과학적・혁명적 분열 역시 있기 때문이다. 자본주의는 제 무덤을 파는 주체들을 생산하거니와, "정신분열자를 병자로 만드는" 자본주의의 흐름을 다른 데로 돌릴 수 있는 '분열증-흐름들(schizo-flux)'을 가동시키기도 하는 것이다[9]. 이 흐름에 몸을 담은 집단은 지금껏 보지 못한 새로운 관계들을 만드는 가운데 새로운 욕망의 수준을 촉발한다. 지난 촛불집회에 등장한 유모차부대, 예비군부대, 여중생들, 노숙인들은 여러 문제점들에도 불구하고 역발상의 분열을 징후적으로 보여준 예라 할 수 있다. 당과 노동조합, 학생회 등의 '몰적' 조직들로부터 독립해서 '잠시나마' 권력과 긴장을 형성했고 한국 사회의 병적 집단분열에 대해 경종을 울렸다는 점에서 말이다.

근대는 중세의 초월적 '신'에서 벗어나 인간의 주체성을 발견했다. 하지만 신을 대신하여 등장한 근대적 이성은 합리적이고 정상적인 영역을 정해두고 이를 벗어나는 다채로운 욕망을 배제와 차별의 영역으로 내몰았다. 경우에 따라 근대 이성은 초월적 국가권력의 목적합리성을 정당화하면서 도구화되기도 했다. 히틀러의 파시즘이나 스탈린의 현실 사회주의는 도구적 이성의 최종 결과물이었다. 이것들은 공통적으로 정상인-남성-자국민-성인-백인-비장애인-이성애자의 다수자의 노선을 따랐다. 근대는 이성의 외부를 철저히 식민화하는데, 광인, 아이, 이주민, 여성, 장애인 등의 타자를 관리하는

9 F. 가타리: 『가타리가 실천하는 욕망과 혁명』, 윤수종 역, 문화과학사 2004, 323쪽.

시스템을 구축하고 자연대상과 동물의 영역, 이성과 문명의 은혜를 받지 못한 민족들을 식민화하는 데 열을 올리기도 했다. 물질적 풍요를 향한 서구 근대의 욕구는 개발주의와 성장주의를 '진보'로 해석하면서 소수자의 특이한 욕망을 억압하고자 했다. 욕망에서 상호존중과 상호 긍정의 대안 사회적 가능성을 본 스피노자나 욕망이라는 '큰 이성'을 통해 근대의 '작은 이성'을 극복하고자 했던 니체가 당시로서는 큰 관심을 끌지 못한 것도 그 때문이었다. 무의식이나 욕망이 본격적인 주목을 받게 된 것은 프로이트와 그의 후계자들 이후에서야 가능했다. 들뢰즈 · 네그리는 스피노자나 프로이트, 라이히 등의 선구적 작업들과 비판적으로 대결하면서 자신의 욕망론을 일구어냈다.

프로이트는 무의식을 공론의 장으로 불러냄으로써 의식적 · 합리적 주체라는 근대적 주체성의 신화를 해체한 인물이다. 그가 보기에 의식이라는 것은 수면 위에 떠오른 빙산의 일각에 불과하고 수면 아래에는 거대한 무의식이 의식의 세계를 떠받치고 있다. 나아가 프로이트는 무의식이 유아기의 충족되지 못한 '성적 욕망'과 관련되어 있다고 주장했다. 사람들이 무의식적인 영역에서 살아가고 이것이 '성'과 관계있다는 초기 프로이트의 주장은 근대적 주체관에 익숙해 있던 당대 사회에 큰 충격을 주었다. 들뢰즈 · 가타리는 무의식의 역동성을 강조하는 프로이트의 초기 입장을 계승하고자 한다. 하지만 그들은 이드/자아/초자아의 삼분법 속에서 초자아를 강조하는 후기 프로이트에 대해서는 비판적 입장을 취한다.[10] 후기 프로이트에게 이드 Id는 본능적이고 충동적인 욕망이다. 이는 문명의 발전을 위한 에너지를 제공하지만 초자아에 의해 통제되어야 할 영역이다. 프로이트는 '외디푸스 콤플렉스'를 통해 초자아의 역할을 설명한다. 초자아는 자아에 대한 재판관이나 검열관의 역할을 한다. 외디푸스는 그리스 신화에서 부친살해와 근친상간의 치명적인 범죄를 저지른 비극적 주인공이다. 프로이트에 따르면 어머니에 대한 근친상간의 욕망은 아이들에게 보편적으로 존재하는 충동인데, 문명의 발전을 위해서는 초자아인 아버지가 이를 금지해야 한다.

들뢰즈 · 가타리는 이러한 억압 가설을 환원주의로 비판한다. 프로이트는 욕망의 역동적이고 다양한 결들을 어머니-아버지-나 사이에 펼쳐지는 '하나의' 가족 드라마로 환원시켜버린다고 보기 때문이다. 욕망을 부정적인 충동으로 폄하하면서 아버지의 통제를 문명의 불가피한 전제로 간주하는 대목에 대해서도 그들은 탐탁지 않게 생각한다. 이는 1960년대 프랑스에 정신분석 바람을 몰고 온 라캉 역시도 마찬가지였다.[11] 그래서 들뢰즈 · 가타리는 이 두 사람의 이론을 묶어 '외디푸스 제국주의'라고 비판한다. 그들이 보기에 라캉 역시 '대타자(the Other)'의 사회 · 문화적 문명화 과정을 위해 욕망을 부정되어야 하는 것으로 보고 있다. 라캉이 말하는 대타자는 아버지로 대표되는 언어적 기표체계 즉 '아버지의 법'으로서, 사회적으로 용인되는 상징적 규범이고 정상/비정상을 가르는 척도이다. 이는

10 G. 들뢰즈/ F. 가타리: 『앙띠 오이디푸스』, 최명관 역, 민음사 1998, 83~91쪽 참조.
11 라캉에 대한 가타리의 비판은 같은 책, 308~314쪽 참조.

초월적 코드의 규범, 제도, 규칙의 시스템과 관련된 것으로, 들뢰즈·가타리는 라캉에게 욕망이란 대타자에 의해 선별되고 예속되어야 할 부정적 욕망으로 해석되고 있다고 비판한다. 이들이 보기에 라캉은 주체가 '아버지의 법'을 수용하고 순응해야 한다는 결론으로 나아가고 있는 셈이다. 라캉에게 주체의 욕망은 사법적 코드, 규제적 코드, 기존 제도에 순응할 수밖에 없다는 것이다. 이러한 이론적 틀 안에서는 욕망의 창조적 생산성, 욕망을 통한 새로운 제도와 주체화의 잠재성은 사라지고 만다는 것이 들뢰즈·가타리의 주된 비판이다.

사실 들뢰즈·가타리의 프로이트-라캉 비판은 심각한 오해에서 출발하고 있는지도 모른다. 왜냐하면 프로이트나 라캉은 문명화 과정을 위해 욕망이 희생되어야 한다는 보수적인 주장을 하고 있는 것이 아니기 때문이다. 이들은 나름의 근거를 통해 문명 발전이나 주체화의 과정이 어쨌든 욕망의 억압 혹은 포기와 연루되었음을 설명하고 있는 것이다. 그런 점에서 프로이트나 라캉의 이론은 문명화 과정과 주체화 과정에서 욕망이 억압되어온 '현실'을 지적하고 있을 뿐이다. 욕망의 자연스러운 흐름이 자본주의 기호계를 통해 굴절되고 왜곡된다고 본 점에서 라캉과 들뢰즈·가타리는 친구가 될 가능성이 있다. 하지만 자본의 논리를 따르는 자본주의적 상징질서가 불변의 구조가 아니라 집단의 역능에 의해 절단되고 재배치될 수 있다는 입장에서 이들은 각자의 길을 간다(후기 라캉은 자신의 초기 입장에서 도약을 감행함으로써 또 다른 가능성의 지평을 열어준다).

들뢰즈 · 가타리는 젊은 세대에게서 나타나는 반항적 제스처를 통해 욕망의 자율적 역능을 설명한다. "세대 간의 문제에서 노인들이 아주 악의에 가득 차서 젊은이들을 비난하기를, 젊은이들은 그들의 이익(일, 저축, 좋은 결혼)보다 그들의 욕망(자동차, 신용, 차용, 자유연애)을 앞세운다고 말한다"[12]. 물론 이러한 광경은 지금의 우리 젊은이들과는 거리가 있는 60년대 서구의 상황임을 기억하자. 영화 〈이지 라이더〉에서처럼 기성세대들이 청년 세대에게 총까지 빼드는 것은 욕망 자체가 자본주의적 공리계나 국가권력, 기존 제도들에 문제를 제기하는 강력한 흐름으로 돌변할 가능성 때문이다. "욕망을 억제하는 이유는 아무리 작은 욕망이라도 일단 욕망이 생기면 사회의 기존 질서가 의문시되기 때문이다. 자본주의는 늘 욕망을 제도 안에서 해결될 수 있는 욕구로 폄하하면서 그것을 코드 안에 가두려하지만, 욕망은 체제가 그어놓은 경계를 흘러넘치기를 호시탐탐 노린다."[13]

들뢰즈와 가타리의 이러한 욕망관에는 1968혁명의 경험이 녹아있다. 68혁명은 과거 사회주의적 혁명과 다른 방식으로 낡은 규범과 제도에 의해 코드화된 영역을 넘어서는 새로운 차원의 운동 가능성을 보여주었다. 뚜렷한 정체성을 부여하기가 곤란할 정도로 분열적이고 다양한 욕망들이 표출되었으며 기존의 조직 형태들과 다른 특이한 소수자 운동들이 전개되었다. 당시 소수자들은 자본주의적 코드와 영토로부터 탈주하기 위해 분열적 욕망의 수준에서 움직

---

12 G. 들뢰즈/ F. 가타리: 『앙띠 오이디푸스』, 최명관 역, 민음사 1994, 513쪽.
13 같은 책, 179쪽.

였다. 이들은 욕망과 쾌락, 직접성, 상상력, 자율성 등의 새로운 척도를 직접 행동의 기준으로 삼았다. 기존의 사회주의 정당들이 감당할 수 없는 수준의 요구들이 분출하고 프롤레타리아트로 엮일 수 없는 새로운 저항 주체들이 저항의 전면에 나섰다. 들뢰즈 · 가타리는 당시의 경험을 반영하여 소수자의 욕망을 자본주의적 배치 '안에서' 특이한 삶의 지대들을 창안할 수 있는 역능(포텐차, potentia)으로 정의한다. 주지하다시피 소수자는 자본주의적 예속 장치들에 의해 '예속집단'이 되기를 강요받는다. 68혁명 역시 결국에는 시들해지고 70년대에는 보수적 반동이 득세하는 '인동의 시대'를 맞이한다. 지금의 신자유주의는 바로 68혁명의 좌절 이후 본격적으로 시작된 흐름이라고 할 수 있다. 그럼에도 불구하고 소수자의 욕망은 스스로를 '주체집단'으로 변신할 수 있는 보여준 것으로 평가된다. 소수자는 자본주의적 물신주의를 정지시키고 예속에 대한 욕망을 변경할 수 있는 끊임없는 흐름에 관여하는 주체이다. 들뢰즈 · 가타리는 새로운 주체성으로서 소수자를 중심으로 새로운 '정치'를 구상한다.

### 소수자-되기의 정치학

들뢰즈 · 가타리는 맑스와 달리 자본주의 이후에 대한 구체적 사회적 비전을 제시하지 않는다. 하지만 그들은 새로 창안한 개념들을 통해 그들만의 정치철학을 개발한다. '탈영토화의 정치학', '노마디즘의 정치학' '소수정치학', '차이의 정치학', '잠재성의 정치학', '욕망의 정치학', '삶의 정치학' 등의 수사적 표현들은 그들의 작업이 내장한 정치적 실천의 가능성을 간접적으로 입증해준다. 특히 '소수자 정치학'은 기존의 변혁 주체들과 다른 주체를 발굴함으로써 자본주의를 넘어서고자 하는 이들의 지향점을 분명하게 보여준다.

들뢰즈·가타리는 우선 "민중은 결여되어 있다"[14]는 전제에서 출발한다. 이들은 '민중은 이미 거기에 있다'는 전제에서 출발했던 과거의 운동들을 거부한다. 왜냐하면 과거의 운동들이 상상한 민중은 '민족/인종'이라는 '다수적 표상'에 포획되어 있다고 보기 때문이다. 이를테면 '민족'은 여전히 가장 강력한 포획의 무기로 기능하고 있다. 신자유주의적으로 통합된 세계 자본주의 속에서 추방당하고 있는 수많은 대중들도 '민족' 앞에서는 무기력하다. 월드컵이나 올림픽이라는 상업적인 이벤트에 비판적 거리를 둘 수 있는 사람이 몇이나 될까? 민족은 진보적이라고 자처하는 사람들마저도 숙연하게 만든다. '민족-국가'는 여전히 자본주의가 생산하는 수많은 탈주선을 봉쇄하는 '주인-기표'이고 '다수적 척도'를 뒷받침하는 옹성이다. 〈반두비〉, 〈잠수왕 무함마드〉 등의 영화가 말해주듯, 이는 이주노동자들에 대한 우리의 태도에서도 확인된다. 국가/민족의 위기 앞에 수많은 권리 투쟁은 위축된다. IMF 이후 노동자들은 나라 살리기에 적극 협조했고 노동 유연화로 인한 비정규직의 폭증을 선물로 받았다. 대신 '민중은 결여되어 있다'는 들뢰즈·가타리의 명제

14 G. Deleuze/.F. Guattari, Tausend Plateaus: Kapitalismus und Schizophrenie II, Berlin 1992, 46쪽.

는 민중을 단일화하거나 실체화하지 말 것을 요구한다. 자본주의의 견고한 공리계 안에서 대중들이 처해있는 모순적 상황을 직시하고 끊임없이 스스로를 '소수자'로 벼리는 주체성의 창안에 힘쓸 것을 주문하고 있는 셈이다.

이러한 상황에서 들뢰즈·가타리는 '도래할 민중'을 이야기한다.[15] 여기서 '민중'은 다수적 척도와 동일성에 '몰적'으로 포획된 대중이 아니라 그로부터 끊임없는 '탈주'를 시도하는 '분자적 대중' 혹은 '무리'이다. 자본과 국가는 끊임없이 대중들을 삶의 변경으로 내모는 '양극화'의 경영을 하고 있지만, 그렇다고 '도래할 민중'이 자동적으로 구성되는 것은 아니다. 단순히 수동적으로 억압을 당하는 '피억압 계급'은 민중이 아니기 때문이다. 중요한 것은 "확실히 방언 같은 소수어를 사용하거나 게토나 지역주의를 만든다고 해서 우리가 혁명적으로 되는 것은 아니다. 오히려 수많은 소수적 요소들을 이용하고 연결 접속시키고 결합함으로써 우리는 자율적이고 돌발적인 특수한 생성을 발명하게 된다. 민중의 발명이란 무엇인가? 그것은 소수적인 것들의 연합과 접속의 과정 혹은 구성의 과정이다."[16] 다수적 척도를 따르면서 자기들만의 '게토'를 만드는 것은 한계가 있다. '남성'과 동일한 권리를 요구하는 여성운동, 비정규직을 외면하는 정규직 노동조합의 임금인상투쟁, 용역 노동자들의 처지를 외면하면서 자신의 복지 개선을 요구하는 학생회 등은 패쇄적 게토

---

15 같은 책, 47쪽.

16 G Deleuze/ F. Guattari: Kafka, Toward a Minor Literature, Trans. D. Polan, Minneapolis 1986, 47쪽.

를 만들 수는 있겠지만 사태의 본질적 개선에는 별 도움이 되지 않는다.

그리고 민중의 발명에는 다른 이들과의 '연결 접속'(connection)이 반드시 요구된다. 중심에서 끊임없이 주변을 만드는 자본과 국가에 맞서기 위해서는 소수자들 사이의 개방적 연대가 필요한 것이다. 미완의 저항으로 끝났고 거기에 가담한 사람들이 정말 '소수자'였는지 이견이 있을 수 있지만, 지난 촛불 집회는 새로운 실천의 가능성들을 보여주었다. 어느 정치 조직의 지도 없이 서로의 차이를 존중하면서도 신자유주의 국가권력에 대한 문제제기라는 '흐름'를 형성하며 서로를 연결할 수 있었다는 점에서 말이다.

들뢰즈 · 가타리는 우리에게 '상호-되기'('이중생성')을 요구한다. '상호-되기'는 현실을 바꾸고자 할 때 거기에 동조하는 세력과 접속하고 스스로 개혁의 '매개자'가 되는 것에서 출발한다. 여기서 '매개자'는 다른 참여자들을 지도나 의식화의 대상으로 삼지 않는다. 자기(집단)와 다른 이(집단)가 만나서 서로를 동시에 변화시켜나가는 가운데, 자기와 타자 사이에서 새로운 삶의 방향을 구성해나가는 것이 '상호-되기'이다. '시장사회'든 '기업사회'든, 자본주의적 공리계의 공리 혹은 다수성의 표준으로부터 벗어나는 새로운 삶의 지대는 나만의 아이디어에서 나올 수 없다. 다양한 소수자들이 각각의 다양한 아이디어를 제출하면 그것들 사이에서 '공통적인 것'(the common)을 찾아내고 실천해야 하는 것이다. 물론 이 과정에서 얻어진 결과들은 잠정적인 것일 뿐 영구적으로 바꿔나가야 한다. 그런 의미에서 소수자는 끊임없이 자본주의의 외부로 나아가려는, 아니 공리계 내부에서 그 외부를 개척하려는 지속적인 운동 과정의 다른 이름이다. 들뢰즈 · 가타리가 주장하는 '탈주'는 현실을 바꾸겠다는 나와 타자의 동시적인 '다르게-되기'에서 시작된다. 무기력증이나 냉소주의는 부당한 현실의 강화나 재생산에 도움이 될 뿐임을 자각하고 '여기 지금'의 '나'나 '너'와 달라지려는 끊임없는 노력이 필요한 것이다. 하지만 '되기'를 위해서는 '내공' 혹은 '역능'이 필요하다. 우리 모두에게는 취업이나 성공에 필요한 그 이상의 잠재성이 내장되어 있다. 다만 다수자의 '척도'에 맞춰 사느라 자신의 잠재력에 무심할 뿐이다. 그러나 지금과 다른 나, 혹은 다른 세상을 꿈꾸는 사람이라면 '세상의 기준'과 다른 삶의 기준을 고민하고 그에 따른 내공을 쌓아갈 필요가 있다.

물론 '되기' 혹은 '생성'의 궁극적 목표는 자기 개인의 '도망'이 아니다. 들뢰즈 · 가타리의 탈주는 '지금 여기'로부터 벗어나서 혼자만 안빈낙도하는 것이 아니다. 그것은 '세상'을 탈주시키는 것이어야 한다. 그래서 들뢰즈 · 가타리는 자기가 '정주'하고 있는 바로 그 곳에서 탈주를 감행하라고 말한다. 자기가 속한 학교, 회사, 공동체 '바깥에서'가 아니라 '안에서' 다수적 가치의 '외부'를 실천하는 일이야 말로 탈주인 것이다. 이를테면 아파트에서 인문학 공부 모임을 만들고 그렇게 해서 얻은 지식을 사회적으로 실천하는 주부들, 인문학 커뮤니티를 구성하여 세상에 자기 목소리를 내는 중고등학생들, 파업 중인 용역 노동자들과 이런 저런 연대를 실천하는 크고 작은 집단들 등은 사소하게 보일지는 몰라도 이미 '탈주'를 시작하고 있는 지도 모른다. 『아프니까 청춘이다』에 맞서 『잉여니까 청춘이다』로 대응하며 멘토의 위로에 제 목소리를 내고자 하는 '나머지들'의 움직임도 주목할 만하다. 세상을 탈주시키고 자본주의적 공리계 안의 다수적 가치를 무력화하는 일은 '사소한 것'에서 시작되는지도 모른다. 물론 '다르게 되기'를 실천하는 여러 무리들의 '연결 접속'과 '이중 생성'이 가능하다면 말이다. 이른바 '중동의 봄', 스페인이나 프랑스 등지의 '분노한 사람들'의 실천, 미국의 '월스티리트 점령' 운동, 브라질의 '토지 없는 농민운동' 등은 바로 '사소한 것'이 '사건'으로 변화될 수 있음을 입증하고 있는지도 모를 일이다.

'좀비'임을 거부하고 '다른 존재들'로 끊임없이 성장해가는 것이 '소수자'이다. 작은 떡고물에 만족하면서 지금의 삶이라도 지켜내고자 노력하는 다수자는 '정착'('지금 여기'의 자리나 가치에 만족하기)의 공리계 안에 작동하는 기계의 일부이며 좀비일 뿐이다. 우리 모두가 '좀비'의 삶에 만족한다면 현실의 변화는 없다. 다수성을 거부하는 소수자만이 다수성의 표준 즉 공리계를 거부한다. 소수자는 '유목민'처럼 자신의 자리를 지키며 어떠한 문제도 피하지 않는 적극적인 삶을 영위한다. 그 점에서 그들의 탈주는 '도주'가 아니다. 소수자는 무한한 소수자-되기(여성-되기, 동물-되기, 프롤레타리아-되기, 장애인-되기, 어린이-되기, 흑인-되기… 만인-되기)를 통해 생성의 공간을 창출하고 '구성의 구도'를 연출한다. 이러한 소수자-되기의 전략은 파시즘이 분출하여 죽음의 선으로 치닫는 것을 막아주는 역할을 하면서도 정착의 공리계를 변화시키는 계기를 마련할 수 있다. 물론 소수자-되기는 자본주의의 강력한 포획 장치로 인해 다수자로 변질될 위험에 늘 노출되어 있다. 한 곳에 머무르면 안 된다. 고인물은 썩기 마련이기 때문이다. 소수자-되기가 공리계에 정착하여 다수자가 되는 한 생성의 공간 창출은 물론 자본주의를 넘어서는 것 역시 불가능하다. 그래서 끊임없이 긴장의 끈을 놓지 말고 지금으로부터 '다르게 되기'를 감행해야 하는 것이다.

들뢰즈・가타리는 "우리의 시대는 소수자의 시대가 되고 있다"고 주장한다. 오늘날의 1인1표제 선거를 통한 세상의 변화를 생각해 볼 수 있을 것이다. 대의 민주제 역시 어떤 점에서는 '압제'와 '마법'을 통해 다수적 가치를 지켜내려고 안간힘을 쓰고 있는 국가 권력을 견제하는 수단이 될 수도 있다. 그것은 경우에 따라 자본의 논리를 견제하는 수단이 될 수 있는 것이다. 하지만 지금까지의 한국 정치가 말해주듯 한계가 분명하다. 민주정부의 등장으로 민주화의 중요한 성취들이 있었지만, 어느 순간 그 마저도 과거로 퇴행하는 일이 빚어질 수 있기 때문이다. 기업권력과 정치권력은 기득권을 지키기 위해 '합법적'인 수단은 물론 불법도 마다하지 않는다. 그리고 '제도' 속의 정치 게임에는 우리의 욕구와 욕망이 들어설 자리가 없다. 따라서 기득권 세력과 다른 삶의 가치들을 실현하기 위해서는 우리 스스로의 직접적인 참여가 요구된다. 그들의 '정치'('치안')가 아닌 우리의 '정치' 공간을 만들어가는 과정은 새로운 의미의 '정치'를 도입하는 일이요 '소수자'적 삶의 실천이기도 하다.[17] 소수자는 생성 혹은 되기에 열려 있는 주체들이다. 소수자의 능력은 접속과 생성, 혼성의 능력이면서 예측하지 못했던 새로운 선을 생성하는 능력에 의해 가늠된다. 지난 촛불 시위는 우리가 참조할만한 소수자적 실천의 요소들을 보여주거니와, 문제는 우리의 직접 행동과 우리의 '정치'를 구성하는 것이다.

그렇다고 들뢰즈 · 가타리는 지금 당장 혁명을 일으키자고 선동하지 않는다. 그랬으면 좋겠지만 현실적으로 그것은 가능하지 않다. 그래서 이들은 '공리적 수준'에서 벌어지는 소수자들의 모든 투쟁이 '결정적'이라고 말한다. "공리 수준의 투쟁을 향해 무관심한 자세를 취하는 것은 잘못이다. (…) 자본주의 공리계의 부단한 재조정, 즉 추가(새로운 공리들을 언표하는 것)와 제거(배타적 공리들을 창조하는 것)는 그저 기술-관료들에게 일임해서는 안 될 투쟁의 대상이다. 사실 모든 면에서 노동자의 투쟁들은 파생적 명제들을 내포하는 자본주의 기업들의 틀을 넘어선다."[18] 공리적 수준의 작은 실천들은 보다 큰 탈주의 씨앗들을 늘 내장하고 있기 때문이다. "사람들이 자신들의 문제를 스스로 정식화하겠다고 요구할 때, 아무리 요구가 온건하더라도, 그것은 공리계가 더 이상 수용할 수 없는 하나의 점을 보여준다."[19]

---

17 랑시에르는 '치안'과 '정치'를 구별하고, 이 둘의 충돌과 대결을 '정치적인 것'으로 파악한다. 치안이란 사회 안에 자리와 위계, 그에 따른 자격과 권리를 분배하고, 그렇게 나뉜 권력을 행사하는 것을 말한다. 반면 정치는 몫이 없는 자가 자기 몫을 주장하는 것, 말할 자격 없는 자가 말하게 하는 것, 보이지 않는 자를 보이게 하는 것(좀비적 삶으로부터 벗어나는 것)이다. 이런 개념은 이주노동자처럼 외부의 '배제된 자'들을 내부로 끌어들이며 정치의 영역을 확장시켰다는 데 의의가 있다.

18 G. Deleuze/.F. Guattari: Tausend Plateaus. Kapitalismus und Schizophrenie II, Berlin 1992. 683쪽.

19 같은 책, 651쪽.

보수('자본주의 4 · 0')든 진보든 자본주의의 야만성에 대해서는 많은 사람들이 지적해온 바 있다. 초기부터 지금까지 자본의 축적은 온갖 착취와 편법, 배제와 학살을 수반했기 때문이다. 그리고 이러한 '압제적 포획'의 과정은 모습을 달리 하며 계속되고 있다. 들뢰즈 · 가타리도 이러한 사실을 강조한다. 그러나 이들의 강조점은 마법적 포획의 '자가 동력적'인 작동 메커니즘에 맞추어져 있다. 이들은 유럽의 합리주의가 만들어 낸 시장의 논리를 넘어서는 삶과 사유의 지대가 가능하다고 단정 짓지는 않는다. 다만 그것을 향한 노력만이 "유일한 사건은 시장이고, 유일한 개념은 팔릴 수 있는 상품들"로 나타나는 자본주의의 현실에서, "사유에 있어서 절대적 참상이 아닐 수 없는 그런 파국의 시대"[20]를 이겨낼 수 있는 잠재적 동력을 확보할 수 있음을 역설할 뿐이다.

경제적 효율성에 봉사하고 '성장'이라는 최고 목표를 향해가는 것만을 허용하는 '차가운' 시장이 아니라 '연대의 경제'에 기초한 새로운 시장의 모습을 구성하려는 노력들은 우리에게 많은 것을 시사한다. 이는 모든 것을 경제적 가치에 따라 평가하고, 효용성과 생산성에 따라 우열을 나누는 자본 중심 사회의 전체주의적 특성들을 극복하려는 노력이기도 하다. 결국 들뢰즈 · 가타리가 말하는 '소수자'는 인간이 근본적으로 가지고 있는 다원적 모습을 붕괴시키고 인간적 삶을 파괴하는 자본의 흐름을 다양성과 '함께함'의 흐름('코뮤니즘')으로 역전시키려는 주체들이다.

---

20 M. Ott: Gilles Deleuze. Zur Einführung, Hamburg 2005, 271쪽에서 재인용.

'소수자'는 이러한 삶을 창안하기 위한 주체들이지만 가시적인 고정적 존재는 아니다. 마르크스는 그들을 프롤레타리아라 불렀다. 어쩌면 변혁운동의 불행은 그들을 부단히 생성해 나가는 주체가 아니라 고정된 실체로 이해한 데 있었는지도 모른다. 마르크스에게 프롤레타리아는 막 성장하는 계급이었으며 그 실체가 분명하지 않았음에도 불구하고 말이다. 알트파터는 프롤레타리아를 '목소리'로 부르며 막 성장하고 있는 '잠재적' 주체로 이해한다.[21] 들뢰즈 · 가타리의 말대로 민중은 아직 도래하지 않은 '부재자'이다. 그리고 '지금 여기'에서 소박하나마 자신과 세상의 변신을 시도하는 당신들이 프롤레타리아이고 소수자이다. 그 이름을 계속 간직할 수 있느냐 마느냐는 우리에게 달려 있다.

이를 위해 우선 신자유주의적 주체를 양산하는 '자기계발'의 담론과 기술이 우리 삶의 유일한 방향인지 따져볼 필요가 있다. 혹 우리가 국가나 기업의 명령을 충실히 수행하는 것만 아니라 능동적으로 자신의 화폐 가치를 극대화하고 유휴 자금을 불리기 위해 노력함으로써 초국적 자본의 원활한 증식에 기여하고 있지는 않은 지 되돌아보자. '소수자'의 길은 '자기계발'과 같은 우리 일상의 담론이나 기술을 바꾸는 데서 시작되어야 한다. 국가는 행복해지기 위해 '일등'이 되라고 떠들지만, 과연 행복의 가치가 거기에만 있는 것일까 하는 고민에서 우리는 '소수자 되기'를 시작할 수 있다. '일등'만 기억하고 나머지는 필요 없다는 생각은 공동체의 기반 자체를 허무는

21 E. 알트파터: 『자본주의의 종말』, 염정용 역, 동녘 2008, 213~218쪽 참조.

독약이 될 수 있기에 하는 말이다. 행복해지기 위해 진정한 자기계발, 즉 내공을 쌓는 것, 그리고 '다수자'를 향한 무한경쟁보다는 협동과 협력의 공동체를 일구어 가려는 작은 노력들과 실험들이 절실한 때이다. 물론 좋은 지도자가 새로운 삶의 유리한 조건들을 예비할 수 있을 것이다. 특히 '노블레스 오블리주'를 떠들면서도 무상급식이라든지 복지를 비판하는 인사들이 기득권을 쥐고 있는 우리의 경우라면 말이다. 하지만 훌륭한 지도자의 좋은 프로그램만으로는 한계가 있다. 우리 모두 자기 삶의 지도자가 되어 우리가 처한 상황을 능동적으로 짚어 보고 나름의 계획을 입안해가며 실천할 때 다른 세상은 조금씩 그 모습을 내보인다. 이는 엘리트들의 정치가 아닌 우리의 정치, 즉 소수자 정치의 시작이다. 소수자의 직접민주주의는 구원자를 기다리는 수동적인 존재로 머무는 것이 아닌 스스로 구원자가 되는 경험임을 기억하자.

• 참고문헌


이진경: 『노마디즘2』, humanist 2002.

F. 가타리: 『가타리가 실천하는 욕망과 혁명』, 윤수종 역, 문화과학사 2004.

G. 들뢰즈/ F. 가타리: 『앙띠 오이디푸스』, 최명관 역, 민음사 1998.

W. 라이히: 『파시즘의 대중심리』, 황선길 역, 그린비 2006.

A. 빌라니 외: 『들뢰즈 개념어 사전』, 신지영 역, 갈무리 2012.

E. 알트파터: 『자본주의의 종말』, 염정용 역, 동녘 2008.

W. B. 어빈: 『욕망의 발견. 우리가 원하는 것을 우리가 왜 원하는가』, 윤희기 역, 까치글방 2008.

G. Deleuze/ F. Guattari: Tausend Plateaus. Kapitalismus und Schizophrenie II, Berlin 1992.

G. Deleuze/ F. Guattari: Kafka. Toward a Minor Literature, Trans. Dana Polan. Minneapolis 1986.

M. Ott: Gilles Deleuze. Zur Einführung, Hamburg 2005.

8

# 제국과 다중, 그리고 공백

-네그리의 정치철학-

김 겸 섭

"잔치도, 선물도 모두 돈으로 해결되는 세상이 있는가 하면 그렇지 않은 세상도 있다. 돈은 우리에게 힘을 주었지만 많은 가치를 가져갔다."
— SBS 다큐멘터리, 〈최후의 제국〉

## 부채사회, 무엇을 할 것인가?!

2012년 대한민국 문화계의 화제는 단연 싸이의 노래 〈강남스타일〉과 김기덕의 영화 〈피에타〉이다. 우선 〈강남스타일〉은 각종 하위문화의 배양소인 유튜브에 힘입어 전 세계적인 파장을 불러왔다. 평소 광대(狂大)를 자처해온 싸이의 뮤직비디오는 웃음과 해학, 섹시코드를 결합한 'B급 코드'를 통해 수용자들을 '광객(狂客)'으로 만들어버렸다. 말춤이 주는 재미도 재미지만 이 노래와 관련하여 다양한 분석도 나왔다. 키치적 하위문화로서 〈강남스타일〉이 갖는 음악성은 물론, 그 메시지와 관련해서도 다양한 의견이 나왔다. 당연히 내용과 관련한 분석은 우리에게만 해당되는 것일 것이다. 외국 수용자들의 경우 〈강남스타일〉에 담긴 비꼼과 풍자, 해학의 정서를 이해하기 쉽지 않을 것이기 때문이다. '오빤 강남 스타일'을 '오픈 콘돔 스타일'로 듣는 그들이 이 노래의 맥락을 이해하리라고 기대하는 것이 무리일 것이다. 하지만 싸이의 성공을 통해 한류의 우수성이라든지 국위선양, 세계 팝 정복 등의 잣대를 들이대는 주류 미디어의 행태는 석연치 않아 보인다. "나는 그냥 아티스트일 뿐이다. 운동선수처럼 나라를 대표하기를 원하지 않는다"는 그의 진술에 주목한다면 말이다.

자본주의적 물질주의에 대한 '동경'과 '멸시'라는 우리의 분열적 태도로 〈강남스타일〉을 읽는 것도 가능할 것이다. 진보든 보수든 타워팰리스와 강남 8학군 등에 대한 갈망이 존재한다. 계층 상승에 대한 병적 선망은 늘 계급 투표라든지 졸부적 행태 등에 대한 멸시보다 강력했다. 싸이는 '광대 스피릿'을 통해 '강남'이 상징하는 물질성과 속물근성, 불편한 진실을 풍자하고 있다. 동네 놀이터, 화장실과 한강 둔치 등 전혀 강남스럽지 않은 곳에서 '저급한' 장면을 연출하면서 '강남스타일'을 외쳐대는 가수 싸이의 모습에서 자신을 키워온 강남에 대한 대중적 통념을 깨고 있는 것이다. 이는 우리의 '공리계'를 무장해제해버리는 갸루상의 개그보다 날카로운 면이 있다. 여기서 싸이가 자본주의의 물신성을 제대로 공략하고 있지 못하다는 식의 말은 하지 말자. 어차피 B급 아닌가? 다만 불가능한 이중적 속성들을 충돌시킴으로써 우리의 분열된 모습에 대한 일정한 반성적 거리두기의 여지를 주고 있음을 인정할 수는 있을 것이다.

반면 베니스 국제영화제 '황금사자상' 수상작인 〈피에타〉의 메시지는 직접적이다. 이는 자신의 영화를 "극단적 자본주의"에 대한 영화라면서 "우리가 현재 살고 있는 삶 자체가 돈 때문에 파괴되어가는 것이 안타깝다. 그래서 돈 중심으로 돌아가는 사회에 대한 영화를 해야겠다고 생각한 거다"[1]고 고백한 김기덕 감독의 말에서도 감지된다. 청계천의 밑바닥 사람들에게 사채 빚을 받아내는 추심원 강도는 한국 사회의 폭력성을 노골적으로 보여준다. 눈덩이처럼 불어나는 이자를 받아내기 위해 강도가 벌이는 폭력보다 우리를 절망하게 만드는 것은 채무자들의 불안에 대한 굴종적 자세이다. 그들은 폭력에 대해 증오가 아닌 두려움의 시선으로 일관하기 때문이다. 이는 사회적 안전망이 전혀 갖추어지지 않은 사회를 살아가는 '부채인간'의 삶을 묘파하고 있는 대목이다.

물론 이 영화의 중심 서사는 강도에게 자식을 잃은 '엄마' 미선의 복수극이다. 사실 '엄마'가 행하는 사적인 '복수'는 실패가 예견되어 있다. 국가와 법이 제 역할을 못하는 곳에서 사적인 '자구행위'로서의 복수는 완결되는 법이 없기 때문이다. 영화에서 미선이 '엄마'가 되었다가 그 '엄마'를 스스로 빼앗는 복수의 행위는 '구원'의 행위로 반전된다. 이는 복수극의 내러티브로서는 적당할지 모르겠지만 감독의 '반자본주의'적 태도를 비틀거리게 만들기도 한다. 물론 영화에 담긴 서사의 결은 더욱 복잡하다. 하지만 우리는 이 영화를 통해

---

1 신형철: 「그녀는 복수를 했는데 그는 구원을 얻었네」, 『씨네 21』 2012년 10월 12일자.

자본주의 한국 사회의 상수가 되었고 전 세계적으로도 신자유주의의 중핵으로 거론되는 '부채'의 문제에 주목할 필요가 있다. 51.8%의 박근혜 지지자 상당수가 주택 대출의 이자 때문에 그(그녀?)를 지지했다고 하지 않는가?!

이와 관련하여 라자라토의 『부채인간』은 우리에게 중요한 시사점을 준다. 이 책은 현행 자본주의의 '인간의 억압 조건에 관한 철학 에세이'라 소개되기도 했다. 지은이는 우선 현재의 경제를 '금융경제'나 '금융 자본주의' 대신에 '부채경제'로 불러야 한다고 주장한다. 부채경제를 구성하는 사회적 관계는 더 이상 자본가와 노동자 혹은 생산자와 소비자가 아니라 채권자와 채무자이다. 물론 자본-노동 관계는 지금도 확장·변형된 형태로 존재한다. 하지만 '부채경제'의 접근법이야말로 지금 자본의 행태를 이해하는 실마리라는 것이다. 여기서 자본은 '거대한 채권자', '포괄적 채권자'의 모습으로 나타난다. 금융과 생산을 구분하는 것이 불가능해진 오늘날 '금융'이란 말은 채권자-채무자 관계의 부상을 특별히 부각시켜주는 표현이라고 저자는 주장한다. 그에 따르면 신자유주의 경제는 채권자-채무자 관계를 만들고자 하는 의지를 다양한 기술을 통해서 구현해왔다. 그 결과 '채무자'의 형상으로서 '부채인간'이 공공영역을 대표하는 주체의 형상이 됐다. "우리는 모두 부채인간이다"는 말은 결코 과장이 아니다.

전 세계적 현상으로서 공공부채의 급증은 1970년대 중반 이후 복지 관련 지출의 금융구조 개선과 맞물린 신자유주의 정책에서 비롯한다. 재미있는 사실은 공공부채를 마련할 때 중앙은행을 통해 현금을 확보하는 것을 금지하는 법이 이 시기에 유럽의 모든 정부에서 채택되었다는 점이다. 그렇게 되면 자금은 '금융시장'에 의존할 수밖에 없게 된다. 이 법이 생기기 이전에는 국가가 무이자로 중앙은행에서 돈을 빌릴 수 있었다. 하지만 시장에서 자금을 융통할 경우에는 막대한 이자를 물어야 한다. 1974년에 이 법을 도입한 프랑스의 경우 이후에 공공부채 총액이 16조 410억 유로, 이자 총액만 약 12조 유로에 이르렀다. 2007년에 500억 유로를 넘어선 이자 비용은 프랑스의 국가 예산 가운데 교육예산에 이어 두 번째로 많은 비중을 차지하며 매년 소득세 전체와 맞먹는다고 한다.

미국의 경우에도 1979년의 석유파동 이후에 경기가 침체되고 금리가 치솟으면서 막대한 공공적자가 발생했다. 2008년 6월 기준으로 미국의 부채총액이 510조 달러를 넘어섰다고 하니 한마디로 부채경제다. 하지만 이러한 부채는 경제성장의 장애요소가 아니라 오히려 동력이다. 게다가 부채경제는 사회적 연대와 권리 주장 같은 집단행동을 무력화하기에 대단히 정치적이기도 하다. 요컨대 '산업과 채무자 중심의 포디즘 메커니즘'으로부터 '금융과 채권자 중심의 금융 메커니즘 시대'로의 이행이 부채경제의 전면적인 성립 배경이다.

라자라토는 니체의 『도덕의 계보』를 통해서 부채인간의 계보학적 형성과정 또한 탐구한다. 니체는 사람들 사이의 가장 오래되고 원천적인 사회적 관계가 채권자와 채무자 사이의 관계라고 파악했다. 그에 따르면 약속을 지킬 수 있는 사람, 곧 자신을 보증하고 부채를

갚을 수 있는 사람을 만들어내는 것이 공동체의 주된 임무다. 현대 자본주의야말로 니체의 이러한 '약속할 수 있는 인간'을 만들어내는 기술을 발견해낸 것처럼 보인다고 저자는 말한다. "우리를 가난하게 만들 뿐만 아니라 재앙으로 몰아넣는 권력장치"가 바로 신자유주의의 '협박경제'이고 부채경제다.[2]

우리의 경우 강도와 같은 '부채경제'의 화신들이 본격적으로 등장한 것은 아마 1997 의 IMF 환란 이후일 것이다. 그 이후 대출금과 말도 안 되는 이자를 받아내려는 깡패들의 폭력이 영화나 드라마에서 '즐겨' 다루어진 것도 그와 관련이 있다. 그로 인해 신자유주의적인 경제 정책들이 본격적으로 도입되었고 우리은 삶을 급전직하로 추락했다. 이른바 자본과 노동 유연성이 사회적 불문율로 자리하면서 한국은 상시적인 '불안사회'니 '위기사회'로 접어든 것이다. 이는 한국 영화에도 큰 영향을 주었는데 특히 무수한 '깡패영화'들은 살벌해진 한국사회의 이면이라 할 수 있다. 하지만 상업주의적인 깡패영화들 다수는 깡패들을 미화하는 데 급급할 뿐 그 어떤 사회적 물음도 담지 못한다. 마초적인 깡패들은 신자유주의시대의 새로운 영웅으로 대접받을 수 있었으나, 그들의 모습을 통해 삶과 사회의 속살을 들여다보기에는 아무래도 무리였다. 물론 〈파이란〉, 〈똥파리〉 같은 예외들이 있기는 했다. 이를테면 쌍욕과 주먹질의 대가 '똥파리'를 통해 우리는 한국 사회의 '실재'와 대면할 수 있었고 우리 사회의 절망이 어느 지경에 이르렀는지 추체험할 수 있었다. 똥파리

2 M. 라자라토: 『부채경제』, 허경/ 양진성 역, 메디치 2012 참조.

상훈의 죽음과 영화 속 가족들의 해체는 '지금 여기' 한국 자본주의의 자화상이자 미래에 대한 암울한 전망이라 할 수 있다.

여기 또 한 편의 영화 〈내 깡패 같은 애인〉이 있다. 이 저예산 영화는 로맨틱 코미디의 가면을 쓴 깡패 영화이다. 물론 후반부로 가면서 멜로 장르의 관습이 강해지면서 싱거운 느낌이 들기도 하지만 '지잡대'(지방 잡 대학) 88만원 세대의 우울한 풍경이 겹쳐지면서 일말의 공감을 자아내는 영화이다. 깡패 동철(박중훈)은 마흔 줄에 접어든 나이임에도 미수금이나 받으러 다니는 처지다. 그는 〈피에타〉의 강도나 〈똥파리〉의 상훈과 달리 해결사 주제에 늘 얻어맞기만 한다. 후줄근한 트레이닝 복 차림에 고등학생 담배나 '삥' 뜯는 그는 추락 '깡패'의 전형이다.

반면 지방대 출신의 당찬 여자 세진(정유미)은 갖출 수 있는 온갖 스펙을 다 갖춘 재원이다. 하지만 간신히 취직한 회사가 3개월 만에 부도를 맞아 백수가 되고 서울 변두리 반지하 원룸으로 이사를 간다. 여기서 그녀는 동철과 만나 옥신각신 티격태격 '애증'을 키워간다. 세진은 취직을 위해 열과 성을 다하고 심지어 면접장에서 손담비의 〈토요일밤에〉를 부르며 춤도 추지만, 면접관들에게 지방대 출신 여성은 한갓 노리개에 지나지 않는다. 그녀의 항변과 눈물은 우리가 피하고 싶어 하고 외면하고 싶어 하는 삶의 실재이다. 정유미는 최근 드라마 〈직장의 신〉에서 비정규직으로 출연했다. 이 드라마에서 'Miss 김'이 판타지라면, 정유미는 우리의 '실재'이다.

어찌 보면 〈내 깡패 같은 애인〉은 뻔한 멜로 영화의 관습적 서사를 그대로 따르고 있다. 특히 억지스러운 해피앤딩은 영화 시장에서 살아남기 위한 조급한 설정이라는 인상마저 준다. 그럼에도 이 영화가 일말의 공감을 주는 것은 신자유주의 시대 우리 청년들의 처지에 연민의 시선이라도 던지고 있기 때문일 것이다. "깡패하고 술이나 마시고 이게 뭐야"라고 한탄하며 우는 세진과 자연스럽게 그녀에게 '연민'(연대)의 교감을 나누는 동철은 판타지일망정 우리에게 흐뭇함을 선사하기도 한다. 하지만 이 영화에서 제일 '꽂히는' 장면은 다음과 같은 동철의 대사다. "프랑스는 취업 안 되는 게 정부 책임이라고 데모까지 하는데 말야. 우리나라 애들은 그게 다 지 탓인 줄 알아요. 다 정부가 잘못해서 그런 건데. 괜찮아. 어깨 펴고 당당히 살아." 벼랑 끝까지 몰린 깡패의 입에서 나온 것치고는 너무 '고차원적'인 이 말에서 세상 돌아가는 꼴에 한탄(냉소)하거나 현실이라고 인정(자조)만 해온 우리들의 모습이 겹쳐지면서 참 '거시기한' 느낌이 든다.

그렇다. 동철의 말처럼 프랑스나 영국, 독일의 경우 등록금 인상이나 실업, 복지축소 등의 문제가 불거질 때마다 청년들은 개선을 요구하며 거리로 나선다. 얼마 전 니콜라 사르코지 프랑스 대통령이 대다수 국민들의 반대에도 불구하고 연금개혁법을 비롯한 신자유주의적 복지축소 정책들을 추진하자 대학생이나 고등학생들이 '평등'의 가치를 되살리자며 동맹시위를 조직한 것이 대표적인 예일 것이다. 영국만하더라도 집권당이 대학등록금 인상을 시도하자 영국의 대학생들은 거리로 뛰쳐나왔다. 유럽의 상대적 선진성은 바로 이런 전통이 일구어낸 것이었다.

이는 1968년 혁명의 전통이 유럽에서 여전히 희미한 형태로나마 계승되고 있음을 보여준다. 오늘날 유럽의 복지 시스템-이를테면 연금정책, 의료 복지, 대학 서열 파괴, 공짜 등록금 등-은 그저 얻어진 것이 아니라 당시 투쟁의 결실이기 때문이다. 그것은 프랑스 대혁명, 1848년 혁명, 1871년 파리코뮌, 1917년 러시아 혁명과 다른 운동의 가능성을 보여주었고 지금까지도 다양한 사회 운동들에서도 그 영향을 감지할 수 있다. 특히 이 글에서 살펴보고자 하는 네그리(A. Negri) 역시 유럽 68혁명과 강한 관련을 가지고서 자신의 이론을 구성해왔다. 유럽의 자율운동 역시 68혁명의 결실이다. 따라서 68혁명과 이후의 유럽 자율운동은 네그리로 가는 길에 적절한 좌표가 될 수 있다.

## 68혁명과 유럽의 자율운동

지금은 전설같은 이야기가 되었지만 1968년은 2차 대전 후 세계사의 거대한 분수령이었다. 그해 베트남에서는 구정 대공세가 있었고 체코에서는 '프라하의 봄'이 일어났다. 프랑스에서는 그 유명한 1968년 5월이 일어났고 독일과 이탈리아, 뉴욕과 동경 및 멕시코시티에서도 학생봉기의 물결이 휩쓸었다. 미국의 반전운동과 민권운동이 절정에 달했다. 그런데 68혁명은 말이 혁명이지 과거의 세계적 · 역사적 운동과 상이한 양상으로 전개되었다. 그것은 '철의 장막'을 두고 대립하던 서구 자본주의와 동구 사회주의의 권력 구조 모두에 도전했을 뿐만 아니라 제3차 생산혁명과 자본주의 축적체제의 세계화가 가속화되는 시점에서 폭발했다. 68혁명은 과거 노동자나 농민이 주도하던 혁명과 달리 학생들에게 의해 촉발된 운동이다. 당시 학생들은 급속한 기술적 변화를 겪고 있던 전 세계적 자본주의 생산체제 안에서 핵심적인 위치를 차지하면서도 구시대로 퇴행하려던 기성세대에 강한 불만을 품고 있었다. 여기에 실업이나 대학의 위기, 민주주의의 축소로 인한 파시즘 부활의 징후, 일부 선진 자본주의 국가들의 제국주의화 경향 등은 정치적 저항에 불을 지폈다.

물론 현실에 대한 분노만으로 당시 운동들이 모두 설명되는 것은 아니다. 조지 카치아피카스가 '에로스 효과'라고 명명한 새로운 삶의 지향이 청년들의 공감대를 이룬 것 역시 언급되어야 할 대목이다.[3] 당시의 운동이 '해방을 향한 본능적 욕구'의 분출이라는 양상을 띠게 된 데에는 욕망의 철학자들이라 할 수 있는 마르쿠제 나 프로이트, 바타이유 등의 저작들이 큰 관심을 끌기도 했다. 이로써 1968년은 당대의 사회적 현실을 뛰어넘어 시간과 공간을 초월해 가는 에로스가 전 세계적으로 분출·확산된 해로서, "억압된 과거를 위한 투쟁을 통해 유적 존재로서의 인간을 출현"시키고 "자연이 역사가 되는 과정을 통해 구래의 '적자생존' 원리를 부정했던"[4] 시기로 기억되기도 한다. '모든 권력을 상상력에게로!'라는 대표 슬로건은 '영원히 해방될 인간적 삶에 대한 기쁨'을 지향했던 당시 운동들

---

3 G. 카치아피카스: 『신좌파의 상상력』, 이재원 외 역, 이후 1999, 16~21쪽 참조.

4 같은 책, 31쪽.

의 성격을 잘 말해준다.

68혁명은 사회주의 혁명을 통해 생산관계의 변혁을 시도했던 소련이 전체주의 국가로 퇴행한 현실과 거리를 두면서 새로운 운동과 사회의 모델을 그리고자 했다. 그리고 의회를 통한 대의제 민주주의의 한계를 비판하고 직접 행동과 참여를 통해 새로운 정치의 차원들을 실험하고자 했다. 경제적 착취뿐만 아니라 인종적, 정치적, 가부장적 지배에 대한 저항, 물질적 빈곤에서의 자유뿐만 아니라 새로운 인간을 창조할 자유의 지향, 개인이 지닌 권리의 확장을 통한 민주주의의 확장, 혁명의 기반을 일상으로까지 확대하는 것, 직접 대결과 직접 행동을 통한 직접 민주주의의 창출이 운동의 목표였다.

그러나 상상력과 욕망의 해방을 지향하며 과거의 혁명들을 극복하고자 했던 68혁명은 실패로 마무리되었다. 이후에 찾아온 정치적 반동과 사회의 보수화는 그것을 말해준다. 라자라토가 비판하는 '부채사회'는 혁명의 실패 이후 찾아온 반동적 징후의 한 사례로 볼 수 있다. 그리고 포스트포드주의라는 새로운 자본주의적 축적 전략은 혁명의 흐름들을 성공적으로 포획했고 지금까지 그 위세를 떨치고 있는 신자유주의의 도래를 예고했다. 그럼에도 68을 실패라는 말로 간단하게 정리할 수는 없다. 베트남으로부터 미군이 철수한 것, 인종차별의 완화와 페미니즘이나 생태주의적 가치의 강화, 유럽 각국에서의 사회당의 약진, 대학개혁과 사회적 개혁 조치 등의 의미 있는 성과들을 낳기도 했기 때문이다. 당장에는 실패했을지 모르지만 새로운 이념과 가치에 기초한 운동들을 활성화한 공로를 기억할 필요는 있는 것이다. 특히 운동은 실패를 통해서도 성장한다는 점을 인정한다면 말이다. 특히 네그리와 깊은 관련이 있는 자율운동은 1968년의 정치적 유산이라 할 수 있다.

유럽의 자율적 사회 운동은 68혁명 당시의 신좌파를 계승함과 동시에 그와 단절하려는 새로운 운동의 흐름들이다. 유럽의 자율주의자들(autonomen)은 68세대들을 "악몽처럼 산 자의 머리를 짓누르는" 과거의 운동과 다를 바 없었다고 비판하지만 그들의 가치를 계승하고 있기도 하다. 가령 반권위주의, 기성 정당으로부터의 독립, 탈중심화된 조직 형식, 직접 행동의 강조, 새로운 인간상을 창출하는 수단으로서 문화와 정치의 결합, 일상생활의 변형을 통해 새로운 생활형태를 창안하려는 미시정치의 프로그램 등을 68혁명과 자율운동은 공유한다. 하지만 자율운동은 68 당시의 신좌파들보다 덜 조직적이면서도 급진적인 운동들을 구상하고 실천하고자 했다.

이전의 급진적 사회 변화의 시도들도 구질서의 중단을 요구했다는 점에서 일종의 무질서(카오스) 국면을 수반했다. 하지만 지배 권력을 전면적으로 무너뜨리고자 하는 세력들에게도 '무질서'에 대한 공포가 내면화되었다. 그 결과 누가 승리하든 혁명적인 변화는 '질서'로 급속하게 복귀하면서 일상화(보수화 · 반동화)된다. 그런데 질서의 일상화 과정은 '권력'이라는 코드를 통해서만 가능하다. 소련을 필두로 한 사회주의 국가들에서 우리는 '질서(조직)의 신화'를 확인할 수 있고 그것은 이후의 파국을 예고했다. 노동운동과 사회 운동들 역시 자율적 의사 결정의 비효율성을 비판하면서 자율에 대한 요구들에 대해 조직적 방향과 '의식적 요소'를 결여하고 있는 것으로 비판해왔다. 이들에게 사회 운동은 위계적 근육으로 이루어진 조직체의 통일적인 전략과 전술의 실행 과정으로 인식되었다. 조직의 언어로 번역되고 계획되지 않은 운동은 실패할 수밖에 없을 뿐만 아니라 조직의 분열을 가져옴으로써 운동의 발전을 저해한다는 비판은 지금까지도 되풀이되고 있는 고전적인 비판이다. 여전히 관료화된 노동조합은 '자격 없는 자들', 자기 통치의 '몫을 갖지 못한 자들'(이를테면 비정규직 노동자)을 배제하고 있기 때문이다.

그러나 유럽의 자율 운동은 고전적 조직 운동에 대한 대대적인 반대 운동으로서 인민의 자발성과 자율성을 운동의 동력으로 삼고자 했다. 자율 운동은 전통적인 정치적 관계의 위계제, 명령자와 수령자, 지도자와 추종자라는 수직적 구조 대신 이 역할을 전복하는 수평적 상호작용을 추구한다. 물론 과거에도 자율성의 중요성이 늘 강조되어왔지만 전위의 역할을 강조하는 조직 논리 속에서 별 힘을 얻지 못하고 조직적 마녀 사냥의 희생양으로 전락하기도 했다. 자율주의 운동가들이 노동자들의 자발성을 강조한 로자 룩셈부르크를 높이 평가하는 데에는 과거의 조직 관행에 대한 불만이 자리한다. 로자에 따르면 자발성은 '대중의 건강한 혁명적 본능과 생생한 지성의 표시'로서 혁명적 시기에 드러나는 것이고 보통 때에는 억압되거나 감추어지는 것이다. 로자에 대한 자율주의자들의 평가는 일면적인 면이 있지만 어쨌든 자발성은 자율운동의 모토가 된다.[5]

5 조정환: 『아우또노미아』, 갈무리 2004, 121쪽 참조.

자율 운동가들에게 자율 운동의 탈조직적인 풀뿌리 운동들은 축복이다. 이는 자율 운동의 대중적 공간을 풍성하게 해주고 파시스트들이 운동에 대해 전면적인 공격을 가하기 어렵게 만들 것이라고 전망하기 때문이다. 따라서 자율 운동의 조직들은 수평적인 집합적 구조를 지니고 다양한 근원을 지니며 위로부터의 명령이 아니라 상호 협력과 소통에 기초한 실천을 행하고자 한다. 때문에 중앙위원회의 승인이나 지도자의 출현을 막기 위한 장치를 마련하는 일에 이들은 상당한 공력을 들인다. 당과 조직의 지도력이 아니라 아래로부터 자주적으로 결정하고 권력에 의거한 정치를 극복하는 것이야말로 운동의 역동성을 보장해준다고 보기 때문이다. 자율 운동가들이 국가 권력의 장악이 아닌 국가 권력의 해체를 목표로 삼은 것도 그와 관련이 있다. 이들은 종래의 정치를 전복하고 그것을 새로운 정치로 전환하고자 한다. 이는 전통적인 사회운동과 그 이론적 이데올로기적 배경들에 대한 비판으로 이어지면서 구좌파의 조직과 운동들로부터 거리를 두게 만든다.

유럽의 자율운동은 고전적 의미의 프롤레타리아트를 사회 변화의 지도 계급으로 내세우는 것에도 반대한다. 그들은 운동의 주변 세력이었던 여성, 이민자, 레즈비언, 학생 및 저항적 아웃사이더들을 새로운 주체로 삼고자 한다. 프롤레타리아와 노동자주의를 해체하려는 이들의 시도는 노동운동을 운동의 중심으로 세우려는 시도 일체를 거부하면서 평화운동, 생태 운동, 페미니즘 운동 등을 반자본주의 운동과 나란히 강조하는 가운데 운동의 다양한 흐름을 활성화하고자 한다. 이들은 "민족이나 노동자 계급, 혹은 그것을 지도하는 혁명가들이라는 전통적인 개념에 대립하는 것으로서 개인들은 상부에서 명령을 받지 않고 자기 자신의 의지에 따라 자발적으로 행동하는 것"[6]을 지향한다. 굳이 중심 지도자들에 의존하지 않더라도 직접 민주주의적인 의사 결정과 전투적인 민중성을 창조적으로 종합할 수 있다고 믿기 때문이다.

다수 자율운동들이 '정체성 정치(identity politics)'의 모습을 띠고 있는 것도 그러한 운동관과 관련이 있다. 그들이 보기에 '정체성'의 구성은 자신의 존재 조건을 스스로 결정하고, 스스로 그 안에서 살려고 하는 새로운 범주들을 창안할 수 있는 자유를 제정하는 형식이며, 그 안에서 인간의 의미를 본질적으로 다르게 규정하고자 하는 시도이다. 자율 운동가들이 보기에 정체성을 향한 주체들의 자기 주제화의 과정은 자율적으로 진행되어야 한다. 계급이나 민족 등의 귀속적 정체성을 완전히 해체하고 외부로부터 강요된 일체의 구속들에서 자유로운 자율적 인간이야말로 새로운 운동의 동력으로 간주된다. 여기에는 프롤레타리아트의 보편적 주체성이 파편화되고 체제에 포섭되어버린 서구의 현실이 반영되어 있다. 계급만이 아니라 성과 젠더, 세대, 인종 등 다수의 정체성이 주체를 복잡하게 규정하고 있거니와, 자율운동은 이러한 복잡성의 수준에서 저항의 전략을 구성하고자 한다.

하지만 네그리는 자율주의의 이러한 입장들을 공유하면서도 다른

6 G. 카치아피카스: 『정치의 전복』, 윤수종 역, 이후 2000, 27쪽.

길을 가고자 한다. 그는 여전히 프롤레타리아 개념을 포기하지 않을 뿐만 아니라 기층에서 전개되는 노동운동에 끊임없이 연대의 시선을 보내기 때문이다. 그러면서도 네그리는 여성이나 학생, 여타 정체성 그룹들을 끌어 안고자하는 노력을 포기하지 않는다. '사회적 공장'나 '사회적 노동자' 같은 개념은 그러한 노력의 표현이다. 그에게 중요한 것은 노동자 운동과 여타 운동들의 생산적인 접속 과정에서 지속적으로 서로의 변화를 촉발하는 가운데 지금까지와 다른 실천들을 끊임없이 창안하는 것이다. 유럽의 자율운동이 포스트모더니즘이라는 이론 조류와 공명해온 반면, 그로부터 거리를 두려고 노력한 것도 네그리의 특징이라 할 수 있다. 그가 보기에 자본주의에 대한 저항의 제스처에도 불구하고 포스트모더니즘은 자본주의의 발전에 공모하고 있다는 알리바이로부터 자유롭지 않다. 그럼에도 네그리 역시 부의 공유, 협동, 평등, 열린 관계, 육아와 성, 집단 주택 등에 대한 유럽 자율운동의 프로그램들을 공유한다. 물론 이러한 의제들이 '계급투쟁'의 모습으로 전개될 수밖에 없다는 그의 인식에서는 차이가 있겠지만 말이다. 여기에는 이탈리아 노동운동과 같이 호흡해온 네그리의 경험이 강하게 작용했을 것이다.

### 네그리와 이탈리아 자율주의 운동

네그리는 이탈리아 자율주의운동의 대표적 이론가이자 실천가이다. 그는 독일 역사주의에 관한 논문으로 박사학위를 받고, 68혁명

이전까지 인식론, 철학, 정치학, 국가론 등에 관해 연구하고 저작 활동을 했다. 하지만 그는 상아탑의 학자로만 머물지 않고 자율주의(Autonomia) 좌파 그룹에서 이론과 실천 활동을 병행했다. 그는 '노동거부'라는 슬로건으로 유명한 아우토노미아 운동에 공감하면서 자율주의 사상을 정립해 나갔다. 하지만 그는 자율주의 운동가로서 탄압을 받아 오랜 망명과 투옥 및 연금 생활을 해야 했고, 비교적 최근인 2003년에서야 비로소 그는 완전히 자유로운 몸이 되었다. 국내에도 상당수 소개된 그의 저작들은 대체로 어려웠던 시절에 쓰인 것들이다. 그의 책들이 소개되면서 우리나라에도 그의 이론에 공명하는 논객들이 등장했고, 자율주의운동의 방향에 동조하는 운동가들이 활동을 전개하고 있다.

주지하다시피 이탈리아 자율운동, 이른바 아우토노미아 운동은 유럽의 자율운동과 달리 노동운동과 더불어 성장해 왔다. 그것은 우선 기존의 지배 체제를 파괴하고 이를 또 다른 체제로 대체하려고 하지 않는다. 그것은 노동을 비롯한 모든 인간 활동을 획일적인 '교환가치'로 재단해버리는 '자본'과 자본의 강력한 동맹자 역할을 자임하는 국가 권력을 노동자의 '역능'(혹은 활력)에 기초한 새로운 사회로 전환하고자 하는 운동이다. 이 운동들은 우선 위임 권력 혹은 대의제의 형태를 띤 지금의 대의 민주주의를 의심한다. 또한 권위주의화한 '사회당'이나 '공산당', '노동조합' 등에 대해서도 거리를 둔다. 그들의 슬로건인 '자율'은 전위당과 중앙집권에 반대하면서 노동자의 역능을 증대하는 것을 의미한다. 그런 의미에서 아우토미아 운동은 총체적 '자유'를 위한 노동자들의 정치적 역량을 구성하고, 그들로 하여금 직접적인 정치 행동을 촉구하는 프로그램이라 할 수 있다.[7]

우선 이탈리아 아우토노미아 운동은 기독교 민주당과의 타협하면서 노동자들의 양보와 희생을 통해 자본주의의 발전을 주장한 이탈리아 공산당의 개량주의 노선에 대한 반발로 출발했다. 노동자 계급의 내적 변화와 현실적 욕구를 전혀 반영하지 못하고 일방적인 명령만을 부과한 노동조합에 대한 반감도 중요한 계기였다. 특히 1960년대 공산당은 중도좌익 정부를 표방한 사회당의 경제 개혁 정책에도 미치지 못하고 의회투쟁에 몰두하면서 노조들에게는 합법적인 임금 투쟁만을 '명령'함으로써 노동 대중들의 광범위한 불만을 자초하였다. 이른바 '토대에서의 아우토노미아'는 공산당의 후원을 받는 조합 대표들에 대항하여 고안된 것으로서, 이는 임금 인상 요구를 넘어서 노동관계는 물론이고 노동 그 자체의 근본적 변화를 요구한다. 아우토노미아 운동에 동조하는 노동자들은 공식 노조가 자신들을 제대로 '대표'하지 못한다는 자각 아래 노동자 계급의 '독자성'을 강조하면서 '노동자 운동의 혁명적 자율성, 완전한 자율성'을 선언하기에 이른다. 네그리도 참여했던 잡지 『붉은 노트 Quaderni Rossi』는 전국적으로 확산된 자율주의 운동의 전령사였다. 자율주의자들은 사회당이나 공산당의 노골적인 비난에도 불구하고 이탈리아 정치운동의 일부가 되었다.

---

7 이탈리아 아우토노미아 운동의 흐름에 관해서는 윤수종: 「이탈리아의 아우토노미아 운동」, 『진보평론』 14호, 1996과 M. Birkner / R. Foltin: (Post-) Operaismus. Von der Arbeiterautonomie zur Multitude, Stuttgart 2006을 참조했다.

이후 네그리는 노동자들의 직접 행동을 강조했던 트론티(M. Tronti)와 함께 『노동자계급』을 출간한다. 이 잡지의 구성원들은 정치적인 직접 행동들을 계급투쟁과 연결하고자 했고 노동거부와 사보타지 등의 구체적 실천 방안을 제시했다. 특히 트론티의 경우 신자본주의하의 사회는 결국 담장 없는, 생활의 모든 측면이 자본의 체제에 포획되는 공장이 될 것이라고 전망하면서, 공장은 모든 사회에 대한 자신의 배타적인 지배를 확장할 것이라고 주장했다. 이는 이후 네그리의 '사회적 공장(social factory)'과 '사회적 노동자(social worker)'의 개념을 선취한 것이었다[8]. 트론티는 이러한 배타적 지배에 대한 직접 투쟁, 즉 "사회적 생산관계 안에서 사회체계에 반대하는 전반적 투쟁을 계획하고 부르주아 사회를 자본주의적 생산의 내부로부터 위기에 빠뜨리는 것이 필요하다"[9]고 주장했다.

여기서 '노동거부'는 단순히 모든 노동을 거부하는 것이 아니라 노동자들을 소외시키는 '죽은 노동'으로부터의 해방을 의미했다. 반면 대안으로서 '산 노동'은 노동자들을 자본의 체제에 포획되지 않도록 하는 노동으로서 여기서 노동거부는 자본주의에 대한 절대적 비협력의 전술로 제안되었다. 이후 노동거부는 공장 규율의 거부로 이어지면서 공장 내 명령 체계를 존속시키려고 했던 노조와 이를 지지했던

---

8 이 개념들에 따르면 자본은 더 이상 공장이나 사무실에서의 노동 시간 안에서 이뤄지는 직접적인 활동을 지배하는 것에 그치지 않고 사회 전체를 지배하는 길로 나아가고 있다는 것, 따라서 전통적인 산업 노동자의 형상 속에서 자본에 종속된 자의 모습을 찾으려하는 것은 무망하다는 것, 우리가 만들어내는 다양한 집합적인 지적 활동과 사회적인 상호 작용 자체로부터 가치를 얻어내기에 자본은 삶-정치적인 권력이 되었다. 이러한 주장은 『제국』에서 상술되고 있다.

9 M. Birkner / R. Foltin: 앞의 책, 28쪽.

공산당의 미온적인 투쟁을 비판하면서 다각적인 실천을 전개한다. 노동자계급의 독자성과 자율성을 강조하는 '노동자주의(operaismo, workerism)'는 이러한 아우토미아 운동의 출발점으로 되었다.

하지만 '68혁명'을 경험하면서 이탈리아 자율운동은 공장을 벗어나기 시작한다. 이제 실천들은 사회의 일상 영역으로 확장됨과 동시에 대학이나 페미니스트 등의 외부적 흐름들과 적극 연대하면서 그 외연과 이념적 깊이를 더해가는 것이다. 주지하다시피 다른 유럽 국가들과 달리 이탈리아의 68운동은 대학의 민주화 요구와 노동자 투쟁이 적극적으로 융합했다는 점에서 그 특이성을 지니고 있었다. 학생들의 요구는 노동자들에게 적극적으로 수렴되면서 이론과 실천면에서 자율적인 면모를 강화해 나갔다. 당시 새로 조직된 '공동기층위원회(Comitato Unitario di Base)'는 모든 노동자들에게 파업집회를 개방했고 '우리 모두가 대표'라는 슬로건 아래 투쟁을 전개했다. 이는 특히 정규직 노동자와 비정규직 노동자 모두 참여하고 노동자들의 직접 통제를 받는 새로운 조직이었다. 이후 이탈리아의 자율주의 운동은 '공장에서 사회로' 더욱 그 외연을 넓힘과 동시에 그 갈래들의 다양한 분화를 경험하게 된다.

특히 페미니즘 운동은 자율주의 운동으로 하여금 거시적 수준의 정치 운동과 더불어 '개인의 정치학'이라는 미시적 일상 정치에 관심을 기울이게 한다. 이로써 자율주의는 대안적 사회운동으로서 의미를 띠기 시작하며 변혁 주체나 실천과 관련하여 몇몇 중요한 확장과 변화를 경험한다. 이를테면 노동운동의 경우 '모든' 노동자들이 대표 선출에 참여하였고, 선출된 대표들은 언제든 소환될 수 있었다. 그리고 조직에서 배제되거나 소외된 위치에 있던 비정규직 노동자들, 여성이나 이주 노동자들 등까지도 조직 가입의 대상이었고 그들의 입장을 적극 반영하려고 하였다. 나아가 공장의 생산과정을 정지시키고 계약타결을 변경해가는 파업과 달리 공간 전체를 노동자가 장악해가는 공장 점거 운동은 일상 속에서 새로운 생활양식을 실험하려는 공동체투쟁에 중요한 영향을 준다. 빈 공동주택에 대한 대중적 점거, 지속적인 임대료 파업 등의 주거조건 개선 투쟁, 식료품비 인상, 비싼 운송 요금('붉은 시장' 운동), 열악한 학교(책의 무상 제공, 무료 운송, 시험 없애기, 교육에서 계급적 편견 제거하기, 지역 공동체에 학교 개설하기 등) 및 의료시설(붉은 건강 센터의 개설), 감옥환경에 맞선 투쟁은 노조를 넘어서는 투쟁이었지만 당시 자율주의적 노동운동의 실천이 사회적으로 확장된 것이었다. 이는 노조나 어떤 대표를 거치지 않고 직접성에 의거하면서 자본가들의 통제에서 벗어난 생활방식을, 자신들에 대한 새로운 정체성을 확보해나가려는 실천으로 평가할 수 있다.

일상에서의 다양한 변화를 가져오려는 이러한 실험들은 기존의 자율주의 운동이 노동자계급 문화를 창조하고 '노동자적 관점'에서 문화를 비판한다는 계획에 집중하면서 실천을 너무 공장 영역에 한정했던 것에 대한 자기반성의 의미를 담고 있었다. 이는 '사회적 공장'이라는 자율주의의 현실 인식과도 배치되는 것이었다. 따라서 저항의 힘을 공장을 넘어서 해석하고 연결할 수 있는 자율주의적 노동운동의 능력을 확보하는 것이 중요한 과제로 제기되었는데, 청년 운동과 여성운동과의 적극적인 연대의 노력은 이에 중요한 기여를 한다. 이로써 노동자 정치에 가려 제 목소리를 내지 못하던 청년 운동은 문화혁명과 반문화, 대항정보라는 주제 아래 자율주의적 노동 운동과의 적극적인 연대를 모색하게 된다. 당시 '청년'은 배제(변두리에 삶), 주변성(노동시장의 경계선에 있음), 일탈을 의미했다. 그들은 다수적 운동의 주변에서 체제에 통합되지 않고 기존의 가치들을 비판할 수 있는 위치를 점하고 있었다. 청년 운동은 프롤레타리아 청년집단의 조직, 건물들의 점거, 운송요금 및 영화입장권 자율 축소운동, 자유 라디오방송국 설립 운동, 다양한 페스티벌과 이벤트 개최 등의 대사회적 실천, 성해방의 이념과 욕망의 긍정 등 기존의 운동에 이질적인 실천과 이념들을 적극 수용함으로써 노동운동의 의미 있는 변화에도 영향을 주었다. 이로써 자유시간의 재 전유를 위한 투쟁, 자유 공간의 창출, 제도 '밖' 좌파 운동의 정치 비판 및 반권위주의가 노동운동의 중요한 목표로 재조정된다. '노동이 사회생활과 진보에서 근본적'이라는 이데올로기를 거부하면서, 생산과 노동을 중시하는 자본 논리보다는 인간의 삶과 욕망에 따라 시간과 공간 자체가 조직되어야 한다는 새로운 윤리가 자율주의 운동의 한 성분이 된 것은 이러한 청년 운동의 영향 때문이었다. 하지만 청년운동과 자율주의적 노동운동의 이러한 만남에 대해 정부나 공산당은 불편한 기색을 감추지 않는다. 그도 그럴 것이 이러한 실험들은 당시 보수적인 정부가 입안·시행했고 공산당이 지지했던 내핍정책과 '위기 이데올로기'에 대한 저항의 표현이었기 때문이다.

게다가 자율주의와 결합한 여성운동은 이혼문제 · 자율낙태와 가사노동을 위한 임금 책정 등 미시적인 일상 문제에 소극적이던 공산당을 비판하면서 개인적인 것이 정치적인 것과 결부되어 있음에 주의를 환기시킨다. 이를테면 '불법' 자율낙태를 시민권으로 옹호하면서 자율주의운동과 여성운동은 전국적인 지지를 얻게 되는데 이러한 투쟁을 통해 개인적인 것(미시적인 것)을 거시 정치적 실천의 영역으로 끌어낼 수 있었으며 기존의 제반 사회적 가치들의 극복이라는 보다 광범위한 의제를 적극 수용하는 계기가 마련된다. 또한 여성운동은 느슨하고 비공식적인 구조들의 운용과 직접적이고 자율적인 투쟁, 개인적이고 자연스러운 행동과 발언 등을 중시했는데, 이는 위기에 빠져 있던 노동자 운동과 좌파 운동의 대안적 정치학으로 수용되었다. 평등을 전제하면서 통일을 주장하는 것이 아니라, 차이의 인정 속에서의 해방과 자율이라는 전망은 여성운동과의 접속에서 구체성을 띠기 시작한다. 차이를 인식하는 데서 그치는 것이 아니라 차이를 주장하고 확립함으로써 차이와 특이성(단독성, singularity)을 운동의 동력으로 삼으려는 태도, 개인적인 것과 정치적인 것의 통합, 당이나 제도로부터 승인받는 공적 조직이기에 집착하기보다는 잠재적이고 드러나지 않는 구조들을 지닌 하나의 영역으로 남기, 교환가치에 의해 코드화되지 않은 다양한 실천들의 감행 등은 자기 외부의 실천들을 적극 수렴하는 가운데 자기 증식의 과정을 거친 이탈리아 자율주의 운동의 특장이었다.

## 자율과 다중

주지하다시피 아우토노미아 운동은 (이태리) 공산당이나 구좌파들과 대결 속에서 그 모습을 갖추어 왔다. 대결의 중심은 전위(당)을 둘러싼 문제였다. 네그리는 '모든 권력을 소비에트로!'라는 레닌의 슬로건이 전위당의 지도를 받아야 한다는 노선으로 대체된 데에서 러시아 혁명의 실패가 예고되었다고 본다. 물론 러시아의 후진적인 경제 상황 때문에 착취에 대항한 투쟁이 경제적 발전(성장)을 지지하는 정책과 병행될 수밖에 없었음을 그 역시 인정한다. 하지만 그 이후에도 일부 기술 경제 관료 중심의 전위당 노선이 고수되면서 당은 노동자계급을 '대표'하는 사람들을 더 이상 필요하지 않게 되었다고 비판한다. 네그리는 이에 당의 무용함이 아니라 새로운 당의 필요성을 역설한다. 그가 보기에 파리 코뮌이나 러시아의 소비에트 등은 대중의 활동에 기초하고 있기에 정당한 권력의 원천이 될 수 있었다. 새로운 당의 구성을 위해 그는 레닌과 로자 룩셈부르크의 결합, 즉 전위와 대중적 과정의 접속을 강조한다. 네그리에 따르면 대중의 발의에 기초한 대중의 전위당은 임금투쟁과 혁명적 권력 투쟁을 통일해야 하고, 자본의 힘이 계급에 대해 가지고 있는 신비화된 상을 파괴하고 자본의 지배를 파괴하는 것을 주된 임무로 삼아야 한다. 새로운 당은 지도와 감독 기관이 아니라 단순히 노동자 권력의 실행기관에 불과하며 자본주의적 가치증식의 대립물이다. 노동자의 자주성을 우선하는 가운데, 당은 노동자계급의 운동에 종속되어야 한다. 노동자계급의 자주적인 활동이 당을 주도하는 한에서만 당의 활동이 의미를 얻을 수 있기 때문이다.

68혁명 이후 사회적 노동자의 등장과 자본주의적 재생산 영역을 파괴하는 새로운 노동자 운동의 필요성이 중시되면서 네그리의 개방적인 전위당론은 약간의 수정을 경험한다. 이제는 노동자의 자주적인 '구성'의 문제, 자기가치증식의 문제, 주체 역능의 활성화라는 문제가 핵심 과제로 제출된다. 당은 노동자의 자기가치증식을 위한 촉매로서 프롤레타리아 권력의 한 기능이고 그 지도력은 조직된 대중 속에 존재한다는 것이다. 요점은 자본주의의 극복과 대안 사회의 구성은 끊임없는 자율의 실전 속에서만 가능하다는 것이다. 이를 위해서는 개인적 차원의 문제를 포함하는 '다양성의 통일'이 중요한데, 이는 자율적 대중들이 직접 자기가치증식 과정에 참여함으로써 가능하지 당에 의한 지도나 매개에 의해서는 불가능하다. 네그리에 따르면 아우토노미아는 다수의 조직망, 모든 합법적·비합법적 투쟁의 동원, 모든 '분자적 리좀 조직'[10]의 조정과 협력 및 소통으로 구성된다. 물론 전술적으로 당이나 노동조합 같은 '몰적' 조직과 투쟁이 동원될 수 있고, 실제로 분자적 운동과 '몰적' 운동의 접속은 운동의 성취에 중요한 요인임을 네그리 역시 인정한다. 하지만 이러한 접속의 과정이 몰적 운동의 일방적 지도로 귀결되어서는 안 되

---

10 '리좀(rhizome)'은 복수성을 하나의 통일적 코드에 복속시키거나 중심축을 따라 배열하고 분절하는 수목(樹木, Baum)적 이항 모델과 다른 상(狀)이다. 기원이나 목적에 집착하며 초월적 일자(一者)에 기대는 수목적 체계와 달리, 통일성이나 위계적 서열 없이 중심이 제거된 체계인 것이다. 가령 국가나 당, 노동조합, 운동 조직 등이 자기와 다른 목소리를 억압하고 고정된 정체성을 지키려 한다면 수목형 조직으로 분류되기 십상이다. 반면 리좀은 계속적으로 다른 목소리 혹은 운동과 접속해가면서 계열들을 만들어내고 와해시키고 복잡한 관계들을 통해서 새로운 배치들을 구성하는 '변이(Variation)'의 과정이라 할 수 있다.

고 몰적 조직과 분자적 조직 상호간의 역동적 촉발과 생성을 위한 기폭제가 되어야 함을 역설한다.

조직과 실천면에서 새로운 기획을 요구하는 아우토노미아 운동의 주체는 '다중(multitude)'이다. 이는 스피노자와 들뢰즈 · 가타리의 '구성' 개념에 영향을 받은 것이다. 스피노자는 지배 '권력'에 대해 '역능(포텐차)' 개념을 우위에 둔다. 이는 권력의 안정성과 절대성을 뒤흔드는 거시적 · 미시적 실천들을 통한 구성 및 생성의 개방성과 미완결성을 의미한다. 스피노자에게 역능은 존재의 물질적 생산 및 구성을 위한 주체적 힘이다. 그는 '다중'적인 인간 행위를 세계 구성적 실천으로 해석한다. 네그리는 욕망과 집단적 '상상'(창조적 생산의 원칙)에 기초한 구성적 존재론을 스피노자 사유의 핵심으로 간주한다. 스피노자는 욕구와 욕망 속에서 인간 생활의 실제적인 물질적 기초, 갈등, 인간적 생산의 집단적 생산성을 승인하는 새로운 사유의 지대를 구상했다는 것이다.[11] 스피노자는 네그리에게 다중의 잠재력에 기초를 둔 구성 권력의 전망, 즉 코뮤니즘에 대한 새로운 비전 마련에 중요한 계기를 제공한다. 네그리는 코뮤니즘에 대해 개인과 집단들이 자신만의 특이성이 인정되고 해방되는 공동체를 구성하는 영속적 과정이며, 노동해방과 주체성의 해방을 접속시킴으로써 사회적 '개인'의 발전을 가져오는 '끈기 있는' 실천으로 해석한다.

네그리가 제자 마이클 하트와 함께 쓴 『제국』에서 다중은 제국을

11 김현/ 이회진: 「정치적 실천의 주체로서 프롤레타리아트와 다중」, 『시대와 철학』 2007년 제18권 2호, 305~308쪽 참조.

극복할 세력으로 결정화된다. 다중은 "자본주의적 생산 및 재생산 규범들에 의해 착취되고 그 규범들에 종속되는 모든 사람들을 포함하는 광범위한 범주"[12]이다. 여기에는 프롤레타리아트뿐만 아니라 새로운 자본주의 체제 속에서 착취와 억압을 경험하는 모든 이들이 포함된다. 새로운 주체로 '다중'이 떠오르게 된 데에는 생산의 정보화 및 '비물질 노동'의 비약적 증가로 인해 프롤레타리아트에 기댄 혁명이 불가능하게 되었다는 인식이 자리하고 있다. 『제국』에 따르면 다중은 하나의 통일체로서 주민의 대표를 의미하는 '인민' 개념과 구별되며, 능동적 복수성이자 자율성을 지닌 다양성의 총체이다.(제국, 13) "근대적 인민 개념이 국민국가의 산물이라면"(제국, 150), "다중은 복수성, 특이성들의 구도, 관계들의 열린 집합"으로 탈근대적·포스트포드주의적 제국 주권의 산물이다. 다중의 주체 개념을 통해 과거 프롤레타리아트 개념이 포괄하지 못했던 이주민, 실업자, 부랑자, 빈민, 여성, 학생, 비정규직, 룸펜 프롤레타리아트 등이 새로운 주체로 부상한다. 나아가 생산적 협동과 감응의 네트워크 속에서 자율적 정치의 장을 열 수 있으리라는 저자들의 희망 속에 다중은 제국 시대의 주체로 평가된다.

그러나 유의할 것은 다중이 기존 프롤레타리아트의 집중된 힘을 분산시키는 리좀적 주체라고 해서 이를 무차별적 군중(mob)으로 오해해서는 안 된다. 다중은 특이성을 보존하면서도 '공통성'를 형성해가는 능동적 주체성을 의미하기 때문이다. '공통성'은 과거 공동

---

12 네그리/ M. 하트: 『제국』, 윤수종 역, 이학사 2005, 91쪽. 이하 '제국'으로 약칭함.

체들이 조직의 행동 통일을 위해 단일한 목소리를 강제했던 것과 달리 각자의 다양성과 이질성을 혼합하면서 합의와 소통을 통해 구성해낸 그들 사이의 공통의 질을 의미한다. 네그리 · 하트에 따르면 다중은 비물질 노동 고유의 협동과 소통 가능성을 전유하고 이미 노동 전 과정에 보편화되어 있는 네트워크 조직망을 전유함으로써 "포괄하라, 구별하라, 관리하라"(제국, 269)는 제국의 세 가지 명령체계에 대항할 수 있는 대항-제국을 구성할 수 있다. 제국 시대 다중의 과제는 "도주, 탈출, 유목주의"(제국, 283) 원칙을 통해 제국으로부터의 탈주를 감행한다는 것이다.

하지만 네그리나 하트 자신들의 고백처럼 다중의 정치적 운동 가능성은 시론적 성격만을 띤다. 다중이 획득해야 하는 전-지구적 시민권, 사회적 임금권 등에 대한 요구는 강령적 요구로 제시될 뿐이다. 『제국』의 저자들은 다중의 저항적 잠재력을 낙관하고 있지만 그것을 현실에서의 실천적인 힘과 동일시할 수는 없는 법이다. 이를테면 지난 쇠고기 수입 반대 촛불시위에서 다중은 자신의 저항적 잠재력을 '잠시' 보여주었지만 그 이후의 현실은 실망스럽기만 하다. 그리고 촛불은 중산층의 욕망에서 완전히 벗어나지도 못했다. 비정규직 문제나 용산 철거민 등 사회 약자가 있는 곳을 밝히지 못했기 때문이다. 다중의 실천은 아름답지만 계급문제에 무력하거나 둔감할 경우에 대한 경계가 추가되어야 할 대목이다. 제국 주권의 확장 속에서 다중의 소통은 새로운 사회로 가는 동력이 될 수도 있지만 파편화된 개인들로 존재하면서 기존의 체제를 강화하는 알리

바이를 제공할 수도 있기 때문이다.

물론 자율적 능력을 상실한 다중의 자기 긍정적 역능을 회복해야 하며 지속적인 적대(저항)를 통해 제국에 균열을 내야 한다는 당위에는 누구나 동의할 수 있다. 그러나 네트워크에 기초한 협력과 소통 가능성의 확장은 여러 곳에서 확인되고 있지만, 그에 못지않게 제국의 저항과 포획 역시 강화되고 있다. 오히려 우리에게 필요한 것은 다중 개개인의 생성적 역능에도 불구하고 그들이 분열을 일으키고 체제의 '좀비'로 살아가게 되는 원인들에 대한 면밀한 분석이 필요하다. 그리고 "필요한 무기들은 바로 대중의 창조적이고 예언적인 힘 안에 있는 것은 아닌가, (…) 우리는 이미 무기와 돈을 갖고 있지 않은가"(제국, 107)를 자신하기에 앞서, 진보적인 '몰적' 조직들(진보정당, 노동조합 등)과의 새로운 관계 설정이 요구되는 것은 아닌지 신중하게 검토해야 할 것이다. 그들은 무조건 배제되어야 할 대상이 아니라 비판과 연대의 파트너일 수 있기 때문이다. 분자적 조직과 몰적 조직은 이분법적 대당이 아니라, 상호 협력과 보완, 생산적 긴장의 관계에 있어야 하기 때문이다. 적어도 한국의 상황에서는 말이다.

이를테면 최근의 튀니지와 이집트에서 시작된 민중 저항은 네그리의 논의와 관련하여 우리에게 중요한 시사점을 제공하고 있다. 특정 정치지도자나 계획 없이 폭발한 이 저항은 조직되지 않은 덕분에 성공할 수 있었다. 민중들은 인터넷이나 SNS를 통한 네트워크 덕분에 하나로 뭉칠 수 있었다. 그렇게 해서 장기 독재정권을 무너뜨릴 수 있었지만, 그러한 항거에는 결정적인 약점이 있었다. 지도

자와 정치 프로그램이 없고, 물러난 권력을 대신해 사회를 관리할 능력이 부족하다는 점이 문제로 남은 것이다. 그리고 지금 '중동의 봄'은 종교 국가로의 퇴행의 징후마저 드러내고 있다. 물론 네그리라면 '다중'은 끊임없이 대안적인 '코뮨'을 개발하고 구성한다고 하겠지만, 현실적으로 봉기를 통해 권력을 무너뜨린 다중은 곧 진정되고 마는 경향이 강하다. 문제는 혼돈(카오스)에 대한 두려움을 딛고 자율적 자기 관리 능력과 정치적 현실주의의 접속을 통해 새로운 사회 형태를 창안하는 것이다. 네그리에게 부족한 무엇이 있다면 바로 이러한 현실주의에 대한 감각일 것이다. 그런 점에서 네그리의 '다중'은 '몰적' 조직체가 늘 '열린' 조직일 수 있도록, 즉 고인물이 썩는 것처럼 한 곳에 정체되지 않도록 견제하고 협력하는 가운데, 기존의 '몰적' 조직들을 활용할 수 있는 지혜를 갖추어야 한다는 새로운 도전을 고민해야 한다.

### 제국에 맞서 대항 제국을!!

들뢰즈 · 가타리는 『천의 고원』의 결론부에서 "자본주의에 실현 모델을 제공해 준 것이 근대 국가라면, 이렇게 해서 실현된 것은 세계적 규모의 독립된 공리계로서, 그것은 유일한 '도시', 거대 도시 또는 '거대 기계'가 되어 국가는 이것의 일부분, 시의 한 구역에 지나지 않게 된다"[13]고 전망한 바 있다. 네그리 · 하트는 이러한 주장을 변주함으로써 '제국'론의 토대로 삼고 있다. 『제국』은 '제국'이라는 새로운 '주권 권력'의 도래를 선포하면서 시작한다. 전 세계적 '지구화'로 인해 국민국가가 쇠퇴하고 그 대신 지구적 수준에서 '제국'이라는 새로운 주권 형태가 나타났다는 것이다. 그 결과 어떤 강력한 국가(이를테면 유사-제국처럼 보이는 미국)도 독단적으로 지구 질서를 유지하는 것이 불가능하게 되었다. '테러와의 전쟁'을 벌이는 미국이 중국이나 남미 좌파-블럭 등의 반발에 직면한 것, 세계금융위기를 계기로 만들어진 'G20'이 별 성과 없이 끝난 데에서 알 수 있듯이 말이다. 그런 의미에서 주권은 이제 '일국적' 기관들과 '초국적' 기관들이 구성하는 정치적, 법적, 제도적 네트워크 형태를 취하게 되었다는 것이 네그리 · 하트의 판단이다.

물론 '제국' 네트워크는 평등한 연대체는 아니다. 그것은 개별 국가, 민족, 지역, 영역을 일종의 수직적 피라미드처럼 구성하고 있기 때문이다. 여기서 피라미드는 과거보다 강화된 권력의 서열을 보여주며 지배 기관들의 복잡하고 정교한 협력적 통치를 행사한다. 우선 '제국' 주권체의 최상단에는 미국이 자리한다. 지구제국을 지키는 용병국가인 미국은 전 지구적 무력사용에 대한 헤게모니를 이용하여 전 세계에 산재한 미군과 동맹국 군대들을 제국 수호의 용병('연합군')으로 활용한다. 그 아래에 전 지구적 통화수단을 통제하면서 국제적인 금융거래를 조절하는 국가들의 연합체(G8, G20, 세계경제포럼 등)가 자리한다. 또 그 아래에는 북대서양조약기구(NATO)와 같은

13 G. Deleuze/ F. Guattari: A Thousand Plateaus: Capitalism and Schizophrenia II, Trans. B. Massumi, Minneapolis 1987, 576쪽.

군사적 혹은 재정적 수준에서 헤게모니를 행사하는 국제기관들이 있다. 이들은 제국을 '통합'하는 '군주층'이다. 또 군주층 아래에는 초국적 기업들이나 시장을 조직하는 세력들(세계무역기구, 세계은행, IMF 같은 국제경제기구들)과 영토화된 국민국가(EU와 같은 연합체)가 '귀족층'을 형성하고 있다. 그 아래에는 '민주층'이 있는데, 이는 제국의 질서 아래에서 민중의 이해를 '대의'함으로써 제국의 작동에 기여한다. 다중을 '대의'하는 국민국가들, 미디어들, 비정부기구들(NGO)이 여기에 속한다.(제국, 220~225)

제국의 이러한 피라미드는 크고 작은 수많은 권력체들이 위계화된 그물 속에 '마디'들로 연결되어 있음을 보여준다. 권력의 복합체로서 제국은 다중의 삶의 활력(역능)을 권력의 흐름으로 바꾸어 놓는다. '민주층'의 대의 회로를 거친 힘들을 '귀족층'에서 마디마디 절합하면 '군주층'이 통합하여 단일한 명령(보편공리)으로 만들어낸다. 제국의 이데올로기인 신자유주의는 자본 착취의 무한한 자유를, 테러에 대한 전쟁은 자유에 대한 다중의 욕망 억압을 보편 공리로 만든다. 크고 작은 제국의 이러한 명령을 통해 다중의 생산적 활력은 제국을 살찌우는 에너지로 된다. 물론 미국 '일방주의 내지 예외주의'에 기초한 이라크 전쟁에서 우리는 단일 제국으로서의 미국을 볼 수도 있다. 하지만 네그리에 따르면 이는 '제국'에 대한 미국의 제국주의적 '쿠데타'이며 일탈이었기에 실패로 돌아갔다.

네그리·하트에게 '제국'은 혼합된 정체, 탈중심성, 외부의 부재라는 특징을 갖는다. '제국'은 과거 제국주의처럼 영토의 분할보다는 탈중심화, 탈영토화의 특징을 지닌다. 그리고 그것은 '매끄러운 공간'을 움직이며 그것을 자본의 '홈 패인 공간'으로 다시 포획해버리는 이중성을 지닌다. "전지구화=글로벌라이제이션의 경제적 · 문화적 교환들을 효과적으로 규제하는 정치적 주체, 세계를 통치하는 지고한 권력"(제국, 15)으로서 제국은 WTO, GATT, NATO, FIFA, IMF 등의 새로운 사법적 질서를 대표하는 '초국적 주권'에 근거하고 있다. 이에 힘입어 "'제국'은 힘 자체를 기반으로 하여 형성되는 것이 아니라 힘을 인권과 평화에 기여하는 것으로서 제시할 수 있는 능력을 기반으로 형성"(제국, 43)되기에 이른다. 냉전 시대와 달리 보스니아 사태 등에서처럼 제국은 물리적 개입이라는 주권 장치와 그 개입을 정당화하는 윤리적-사법적 장치들이 결합된 거대 다양체 권력이다.

이러한 현실에서 네그리 · 하트가 부여하는 주요한 시대적 과제는 제국의 실체를 이해하는 것과 반-제국 투쟁을 위한 다중들의 이질적 투쟁들을 접속하게 하고 소통시키는 것이다. 우선 제국의 '외부'는 없다. 제국에서 바깥으로서의 자연이 사라지고, 소유의 외부가 사라진다. 모든 것이 제국의 보편적인 '세계시장'에 등록되기 때문이다. 제국의 범위를 넘어서는 군대도 없다. 그리고 유목과 매끄러운 공간의 이중성을 강조했던 것처럼, 이러한 자질들은 제국의 운동을 규정한다. '세계시장'이라는 '보편 제국'의 그물망에 우리는 포획되어 있다. '외부'가 없기 때문에 제국은 근대적 배제와 억압을 통해서가 아니라 '차이의 배분'을 통해 작동한다. 제국은 억압하기보다

'관리'하고 '통치'한다. 제국은 차이의 정치학을 전유하여 새로운 위계들을 배분함으로써 위계를 관리한다. 이러한 '부드러운 지배'를 통해 제국은 부드러운 외양을 획득한다. 무력과 폭력이 아니라 세계시장의 이데올로기가 주요 지배수단이 되기 때문이다.

제국을 형성한 세계시장은 테일러주의, 포드주의, 케인즈주의 등의 자본주의적 실험들을 거쳐 형성된 세계체제이다. 물론 이러한 새로운 주권 체제의 등장 역시 다중의 능동성 혹은 적대에 대한 자본가들의 반응이라는 것이 네그리(하트)의 설명이다. 노동자들의 적대적 투쟁을 사회 편성의 일차적 요인으로 보는 이러한 태도는 『제국』 이전 시기부터 네그리가 견지해 온 입장이다. 다중들의 적대적 실천에 대한 자본 측의 대응인 제국은 생산의 정보화와 네트워크에 기반한 권력이다: "모든 생산 형태들은 '세계시장'의 네트워크들 안에 그리고 서비스의 정보공학적 생산들의 지배 아래 존재한다."(제국, 397) 정보와 커뮤니케이션이 생산을 지배하는 상황의 도래와 함께 서비스, 문화상품, 지식생산, 소통 사업 등 '비물질 노동'이 등장하고 컴퓨터가 이들 사업을 보증한다. 감성적 노동이 전면으로까지 성장하고 독점 언론재벌, 초국적 문화산업, 할리우드, 마이크로소프트, IBM 등 정보 · 커뮤니케이션 권력이 제국의 주요 파트너가 된 것도 자본 내부의 이러한 변동과 무관하지 않다. 제국은 "언어적-소통적-감성적 네트워크"(제국, 387)들을 통해 주체의 창조적 에너지를 자유롭게 표현하도록 독려한다. 그리고 다중의 에너지를 흡수하여 세계시장의 유지와 확산을 위한 전제로 삼는다.

네그리 · 하트가 보기에 제국의 뒷받침 덕분에 초국적 기업들은 국민국가를 초월한다. 오늘날 국민국가는 '제국'의 행정부로 전락하고 말았다. 국민국가들은 초국적 기업들과 원활하게 소통하는 가운데 제국적 질서를 뒷받침한다. 물론 이들이 국가의 쇠퇴를 주장하고 있는 것은 아니다. 오히려 제국의 가치를 성실히 수행하기 위해서는 국가의 역할이 더욱 정교해져야 하고 강화되어야 함을 이들은 강조한다. 제국의 마디로서 국가는 제국의 추상적 가치에 충성해야 한다. 이를테면 이제 국가는 특정 국민이 가져야 할 삶의 권리를 경제 활성화라는 가치를 앞세워 박탈하거나 국민의 요구에 귀 기울이지 않는 혹은 아예 말을 걸지 않는다. 씨넷은 이를 '컨썰팅 국가'라고 부른다. 국가도 기업의 컨썰턴트처럼 "사람들의 구체적 경험에는 관심이 없고 개혁이나 변화란 이름으로 통제는 강화하면서 책임은 지지 않는 자"[14]로 변해가고 있다는 것이다. 이제 국가는 사람들의 삶의 위기와 불안을 공공적으로 해결하고자 하는 복지정책이나 긴급구조에는 관심이 없다. 신자유주의 혹은 자유시장주의에 입각한 전지구적 '관리국가'는 국민국가 내의 재분배, 복지, 헌법주의에는 관여하지 않고 자본의 세계적 유통을 위한 관리자 역할만을 수행하려 한다. 이를 위해 국가는 국민이나 민족 같은 호명을 제멋대로 사용하면서 입맛에 맞는 특정 주체들을 국가에 적법한 주체로 묶어내면서도, 이주민이나 관리 훼방꾼들은 적극적 권력행사를 통해 외부로 추방하여 권리를 박탈한다. 우리가 오랫동안 경험했듯이 신자유

14 R. 쎄넷: 『뉴캐피탈리즘』, 유병선 역, 위즈덤하우스 2009, 27쪽.

주의적 국가에서는 국민 내부에 배제의 공간이 확장되고 그로부터 '찬탈'을 위한 폭력이 활성화된다.

미국, G8, 워싱턴과 파리 및 런던 클럽, 다보스, 훈육 단체들이 제국의 위계적 질서를 형성한다. 그리고 지구상의 모든 국가들은 이러한 위계 속에서 관리와 통제의 역할을 훌륭히 수행한다. 제국이라는 '관리사회' 혹은 새로운 '통제사회'에서 주체는 잡종성을 띠게 되며 삶은 관리되게 된다. 여기서 벗어나는 길은 '구성적 권력'을 형성하는 "노동, 지성, 열정, 그리고 감응의 공통 행위들"(제국, 458)을 창출할 수 있는 다중의 역능을 활성화하는 것이다. 물론 앞서 잠깐 언급했던 것처럼 그것의 구체적 방안은 언급되지 않는다. 다중 스스로 다양한 수준에서 펼치고 있는 투쟁들을 지구적 수준에서 연결함으로써 제국으로부터 자신을 분리하는 길만을 제시할 뿐이다. '시애틀 투쟁'과 같은 반 세계화 운동은 제국에 대항한 대표적인 싸움이다. 그러나 투쟁하는 다중의 지구적 네트워크 구성의 구체적인 가능성은 다시 독자들의 몫으로 돌려질 뿐이다.

2011년 9월17일 세계 자본주의의 심장부라 불리는 뉴욕 월가 한복판을 점거한 시위가 시작된 바 있다. 이 시위는 미국의 1000개 도시로, 1달여 만에 세계 80여 나라 1500개 도시로 확산되었다. 미약하나마 우리나라에서도 시위가 행해졌다. 하지만 그 많던 '점거'의 물결은 지금 거의 소멸한 듯 보인다. 이후 운동의 소멸에 대한 냉소가 이어졌다. 2008년 서울 한복판에서 인간답게 살 권리와 안전을 위협하는 정부에 맞섰던 소고기 수입 반대 촛불시위대에게 쏟아졌던 것과 유사한 냉소가!!

그런데 최근 안토니오 네그리와 제자 마이클 하트가 월가 점거 1돌을 맞아 펴낸 『선언』은 '99%에 대한 냉소를 중단하라'고 주장한다. 세계화라는 전 지구적 압력의 배후에서 작동하는 권력의 실체를 벗기고, 제국의 시대에 다양하게 조직되고 행동하며 지구적으로 연결되는 사람들에게 '다중(multitude)'이란 이름을 붙여준 두 사람은 월가 점거 시위는 그 혼자 단독자로 존재하는 시위가 아니라고 단정한다. 이 사건을 20세기 전세계에서 있었던 다양한 봉기들과 흐름을 같이한다고 주장하면서 말이다. 'OWS Occupy! Wall-Street!' 운동은 종속된 국가들의 국가적 채무에 대한 저항과 연속성을 갖고 있다는 것이다. 그렇게 해서 이 사건은 2001년 아르헨티나 민중 봉기, 세계은행과 아이엠에프에 반대하는 대안세계화 시위들을 거쳐, 1989년 베네수엘라, 1977년 이집트 그리고 1976년 페루에서 발생한 "아이엠에프 폭동들"로 소급된다. 또 다른 흐름은 가난한 자들에게 개인적으로 채무의 부담을 지우는 것에 대한 항의이기도 하다. 즉 전 세계적으로 구조화된 '부채경제'에 대한 저항이라는 것이다. 그들이 보기에 1992년 로스앤젤레스, 2005년 파리, 2011년 런던의 폭동들과 월가 점거 시위는 흐름을 같이한다. 이 일련의 과정 속에서 점거대들은 때로는 폭도로, 야영꾼으로, 평화주의자로 모습을 바꿔가며 시위를 이어왔고, 이어갈 것이라고 지은이들은 말한다. 즉 다중의 '대항-제국' 운동은 소멸된 것이 아니라 언제든 다른 모습으로 계속될 것이므로 미리 소멸이라고 예단하지 말자는 것이다.

이 점거대들의 공통적 속성은 무엇일까. 네그리와 하트는 현재를 살아가는 전 세계 모든 사람들이 지닌 네 가지 속성을 통찰한다. 가장 먼저 꼽히는 것은 '빚진 사람들'이다. 우리 모두가 '부채인간'이라는 속성이야말로 우리의 존재론적 조건이라는 것이다. "빚을 진다는 것은 오늘날 사회적 삶의 일반적 조건이 되어가고 있다. … 학자금 대출, 주택 구입을 위한 담보 대출, 자동차 신용 대출, 의료비를 위한 대출 등등… 대출이 사회적 욕구를 충족시키는 주요한 수단이 됨에 따라, 사회적 안전망은 복지 체계에서 채무 체계로 나아갔다."[15] 이외에도 우리는 미디어에 소외되다 못해 최면당한 사람들이다. 또한 불안을 감당하지 못해 국가에 자신을 저당 잡힌 사람들이고, 합법적으로 명령받는 사람으로 자신을 위치시키며 정치적 행동을 거세당한 사람들이기도 하다.

네그리와 하트는 '우리'에게 '함께 있기'만 하지 말고 '함께 하기'를 하라고 주문한다. 빚진 사람들이 빚을 갚지 않기로 결정하고, 미디어에 속박된 사람들이 미디어의 통제와 거짓말로부터 벗어나기로 결정하고, 대의제에 갇힌 사람들이 대표자들에 의해 지배되기를 거부하기로 결정하되, 이 결정을 '공통되게' 한다면 봉기는 새로운 질서인 '제헌'으로 지속되고 발전될 수 있다고 '선언'한다. 그는 이를 위한 실천들을 '진정한 정치'라 부른다. 그것은 빚을 '자발적 상호의존'으로, 미디어를 '제각기 생산하는 진리'로, 안전을 '두려움 없는 삶'으로 바꾸고, 나아가 독자성을 가진 개인들로 구성된 '다중'이 자

15 A. 네그리/ M. 하트: 『선언』, 조정환 역, 갈무리 2012, 23쪽.

발적 참여로 '공통적인 것'을 만들어내는 것이기도 하다. 지도자를 거부하고, 수평적 의사결정과 참여로 진행된 '월가 점령' 시위를 비롯해 무수한 '봉기'에서 이미 이러한 정치는 가시되고 있다고 네그리는 주장한다.

## 네그리의 과제들

물론 방대한 분량의 '다중론'이나 '제국론'을 이렇게 간단하게 정리하는 것은 무리다. 당위와 낙관론 사이에서 비틀거리는 네그리(하트)의 논의는 '지구화'에 따른 세계체제의 변화를 반영하고 있어 수긍할 수 있는 점들도 있지만 구체적 현실 분석과 전망 부분에서는 중요한 결함을 노정하고 있다. 그럼에도 '다중'의 신체를 매개로 이루어지는 새로운 지배 방식에 대한 언급은 지금의 시점에서 무시해버릴 수 없는 정치적 함의를 지니는 것으로 여겨진다.

『제국』의 저자들에게 '다중'은 제국 시대의 정치적, 경제적, 사회적 생산의 주체이다. 다중은 제국 주권의 정치적 포획 대상이자 생산의 기반으로서 제국의 신체이다. "명령하는 머리, 복종하는 손발, 그리고 지배자를 지탱하기 위한 기관들로 이루어진 신체"(제국, 422)를 통해 제국은 작동하기 때문이다. 인간을 에너지원으로 삼는 영화 속의 '매트릭스'처럼 말이다. 지구적 규모의 '살'('다중')을 하나의 거대한 '신체'로 조직함으로써 생겨난 주권적 신체가 제국인 셈이다. 결국 제국은 전 지구의 거시적 권력(국민국가든 민족이든)을 통제할 뿐만 아니라 소속 단위들의 협력 네트워크를 통해 다중까지 미시적으로 지배할 수 있는 '아이리스'요 '아테나'인 셈이다[16].

그런데 제국에 대한 네그리와 하트의 묘사를 보면 이 거대한 권력망에서 어떻게 출구를 마련할 수 있을까 질문에 부딪히게 된다. 여기서도 그들은 다중의 '힘'(역능, 활력)을 믿는다. 다중은 일자(一者, 제국)만이 지배할 수 있으며 복수적 주체들은 지배받을 뿐이라는 주권이론의 통념을 깰 수 있는 유일한 희망으로 간주된다. 복수적인 주체들을 하나로 통일시키려는 권력의 시도에 맞서 다중들은 자신들의 활력을 활성화할 수 있으며 협력과 연대의 다양한 실천을 감행할 수 있으리라는 것이다. 통일성 없는 복수적 특이성들의 네트워크를 구현할 수 있는 주체. 그런 점에서 다중은 다양한 차이를 하나의 정체성으로 결집한 인민, 순종적이고 종속적인 '생기 없는 잡다함'으로서의 군중이나 대중과 구별된다.

네그리 · 하트는 다중을 자본과 제국의 주권에 반대한다는 점에서 '계급적 개념'이라고 말하면서도 종래의 계급으로도 수렴될 수 없다고 선을 긋는다[17]. 그것은 생산관계 속에서 규정되는 계급 개념, 즉

---

16 물론 TV 드라마에 나오는 아이리스나 아테나 같은 조직을 제국과 동일시할 수는 없다. 제국은 세계를 움직이는 비밀조직 같은 음모론적 실체가 아니기 때문이다. 그럼에도 다음과 같은 대사는 제국이 작동하는 방식과 흡사하다: "아이리스는 김현준 씨가 상상하는 것보다 훨씬 오래 전부터 존재해온 비밀조직이오. 국제 분쟁과 군비 확장으로 막대한 이익을 얻고 있는 조직이지. 단순한 군산복합체가 아니오. 그보다 훨씬 거대한 조직이지. 아이리스는 암살과 테러를 이용해 국가간 분쟁을 유발하고, 자기네 이익에 반하는 정부를 얼마든지 전복시킬 수 있는 막강한 힘을 갖고 있소. 그들에게 국가란 이익을 주던가 주지 않던가 둘 중의 하나일 뿐이지. 대한민국은 물론, 북 정부와 군부 안에도 아이리스가 존재하고 있소. 당신이 파일해독을 통해 알아낸 것은 빙산의 일각일 뿐이오. 유감스럽게도 아이리스의 실체를 파악한 사람은 이 세상에 아직 없소. 그들이 당신을 선택했고 이용했고, 버린 것이오."

17 A. 네그리/ M. 하트: 『다중』, 조정환 외 역, 세종서적 2008, 27쪽. 이하 '다중'으로 약칭함

임금노동자라는 식의 정체성 규정을 벗어나기 때문이다. 다중은 다만 권력에 대한 집합적 저항, 제국에 대한 투쟁이라는 공통된 지향 속에서만 계급으로 규정될 뿐이다. 생명긍정성이라는 공통된 삶의 방향과 자본에 저항할 수 있는 공통의 잠재력을 가진 다중은 자본주의 혹은 제국에서 살아가는 모든 사람일 수 있다는 것이다.

그러면 다중은 어디에 있는가? 네그리와 하트는 이러한 질문 자체에 반발할 것이다. 이들에게 다중은 고정된 정체성으로 존재하는 것이 아니라 지배와 권력에 맞서는 투쟁의 현장에서 규범이나 상식에 벗어나는 공동의 삶을 끊임없이 모색하고 실전하는 수체이기 때문이다. 이를테면 쇠고기 수입반대 촛불시위에 참여한 10대들, 주부들, 비정규직노동자들, 노숙자들 등은 하나의 통일체를 형성하지 않고 자기들의 특이한 요구들을 제기하면서 소통을 통해 권력과 신자유주의에 문제를 제기한 것을 예로 들어 다중의 징후를 볼 수도 있을 것이다. 네그리도 인터뷰를 통해 이를 인정한 바 있다. 그는 또한 시애틀 투쟁 등의 반세계화운동이나 사파티스타 반군들의 저항 등을 거론하기도 한다. 따라서 억압받는 모든 사람들이 다중일 수 있겠지만, 여기에는 자본과 권력이 쌓아놓은 "벽돌 아래를 통과하는 연결 터널을 파는" 주체들이라는 제한이 따르기 때문이다. 네그리 역시 다양한 삶의 형태들과 욕망들이 서로 연결되어 '공동성'을 이룰 때 다중은 실현될 수 있음을 강조한다.(다중, 278) 하지만 촛불의 주체들이 완벽한 의미에서 다중일 수는 없을 것이다. 그들이 과연 '중산층'의 욕망으로부터 벗어났는가, 그리고 그 사건 이후 그들은 이전의 삶과 다른 삶의 방향으로 나아갔는가 하는 의문에서 벗어날 수 없기 때문이다. 그래서 네그리 역시 다중을 삶의 다양한 현장과 투쟁의 장소에 '이미' 존재하지만 '아직' 실현되지 않은 "하나의 실재적 잠재력'이라는 모호한 단서를 달고 있는지도 모른다.

네그리와 하트에 따르면 다양한 노동 형태들과 삶의 형태들은 '공동성'을 갖는 실재적인 경향이 있다. 정보화에 따른 '비물질노동'은 다중 형성의 유리한 조건을 구축하고 있다는 것이다. 비물질노동은 "지식, 정보, 소통, 관계, 또는 정서적 반응 등과 같은 비물질적 생산을 창출하는 노동"(다중, 236)이다. 그리고 아이디어나 상징, 코드, 텍스트, 이미지 등에 기초한 생산물을 생산하는 지적·언어적 노동이다. 물론 여기에는 지식정보산업이나 엔터테인먼트 산업만이 아니라 농작물 관리, 가사와 돌봄 노동, 음식점이나 대형 마트의 온갖 서비스 업종들이 포함된다. 이들 모두 정서를 교환하고 생산하며 소통과 협력의 형식을 수반하기 때문이다.

비물질노동의 상당 부분은 컴퓨터 매개 커뮤니케이션(CMC)에 기초하고 있다. 컴퓨터 기술과 네트워크 등이 노동활동과 삶의 현장에 자리 잡기 시작하면서 노동은 더욱 더 비물질 노동으로 되어가는 경향이 있다. 그로 인해 노동은 과거의 생산모델에서 소통 모델 혹은 미적 모델로 변형되고 있다는 것이다. 이는 기존의 농업이나 제조업에도 정보화의 바람을 타고 있고 비물질 노동으로 재편되고 있다. 이를테면 인터넷은 상호작용 미디어로서 과거의 일방적 커뮤니케이션의 한계를 극복하고 참여와 협력, 개방의 가능성을 보여주고 있다. 다음 아고라나 아프리카TV, 위키피디아나 위키리크스 등에서 우리는 집합적 주체로서의 '다중지성'의 가능성을 확인한 바 있다.

다중지성은 사회를 가로질러 수평적으로 확장된 지적 힘들 혹은 집단적 지성을 말한다. 특히 인터넷, 트위터나 페이스북 등의 SNS를 기반으로 정보나 지식을 공유하고 집단적으로 참여하여 정보를 확장시켜가는 과정을 생각해 볼 수 있다. 최근 대기업이나 정부, 각 사회기관들은 이를 적극 마케팅 수단으로 활용하고 있다. 하지만 이것의 힘은 정보와 지식으로부터 소외되었던 일반 대중들이 정보와 지식 생산의 주체로 나서게 되었다는 점에서 찾을 수 있을 것이다. 그래서 다수 미디어 학자들은 이러한 변화를 두고 '커뮤니케이션 혁명'이라 말하기도 한다. 네그리와 하트 역시 여기서 사회적으로 축적된 지식과 정보들이 집단적이고 협력적인 실천을 통해 발전하는 다중의 지적 힘을 확인한다. 더욱이 오늘날 기술적-과학적 지식과 실천들은 삶의 모든 영역들을 포괄하는 방향으로 확장되고 있음에 주목하라고 조언한다. 다중은 이처럼 협력과 소통에 유리한 새로운 기술 환경과 수단들을 습득하고 새로운 협력과 소통의 가능성들을 시위할 수 있는 잠재력을 키워나갈 수 있을 것이라는 희망 속에서 말이다.

물론 네그리를 일방적인 기술예찬론자로 보기는 어렵다. 그 역시 자동화와 정보화는 자본이 생존을 위해 선택한 수단들임을 분명히 하기 때문이다. 그럼에도 그는 다중이 자본 생존을 위한 새로운 기술들로 자신을 충전시키면서 코뮤니즘을 가능하게 할 주체로 될 가능성에 과도한 희망을 걸고 있는 것은 아닌지 의구심이 든다. 물론 그렇게 되면 야 좋겠지만 현실과 가까운 미래에 그의 소망이 충족될 전망은 보이지 않기 때문이다. 이를테면 컴퓨터 네트워크에 의해 과거 보다 훨씬 유리한 민주주의의 환경이 구축되었음을 인정할 수 있지만, 그러한 기술이 과연 다중에게 제대로 전유되고 있다고 볼 수 없기 때문이다.

컴퓨터 속 가상공간은 오히려 오락과 소비의 공간일 뿐 소통과 참여, 토론과 대화는 미미해보이기까지 한다. 물론 나비효과처럼 그것이 촛불시위의 큰 파장으로 연결될 수 있음을 인정하더라도, 네그리의 과도한 낙관이 현실에 대한 치밀한 분석을 방해하고 있지는 않은 지 따져볼 필요는 있다. 사실 가상사회는 우리의 현실 못지않게 계급과 세대, 성, 인종 등에 의해 계급적 차별이 존재하는 공간이다. 그래서 '디지털 격차'니 '가상계급'과 같은 개념들이 생겨나고 있는 것이다. 소통하고 협력하며 새로운 삶의 형식을 끊임없이 상상하는 다중의 집단지성이 정치적으로 유의미한 결과를 가져오기 위해서는 우선 각성된 개인이 튼실한 노드(접속점)로 튼튼히 서야 한다. 다중이 살아가는 (가상)공간은 '어떠한 방향이 미리 정해져 있는 것이 아니라 참여자들의 역동적 참여에 의해 만들어지는 것'이기 때문이다. 이는 무엇보다도 가상현실이 얼마나 그리고 어떻게 오염되고 있는지에 대한 면밀한 분석과 관심을 전제로 하는 일이기도 하다.

서비스업이나 감정 산업 등의 비물질노동에 대한 네그리의 강조에서도 유사한 문제점을 찾아볼 수 있다. 그것이 소통과 협력의 형식을 수반하고 그 과정에서 창조적이고 생산적이며 긍정적인 주체가 구성될 수 있다는 바람은 너무 비현실적이기 때문이다. 사실 자본주의는 눈에 보이는 물건뿐만 아니라 서비스까지 돈으로 사고파는 곳이다. 감정 노동은 인간에게서 돈을 주고 살 수 있는 것이 감정으로까지 확장된 경우라고 볼 수 있다. 이는 감정과 기분, 느낌까지 예전과 비교할 수 없을 정도로 조직적으로 설계돼 위로부터 철저히 관리됨을 보여준다. 자신의 솔직한 속내를 감추고 감정을 조절하는 것이 자본으로부터 요구되기 때문이다. 직장에서 '연기하는 나'와 '진짜 나'의 분리가 반복되는 가운데 직업적 능력을 발휘하다 보면 결국 우울증 등의 바람직하지 못한 정신 상태에 빠지게 되는 일이 비일비재하다. 백화점 점원이나 스튜어디스, 음식점 점원 등의 억지 '웃음'은 현대판 노동 소외의 가장 대표적인 사례일 수도 있다.

그런 점에서 네그리는 감정 노동자들의 소통과 협력을 강조하기 전에 우선 사람의 감정과 기분을 물건 취급을 하는 현실, 소통과 협력이라는 것도 자발적이지 않은 강요된 것임을 전제해야 했다. 그리고 도대체 이러한 서비스업들의 소통과 협력이 어떤 과정을 거쳐 다중을 양산할 수 있는 것인지에 대해 좀 더 면밀한 설명이 필요하다. 산업의 구조가 비물질노동으로 변하고 있다는 사실만으로 새로운 주체의 등장을 점치는 것은 무책임한 태도일 수 있기 때문이다. 오히려 이러한 변화는 지배와 감시의 메커니즘이 더 치밀해지는 '통제사회'의 어두운 그림자를 짙게 하기 때문이다.

물론 네그리와 하트가 이러한 반론들을 완전히 무시하는 것은 아니다.[18] 그들 또한 제국 시대에는 공동성에 기초한 생산 혹은 생산된 공통성을 누가 전유할 것인가를 두고 세계 자본과 다중이 일종의 계급투쟁을 벌이고 있음을 강조하고 있기 때문이다. 그들이 보기에 제국 시대의 정치는 공통성의 전유를 둘러싸고 자본과 다중이 벌이는 삶의 정치(biopolitics)이다. 공동의 것-땅, 공기, 식물, 동물, 광물 등의 자연, 공동의 언어, 화폐, 습관, 몸짓, 코드, 감정 등 사회문화적인 공공재-은 자본의 원천이기도 하지만 삶의 기반이기도 하기 때문이다. 이 점에서도 제국 시대의 생산은 '삶 정치적(biopolitical)'이다. '삶 정치'는 푸코의 '생체권력(biopower)'과 '생명정치(biopolitics)'에서 빌려온 개념이다(제국, 322). 푸코에 따르면 과거 전통사회의 권력은 군주의 생사여탈권(power of life and death)에 근거하여 구성되었다. 반면 근대국가의 권력은 생명-관리권(a life-administering power)에 근거해 구성된다. 특히 19세기 이후 근대 권력은 출생부터 죽음에 이르기까지의 전 과정에 대한 미세한 관리를 위해 생명 관리 기술을 비약적으로 발전시켰다. 이로써 인구의 생명관리와 육성(훈육)이 권력의 주요 관심사로 부상했음을 알 수 있다. 이제 권력은 공개처형과 같은 스펙터클을 통해서가 아니라 몸에 권력의 지향과 낙인을

18 가령 네그리도 현대사회가 '훈육사회'-노동자로 호명되는 주체의 훈육-이 아니라 '통제사회'로 전환되었음을 인정한다. 이 사회에서 착취의 대상이 되는 노동은 더 이상 '노동력으로서의 노동'만이 아니라 '생명활동'이며, '삶-정치'적인 것이기 때문에 자본주의는 '통제'라는 시스템을 요청할 수밖에 없다는 것이다. 오늘날의 권력은 이런 통제, 일상적이고 미시적이며 기술적인 감시들과 결합되어 있는 '통제사회'를 지향한다. 고용과 소득의 불안이라는 이중의 불안정성은 이러한 통제를 강화한다. 그렇게 자발적으로 현실을 긍정하며 기쁜 마음으로 복종하는 주체는 만들어진다. 이는 피로사회, 성과사회의 원인이기도 하다. 여기서 삶-권력의 억압과 약탈은 자기계발과 긍정 이데올로기에 의해 상상적으로 지워진다.

새겨 넣음으로써 유순하고도 치밀하게 행사된다.

네그리와 하트는 푸코가 도처에 편재하며 모세관처럼 작동하는 권력 개념을 제시했고 '다른 권력'을 찾고자 부단히 노력했음을 강조한다. 하지만 푸코의 경우 '저항'을 '다른 권력으로 명시하지만 세세한 언급은 피했다. 네그리와 하트는 그것을 권력에 저항하면서도 권력으로부터 자율성을 추구하는 특이한 주체(다중)의 생산과 연관짓는다. 그들은 이를 위한 실천을 '삶-권력'에 맞서는 '삶-정치'로 해석한다. '삶-정치'란 경제적인 것, 정치적인 것, 사회적인 것, 문화적인 것들의 경계가 무너지고 생산의 다양하고 특이한 형태들 사이에 충분한 공통적인 토대, 상호작용 그리고 소통의 가능성이 제공되는 새로운 지평을 말한다. 그들의 주장에 따르면 기존의 물질적 생산이 사회적 삶의 수단을 창출했다면, 비물질적 생산은 사회적 삶 자체와 정치적 활동의 가능성을 생산하기 때문에 삶-정치에 유리한 조건을 제공한다. 다중의 '공통성'을 약탈하려는 제국의 시도가 '삶-권력(biopower)'이라면, 이에 맞서는 다중의 '삶-정치(bio-politics)'는 삶의 과정에서 드러나는 노동의 힘'을 통해 '거대한 전환의 내적 경향'을 드러내고자 하는 운동이다.

네그리와 하트가 보기에 지금은 '공동의 부'인 자연과 환경만이 아니라 비물질노동의 생산물인 소통과 협력, 정서마저 권력과 자본의 명령에 의해 남김없이 사유화되고 상품화되고 있다[19]. 이를테면 토건자본을 살리려는 자연의 사유화(4대강 사업), 더불어 생산한 공동

19 A. Negri/ M. Hardt: Commonwealth, Belknap Press 2009, 21~23쪽 참조.

의 정보와 지식의 사유화(지식 상품화나 저작권), 커뮤니티 자체의 상품화(뉴타운 사업) 등 우리의 현실도 그렇지만, 전 지구적으로도 유사한 사례들은 비일비재하다. 포섭과 배제를 통해 생명을 관리하고 통제하는 생체권력의 야욕은 자연에까지 미치거니와 구제역 살 처분의 대상이 된 소와 돼지들은 그것을 말해준다. 제국은 이를 감추려하지만 이는 이미 '제국의 재앙'을 예고하고 있다.

네그리와 하트는 다중이 우리에게 특정한 삶의 형식을 명령하고 거기서 막대한 이윤을 얻어내는 자본주의의 생체권력에 저항하면서 통제사회와 다른 대안적 삶의 형식을 발명할 것으로 믿는다. '삶-정치'와 '삶-권력'은 '생산적인 것의 비물질화와 인지화'가 낳는 다중의 역능을 두고 벌이는 전쟁터의 두 세력이다. 오늘날은 '삶-정치와 삶-권력의 투쟁'이 전면화하고 있는 시기이다. 하지만 이들은 다중에게 생명을 긍정하고 자본과 제국 '외부'의 삶을 상상할 수 있는 '역능'과 '공통성'이 있다고 본다. 특히 빗물질노동을 통해 획득한 다중의 인지는 "인식 주체 바깥에 있는 어떤 저 세계의 표상이 아니라 삶의 과정 속에서 어느 한 세계를 끊임없이 산출하는 일"[20]이다. 이는 새로운 세계를 산출하는 적극적이고 능동적인 힘으로서 제국에 대항하는 대항-제국의 가능성을 열어줄 것이라고 전망한다.

그런데 다중의 역능에 대한 이러한 믿음은 도대체 어디서 나온 것일까? 네그리와 하트의 믿음은 삶을 지배하는 생체권력이 삶의 권력, 즉 삶 정치를 전제한다는 사실에 그 근거를 두고 있다. 다중

20 같은 책, 71쪽.

의 에너지가 없으면 제국이라는 매트릭스는 허물어지고 만다는 것이다. 이는 자본주의의 중요한 국면들과 주권의 변화들이 능동적인 프롤레타리아('사회적 노동자')의 저항에 대한 수세적 대응이었다는 과거의 주장이 제국 시대에 와서 되풀이되고 있는 것이기도 하다. 자본은 사유화와 상품화를 통해 우리 공동의 것(공동의 자원, 공동의 협력)의 존재를 은폐하거나 억압하지만, 역설적으로 그것은 다중의 저항에 대한 제국의 '생체정치'적 대응이기도 하다는 것이다. 나아가 '공동의 재화'에는 저항성이 내장되어 있다. 이를테면 자본은 디지털 기술을 자신의 생산수단으로 전유하고자 하지만, 공동의 네트워크는 무한한 확장성을 가지고서 자본과 권력의 명령을 늘 초과할 가능성을 내장하고 있다. 또한 최근 사회적으로 유행하고 있는 '창의성' 담론이 말해주듯, 자본은 창의성과 다중의 혁신을 전제할 수밖에 없다. 하지만 네그리와 하트는 자본이 다중의 창의성 전부를 포획하지 못하고 그의 명령에 반하는 흐름을 생산하고 있으며 이것이 더욱 가속화되리라는 '희망 섞인' 진단과 전망을 내놓는다.

네그리와 하트의 이러한 주장들은 다분히 관념적이고 '주의주의'적인 면이 강하다. 그렇다고 그들을 세계화 예찬론자니 지배세력과의 제휴 세력으로 폄하하는 것은 무리일 것이다. 다만 그들이 경청할만한 몇몇 비판들이 제출되었고, 이를 통해 자신들의 이론을 더욱 정교화 해야 할 필요는 있다. 이를테면 다중의 활력을 긍정할 수 있지만, 다중의 자율성과 특이성이 통일을 요구하는 정치적 행동과 상충될 수 있다거나(Pierre Macherey), 다중의 다양성에도 불구하고 하나의 헤게모니적 힘이 행사되지 않으면 정치적으로 무력하다는 비판에 제국론은 대답을 할 수 있어야 한다. 그것이 현실 운동을 위한 이론적 자산으로서 제 몫을 하고자 한다면 말이다. 그리고 다중의 공동 수단들(언어, 커뮤니케이션, 정서, 지식 등) 자체는 좋은 것도 나쁜 것도 아니라는 비르노의 지적도 있다. 다중 개념 자체도 행동의 진보성이나 반체제성을 담보할 어떤 기준도 없으며 어디로든 튈 가능성이 있다는 발리바의 비판도 귀 담아 들어야 할 대목이다. 비판의 결정판은 지젝과 바디우가 제공한다. 다중의 다양성과 네트워크 구조는 자본의 탈중심화되고 탈영토화된 운동의 거울 구조에 불과하고(지젝), 다중의 운동 역시 향유할 권리만 시끄럽게 주장할 뿐 단련의 어떤 형식도 회피하는 쁘띠 부르주아 대중운동의 진부한 반복(바디우)에 불과하다는 비판 말이다.[21]

네그리와 하트 나름대로 이러한 비판에 답을 내놓으려 시도하기는 한다. 우선 그들은 다중에 대한 생각을 바꿀 것을 주문한다. 즉 다중을 본성상 혁명적 정치 주체로 보지 말고 '정치적 조직화의 프로젝트'로 생각해 달라는 것이다. 즉 '존재'가 아니라 '생성'이 문제거니와, 다중 만들기(making the multitude)에 대한 강조가 그들의 진짜 의도라는 이야기다. 다중이 혁명적이냐 아니냐, '지금' 가능하냐 아니냐보다는 어떻게 다중을 구성할 것인가, 다중의 생성이 실패한다면 그 원인은 무엇인가, 그것을 어떻게 극복할 것인가에 대한 논의

21 H. S. Geretsried: Neomarxismus und Globalisierung. 'Empire, das Modell für eine neue Weltordnung' Globalisierungskritik bei Michael Hardt und Antonio Negri, Wintersemester 2008, 17~21쪽 참조.

의 출발로 봐달라는 것일 테다. 그리고 '통일성'과 '헤게모니'없는 운동은 불가능하다는 비판에 대해서도 '정치적인 것'에 대한 통념을 버리자고 역제안을 한다. 우선 그들은 지금의 삶 정치적 생산 환경에서는 '지휘자 없는 오케스트라'와 같은 생산이 '경향적으로' 되고 있으며, 이러한 환경에서 자본과 권력으로부터 벗어나는 삶을 일구기 위해 자기 조직화와 협력 역량을 키우는 일이야 말로 앞으로의 과제가 될 것이라고 전제한다[22]. 다중은 지금 다양한 투쟁 현장에서 싸움을 벌이고 있는 주체들이기도 하지만 앞으로 구성되어야 할 잠재적인 주체들이기도 하다. 다중의 정치적 의미는 바로 여기에 있다. 특정 헤게모니나 통일성 없이도 어떤 공동행동이 가능할 때 다중은 생성된다는 것이다. 맞는 말이기는 한데, 여전히 허기는 채워지지 않는 느낌이다.

## 네그리 이론의 공백들

그렇다면 이제 우리는 무엇을 해야 하나? 네그리와 하트는 이에 대해 분명한 답을 주지 않는다. 다만 거시적·미시적으로 작동하는 생체권력에 맞서 대안적 삶의 형식을 창안하라는 주문뿐이다. 그것을 향한 실천을 그들은 '탈출(exodus)'이라 일컫는다. '탈출'은 '지금 여기'의 부당한 현실에서 도피하는 것이 아니라 지금 우리가 있는 곳에서 자본과의 관계로부터 '탈퇴(subtraction)'하는 것이다. 자본이

22 A. Negri/ M. Hardt: Commonwealth, Belknap Press 2009, 23~24쪽 참조.

부과한 삶의 형식들을 안에서 전복하는 방식으로 말이다. 들뢰즈와 가타리의 '탈주' 개념에 대한 변형이 감지된다. 그들이 보기에 다중은 자본에 대해 '아니!'라고 말할 수 있는 잠재력을 갖고 있다.

그러면 '탈출' 다음에는? 개별적인 탈출이 아닌 공동 탈출의 물적 토대를 갖추어야 한다. 즉 집합적 코뮨의 구성을 위해 '공동의 것'에 대한 인식과 이용능력을 키워야 한다는 것이다. 이를 위해서는 우리에게 존재하는 '공동의 것'이 어떤 상황에 있는지, 우리는 그것을 어떻게 사용할 수 있는지 끊임없이 탐색해야 한다. '공동의 것'에 대한 우리의 전유가 늘수록, 그리고 그것이 더 많은 '공동의 것'을 생산할수록 싸움은 해볼 만 한 것이 된다. 공동의 것에 대한 운용 능력의 지속적인 확장 과정이 '다중의 생성'이다.

네그리·하트에 따르면 과거처럼 한 번의 봉기로 세상은 변하지 않는다. 혁명이란 새로운 삶을 향한 새로운 주체성의 영구적인 확대 및 생성의 과정이어야 하기 때문이다. 자본에 포획된 지금까지의 삶으로부터 '탈출'하고, '공동의 것'에 대한 관심과 새로운 용법을 찾는 일이 삶 속에서 꾸준히 계속되어야 한다는 것. 이는 봉기의 사건'들'이 일상의 삶으로 연장되어야 한다는 요구에 다름 아니다. 그런 의미에서 네그리와 하트는 혁명 역시 '공동의 것'의 민주주의, 다중의 민주주의를 향해 '끊기 있게 지치지 않고' 투쟁의 투쟁을 거듭하면서, 사회의 탈주적인 힘들, '흘러넘치는 힘들'을 하나의 일관된 프로젝트로서 조직해야 한다고 말한다. 물론 지도자나 전위정당 없이 그러한 조직화가 가능해야 한다는 전제는 여전히 따르지만.

네그리를 둘러싼 비판과 그의 답변은 이런 식으로 계속 돌고 도는 감이 없지 않다. 하지만 다중의 공동 행동 자체가 곧바로 정치적 해방을 가져다주지 않는 현실을 직시해야 한다. 가족이나 기업, 민족 등 공동성을 타락시키는 장치들이 즐비하기 때문이다. 여기에 신자유주의적 삶의 윤리나 돈 만이 1등을 기억해준다는 식의 이데올로기까지 보태지면 더욱 그렇다. '강남'에 대한 우리의 선망이 보여주듯, 신자유주의 시대의 주체들은 균열되어 있음을 직시할 필요가 있다. 그래서 '공동성'에 대한 대중들의 열망이 왜곡되는 조건과 과정에 대한 보다 면밀한 분석이 요구된다. 그런 의미에서 네그리·하트에게 자본주의 사회에서 지배 이데올로기가 어떻게 작동하는지에 대한 문제의식이 약하다는 점은 큰 아쉬움으로 남는다. 이것이 전제돼야 생체권력에 대한 저항과 투쟁, 탈주, 새로운 삶의 생성을 향한 다중의 훈련이 가능하고 삶을 자율적으로 운용하는 능력을 기대할 수 있겠기에 하는 말이다.

사실 네그리·하트의 논의는 전 세계적 상황에 대한 광범위한 시야에도 불구하고 여전히 서구 현실에 대한 이론적 개입일 뿐이라는 인상을 강하게 준다. 제3세계 현실이나 탈식민주의 등에 대해 잠시 언급을 하기는 하지만, 그가 분석하는 현실의 변화는 대체로 서구의 그것에 초점이 맞춰져 있기 때문이다. 그들에게 제3세계는 제국의 마디로서 작동할 뿐이며, 탈식민주의의 경우 억압받는 제3세계 사람들의 고통을 다룬다는 점에서 다중 이론과 다를 바 없음을 말한다. 하지만 미국의 사회구성과 한국의 사회구성이 같을까? '제국'을 구성하는 국민국가들 각각의 특수성을 '제국의 마디'라는 말로 흐려버릴 것이 아니라 그것을 감안하여 분석이 이루어져야 하는 것 아닌가? 오히려 현재의 '세계체제'('제국')는 과거의 세계체제에 비해 제국주의적 성격을 덜 갖는 것이 아니라 더 많이 갖고 있고, 그것이 더 복잡하고 정교한 형태로 작동하고 있다고 보는 것이 옳지 않을까?

그리고 네그리 · 하트가 말하는 '비물질노동'은 선진국이나 일부 개발도상국에서나 유력한 흐름일 뿐이다. 또한 네그리의 『제국』처럼 서구 중심적 시각은 물론, 미국 주도의 세계질서가 건재하고 그가 강조하는 초국적 기업들과 제도들의 권력 행사가 민족국가를 경유할 수밖에 없는 현실을 상대적으로 소홀히 하는 듯한 태도는 이론의 신뢰성을 크게 훼손한다. 앞으로 미국은 물론 중국이나 EU, 남미-블록 등의 준 제국 구성원들이 협력보다는 '경쟁'을 격화할 조짐이 짙어지고 있는 마당에, 제국의 협력 네트워크에 대한 묘사는 설득력을 잃고 만다. 자본의 지배적 부분들의 경우 세계 자본주의의 초국가적 공간에서 활동한다는 점에서 '제국'의 주장에 부분적으로 수긍할만한 점이 있다. 하지만 그들에 대한 통제권은 여전히 확고하게 국가적인 성격을 가진 금융그룹들의 수중에 들어있는 현실을 직시해야 한다. 경제는 세계체제 구성원들의 파트너십을 강화하지만, 정치가 이들 사이를 분열시키는 경우가 허다하기 때문이다.

물론 네그리 · 하트의 이론은 과거 우리 운동의 문제점들을 반성함에 있어 의미 있는 개념들과 필터들을 제공하고 있고, 향후 비판이론과 실천운동이 나아가야 할 방향을 구상함에 있어서도 중요한 전거들을 제공하고 있음을 부인할 수는 없다. 하지만 서구에서도 자주 제기되는 질문, 즉 '자율주의가 제시하는 대안적 비전이 과연 가능한가'라는 구체적 실천의 문제에서 조금씩 금이 가기 시작한다. 또한 탈근대적 미시정치와 근대적 거시정치의 문제를 동시에 고려하면서도 전자에 크게 쏠리고 마는 이론적 불균형 역시 이분법적 태도의 반복이고 둘 사이의 긴장에서 생성될 수 있는 새로운 가능성들을 차단하고 마는 것은 아닌가? 현실 속의 국가권력이나 제국주의의 권력과 힘이 만만하지 않기에 하는 말이다.

이는 지젝의 말처럼 '몰적'이고 전체화하는 권력에 저항하는 다수의 '분자적' 실천들을 대립시킴으로써 생겨나는 이분법의 문제와 직결된 의문이다. 이러한 문제점은 자발적이고 비위계적인 다중들이 억압적이고 물신화된 체계에 저항한다는 이분법적 발상에서도 반복된다. "좌파급진주의가 관념론적 급진주의와 결합한 전형적 사례"라는 지젝의 비판은 두고두고 그들을 아프게 할 것 같다. 또한 현란한 수사에도 불구하고 들뢰즈 역시 강조한 구체적 현실에 근거한 구체적 개입의 결여는 현란한 공허함으로 이들을 빨아들이는 듯하다. "자본주의 사회에 존재하는 제약들, 공포들, 진부함들, 그리고 '갇힌 공간들'에 놓여 있는 다중-되기, 소수자-되기, 프롤레타리아-되기의 착잡한 현실에 착목해야 한다. 그렇지 못할 때 주관적 낙관주의가 냉철한 현실분석을 대신하게 된다. 그럴 때 다중이 자율을 향하는 한에서 착취는 점점 '외적'이고 '공허'하게 된다"[23]는 들뢰즈

23 N. 쏘번: 『들뢰즈 맑스주의』, 조정환 역, 갈무리 2005, 33쪽. 이하 '쏘번'으로 약칭함.

의 말에 귀를 기울일 필요가 있다.

촛불 싸움이 있고 난 후 국내의 일부 자율주의자와 다수 논자들 사이에 그것의 평가를 둘러싸고 논쟁이 전개된 바 있다. 여기서도 자율주의 자체와 한국 자율주의자들의 현실 응전력의 수준이 있는 그대로 드러났다. "하트와 네그리는 삶의 자본 속으로의 포섭을 그 자체로 자본으로부터의 자율을 향한 운동으로 보는 경향이 있다"(쏘번, 394)거나 "들뢰즈에게 소수적인 것은 사회적 힘들이 운동을 구속하는 갇힌, 불가능한, 소수자의 입장에 근거함에 반해, 네그리는 그것을 풍부와 다양함의 형상으로 읽는다"(쏘번, 254)는 비판에서 촛불을 다중으로 등치시키려는 국내 자율주의의 시도는 '과잉 해석'의 의문을 품게 한다. 자율주의자들이 중시하는 '욕망'의 문제만 보더라도 과연 촛불들의 궁극적인 욕망이 자본의 보편 공리로부터의 탈주로 설명될 수 있을지 의문이 들기 때문이다. 물론 촛불은 생활정치의 가능성을 보여주었다. 하지만 촛불들이 '다중'으로 가기 위해서는 전 세계적으로 얽혀 있으면서도 우리나라에서 독특하게 나타나는 자본의 지배 양태에 대한 좀 더 정치한 지적 단련이 요구되기에 하는 말이다. 이를 위해서는 주의주의적인 낙관론을 경계하면서 다중이란 "출현하고 있는 자율성에서 발전하지 않고 어떤 손쉬운 혹은 필연적인 출구도 제공하지 않는 그리고 불화, 긴장, 그리고 불가능성으로 꽉 찬 복잡하고 갇힌 관계들에서 발생"(쏘번, 389)하는 것임을 기억해야 한다. "들뢰즈에게도 자본주의적 공리는 삶 자체를 포섭한다. 그러나 이것의 효과는 자율이 아니라 통제의 더욱더 복잡한 메커니즘을 생산하는 것”(쏘번, 394)이기에 하는 말이다.

자율주의 정치론의 관념성 혹은 낙관주의는 『제국』에서 더욱 분명하게 나타난다. 서구 국가들은 물론이고 특히 비서구 국가들에 여전히 중요한 과제인 문제들을 근대의 시대착오적 이슈로 재단하고 마는 것도 어찌 보면 네그리의 치명적인 결함일 수 있다. 물론 자본주의에 대한 네그리의 비판이나 과거 운동 모델에 대한 그의 문제의식, 그리고 변화된 자본주의 현실에 대한 끊임없는 관심과 그에 기초한 대안 운동의 모색이 갖는 진정성을 우리는 인정할 수 있다. 그러나 국가 권력의 장악이나 극복이 문제가 아니라는 식의 국가 없는 혁명, 제국론의 정당화를 위해 제국주의론이나 세계체제론의 긍정적 함의를 소홀히 하는 태도는 네그리의 설득력을 현저하게 훼손한다. “민족국가 모델의 국경을 넘는 확장인 제국주의에서 어떤 민족국가의 헤게모니도 없는 네트워크적 통치인 제국으로의 이행”의 시대는 과연 적절한 현실진단인가? 금융과 군사, 문화의 패권을 한 번도 포기한 적이 없는 미국은 과연 무엇인가? 과연 지금을 “탈영토적인 질서, 주권들의 합성체인 제국의 시대”, “근대의 민족국가적 통치권 형태와는 상이한 새로운 통치권의 형태”가 지배하는 시대로 규정하는 적확한 근거는 무엇인가?

이외의 다양한 문제점에도 불구하고 네그리의 이론은 구체적 현실에 대한 정치적 개입의 결과물이다. 네그리를 비롯한 자율주의의 이론적 · 실천적 작업들은 유럽을 비롯한 세계 각 지역의 운동에 크게 기여한 바가 있다. 네그리의 이러한 성취 덕분에 한국에서도 자율주의의 인기는 여전히 높은 지도 모른다. 그러나 한국의 자율주의자들이 지금까지 보여준 성취들은 자신들은 물론이고 네그리의 논의 역시 문제제기의 대상으로 만드는 측면이 있다. 이제 그들 역시 이론적으로 실천적으로 좀 더 정치해질 필요가 있고, '빼기'의 정치가 아니라 '덧셈'의 정치를 고민할 시점에 온 것으로 여겨진다. 몰과 분자는 상호 배제의 항들이 아니라, 상황에 따라 언제든 섞일 수 있고 변화와 생성의 상호 참조점이 될 수 있다. 자율주의냐 아니냐를 둘러싼 논쟁에서처럼 논쟁 당사자들이 서로의 진정성을 의심할 때 새로운 운동의 구성은 요원할 수밖에 없다. 상대의 진정성에 입각하여 자기의 상처인 듯 타자의 허물을 지적할 때 값진 성취가 나올 수 있기 때문이다.

## • 참고문헌


김현/ 이회진: 「정치적 실천의 주체로서 프롤레타리아트와 다중」, 『시대와 철학』 2007년 제18권 2호.

신형철: 「그녀는 복수를 했는데 그는 구원을 얻었네」, 『씨네 21』 2012년 10월 12일자.

윤수종: 「이탈리아의 아우토노미아 운동」, 『진보평론』 14호, 1996.

조정환: 『아우또노미아』, 갈무리 2004.

A. 네그리/ M. 하트: 『다중』, 조정환 외 역, 세종서적 2008.

—: 『제국』, 윤수종 역, 이학사 2005.

—: 『선언』, 조정환 역, 갈무리 2012.

N. 쏘번: 『들뢰즈 맑스주의』, 조정환 역, 갈무리 2005.

M. 라자라토: 『부채경제』, 허경/양진성 역, 메디치 2012.

G. 카치아피카스: 『신좌파의 상상력』, 이재원 외 역, 이후 1999.

—: 『정치의 전복』, 윤수종 역, 이후 2000.

R. 세넷: 『뉴캐피탈리즘』, 유병선 역, 위즈덤하우스 2009.

A. Negri/ M. Hardt: Commonwealth, Belknap Press 2009.

G. Deleuze/ F. Guattari: A Thousand Plateaus: Capitalism and Schizophrenia Ⅱ, Trans. B. Massumi, Minneapolis 1987.

H. S. Geretsried: Neomarxismus und Globalisierung. 'Empire, das Modell für eine neue Weltordnung' Globalisierungskritik bei Michael Hardt und Antonio Negri, Wintersemester 2008.

M. Birkner / R. Foltin: (Post-)Operaismus. Von der Arbeiterautonomie zur Multitude, Stuttgart 2006.

9

# 해방을 위한 반성적 실천의 논리

홍 승 용

## 자발성, 해방운동의 전쟁터

피지배자들이 지배받기를 스스로 원하여 알아서 기는 상황은 모든 지배자들의 영원한 소망사항일 것이다. 그런데 이 어처구니없어 보이는 상황은 인류사 속에서 예외적인 비상사태가 아니었다. 오히려 지배구조의 일반적인 양상에 가까웠다. 맑스·엥겔스는 이러한 사정을 "어느 시대에나 지배계급의 사상이 지배적인 사상"[1]이라는 공식으로 요약했다. 공식대로라면 부당하게 억압받고 착취당하는 피지배자들의 일거수일투족을 좌우할 수도 있는 사상은 그들 자신의 사상이 아니라 지배계급의 사상인 것이다. 이 일반적 지배구조에 맞서 피지배자들이 자신의 처지를 명확히 자각하고 지배관계를 해체하겠다고 단결하여 나서는 일이야말로 극히 드문 예외적 사건이

1 K. 맑스/ F. 엥겔스: 『독일 이데올로기』, 김대웅 역, 두레 1989, 92쪽.

었다. 더구나 설혹 기존 지배체제를 무너뜨리고 새 체제를 만들어내는 해방의 순간이 도래하더라도, 새 체제는 종종 낡은 지배체제보다 한 단계 개선된 억압구조로 돌아가곤 했다. 해방의 길에서 산을 하나 넘으면 늘 또 다른 산이 기다리고 있었던 것이다. 그럴 때면 우리는 피지배자들이 지배받기를 스스로 원하는 모습을 쉽게 목격할 수 있다. 예컨대 엥겔스의 보고에 따르면, "1806년 및 1807년의 패배 뒤 프로이센에서 농노제도가 폐지됨과 동시에 빈곤과 질병 그리고 노쇠로부터 노복을 보호할 군주의 의무까지도 폐기되었을 때 농민들은 '우리를 예속시켜 주시오, 그렇지 않으면 누가 우리의 곤궁을 보살펴 주겠습니까'라고 탄원한 적이 있었다."[2] 이는 결코 먼 옛날 우스운 바보들의 이야기가 아니다. 지금 우리의 이야기이기도 하다.

지배받기를 스스로 원한다는 것은 곧 자발성의 형식을 취한다는 이야기다. 이 점을 생각하면 자발성을 신성불가침의 영역으로 숭배할 수 없을 것이다. 이미 지배장치에 흡수된 피지배대중의 자발성은 우선적으로 지배장치의 일부로 기능하기 때문이다. "자유의지의 형식을 존중하든지 또는 유린하든지 간에 예속은 어디까지나 예속"[3]인 것이다. 이와 관련해 "아직 예속에 머무는 자유"[4]라는 헤겔의 간결한 공식을 상기할 수도 있다. 그렇다고 자발성을 경멸하거나 죄악시할 일도 아니다. 특히 대중들의 자발성 혹은 자유의지의 형식을 공공연히 적대시하거나 경멸한다면 해방운동은 시작하기조차 어려

2 F. 엥겔스: 『반듀링론』, 김민석 역, 새길 1987, 109~110쪽.

3 같은 책, 109쪽.

4 G. W. F. Hegel: Phänomenologie des Geistes, Frankfurt/M. 1986, 155쪽.

울 것이다. 그래서 자발성을 역사적 · 사회적 조건에 의해 부단히 규정되어가는 생명체로, 무엇보다 모순에 찬 지배관계가 그 구체적 모습을 만들어가는 주요 무대로 진지하게 다루는 것이 현명해 보인다. 지배체제를 해체하기 위해서는 피지배자들의 자발성을 피지배자들의 실질적 권익에 합당하도록 재규정 혹은 재구성해야 하는 것이다. 자발성을 지배자들의 처분에 내맡겨서는 안 된다. 자발성은 해방운동의 전쟁터다.

## 개념들의 개미지옥

지배자들은 학교 · 교회 · 군대 · 가족, 특히 언론 등을 활용해 자신의 사상을 보편화하려 든다. 이들의 사고방식 혹은 그로부터 만들어져 나온 개념들을 일단 받아들여 익숙하게 써먹는 순간 피지배자들의 사고는 자유롭지 못하다. 설혹 자발성의 형식을 취하더라도 지배자들의 사상을 재생산하며 지배논리에 복종하게 된다. 예컨대 옛날 옛적 '역모'라는 말이 그랬듯이, 근래에까지도 '빨갱이'라는 말을 심각한 어조로 입에 담는 순간 모든 이성적 논의가 중단되고, 극심한 경우에는 단순한 사실관계를 밝히려 마음먹는 일조차 목숨을 걸고 달려들어야 가능했다. 남북 긴장관계가 완화된 21세기에야 '빨갱이'라는 말의 위세가 조금 가라앉아, '붉은 악마'가 전국의 광장들을 뒤덮고, 집권보수당이 빨간색 유니폼으로 재미를 보는 기현상이 벌어지기도 했다. 하지만 '종북'이나 '퍼주기'라는 말을 친일 · 부패 ·

독재의 범사회적 기억을 흐리는 지배 이데올로기라고 걸러서 듣지 않고 실제 상황을 기술하는 개념으로 심각하게 받아들이는 순간 오늘날에도 여전히 우리는 이성적 판단을 소멸시키는 안보담론의 블랙홀에 빨려들고 만다.

반공이데올로기보다는 다소 부드러운 듯하지만 그보다 훨씬 더 광범하게 사회적 약자들을 궁지로 몰아넣는 개념도 있다. '경쟁력'이 그것이다. 맹목적 생존본능에 근거하는 '경쟁력'이라는 주술 앞에서는 좌우, 여야, 혹은 진보와 보수의 구분마저 의미 없어진다. 경쟁력을 개인과 조직의 최고원리로 받아들이는 한 더불어 행복하게 살자거나 약자를 배려하자는 착한 요구는 비현실적 몽상이나 위선 따위로 치부될 수밖에 없다. 경쟁력을 절대화하는 이런 분위기에 의문을 제기하지 않고 무의식적으로 동조하게 되면, 사회적 약자들까지도 경쟁의 무한 사다리 맨 아래 칸에 매달린 채 기어오르려 몸부림침으로써 살인적 양극화를 당연시하고 정당화한다. 비판적 사고를 생명으로 하는 인문사회과학 영역조차 이러한 경쟁력 논의의 홍수에 속수무책으로 떠밀려가고 있는 것이 오늘 우리의 현실이기도 하다. 특정한 개념들을 무비판적으로 받아들이는 대가로, 개미지옥에 빠진 개미처럼 지배자들이 설치해 놓은 사고의 회로에 갇히고 마는 것이다. 이 점에서 개념을 "사유의 기관이자 사유와 사유되는 것 사이의 장벽과도 같은"[5] 것으로 볼 필요가 있다.

어떤 개념이 얼마나 사유의 '기관' 역할을 할지 혹은 사유의 '장

---

5 Th. W. 아도르노: 『부정변증법』, 홍승용 역, 한길사 2005, 70쪽. 이하 '부정'으로 약칭함.

벽'으로 작용할지는 각 개념이 쓰이는 구체적 맥락에 따라 천차만별로 달라질 수 있다. 수많은 개념들이 지배계급의 사상을 피지배계급 구성원들에게까지 일반화하여 자발적 복종을 유발하는 데에 쓰이지만, 그와 반대로 어떤 개념들은 지배관계를 명확히 밝혀 그 해체를 향해 한 걸음 내딛도록 사고를 부추긴다. 그래서 지배자들은 그런 것들을 불온한 것으로 취급하고, 어떤 식으로든 그 핵심을 지워버리고 싶어 한다. '지배관계'라는 말부터가 그처럼 불온한 개념이다. 지배자의 입장에서는 지배관계를 인간의 노력으로 바꿀 수 없는 인간의 조건 혹은 천륜이나 인륜쯤으로 신비화시키고 그 정당성과 관련해 아예 논란을 벌이지 않도록 하는 것이 바람직할 것이다. 지배관계를 지배관계라고, 특히 인간에 의해 만들어진 역사적 산물이라고 꼬집어 말함으로써, 지금의 지배관계가 영원하지 않고 달라질 수 있다는 당연한 사실을 상기시켜주는 개념은 지배자들에게 불편한 것이다. 또 '계급'은 생산관계 속의 위치를 말해주는 객관적 개념인 듯하지만, 궁극적으로는 불평등한 권력관계 내지 지배관계를 드러내는 점에서 불온해 보인다. 한때 '계급' 개념의 사용 여부가 특정 사회운동의 반체제적 성격을 판가름하고 형사처벌의 수위를 결정하는 잣대가 된 시절도 있었다. '자본'이나 '자본주의' 혹은 '노동'이라는 말조차 선량한 국민들이 함부로 구사할 만한 어휘들이 못되기도 했다. '자본'에는 잉여가치 개념이 내포되어 있고, 잉여가치는 계급관계 내지 지배관계를 함의하기 때문이다. 아이들은 사회주의와 대립하는 체제가 자본주의 아닌 민주주의라고 외우며, 사회주의의 필요성을 전제하는 듯한 '자본주의의 모순'이라는 개념을 쓰는 것이 합당한 자리에서 '황금만능주의의 부작용'을 우려하도록 교육받는다. 전세계의 노동자들이 '노동절'을 기릴 때 한국 노동자들은 얼마 전까지 '노동절'이라는 말조차 쓰지 못하고 '근로자의 날' 관제 행사에 동원되곤 했다.[6]

오늘날 사회문제의 핵심으로 떠오른 '양극화' 역시 지배자들에게는 불편한 개념이다. 자본주의 발흥기에 이미 맑스는 양극화 경향을 사회적 불행을 초래하는 자본주의의 근본 메커니즘으로 부각시켰다.[7] 자본주의의 본토인 미국에서도 극단적 양극화는 범사회적 불행을 초래하면서 신자유주의의 효능에 대한 불신을 키웠다.[8] 한국 사회에서는 경제성장 과정이 곧 양극화의 심화과정이기도 했다. 그러나 양극화를 적극 심화시키면서 그 혜택을 누려온 지배세력은 양극화 현상을 되도록이면 논제로 꺼내지 않는다. 사회 전체가 그것을 자연현상으로 받아들이기를, 피지배자들이 불평등한 자신의 처지를 당연한 것으로 여기기를, 그리하여 양극화 해소를 본격으로 추진하는 불온한 사태가 벌어지지 않기를 꿈꾸기 때문일 것이다. 지배자들은 양극화 문제를 눈감아버리기 어려운 현실상황에 부딪치더라도, '경제민주화' 따위의 적당한 대체개념으로 그 핵심을 비켜가려 든다.

---

6 1963년 근로자의 날(3.10.)이 제정된 후 군사독재기간 30년을 거치고 나서 문민정부가 들어선 1994년에야 노동절(5.1.)이 제자리를 찾았다.

7 K. Marx: Ökonomisch-philosophische Manuskripte aus dem Jahre 1844, in: MEW Ergänzungsband 1. Teil, Berlin 1981, 471쪽 이하 참조.

8 M. 무어의 『자본주의 러브스토리』는 신자유주의적 양극화로 인한 미국 사회의 황폐화를 신랄하게 들춰 보인다.

아우슈비츠는 저항 없이 양극화가 갈 데까지 갈 때 어떤 상황이 초래될 지를 보여준다. 유대인들은 하루 1000칼로리 정도의 식량으로 오늘날 세계적인 다국적기업으로 성장한 대기업들을 위해 중노동을 했다. 한 달 후에는 자기 이름조차 기억 못할 만큼 영양실조에 빠졌고, 석 달 후에는 대부분 사망하여 화장터로 보내졌으며, 그 자리는 다른 유대인들로 채워졌다.

'경제민주화'조차 다루기 거북해질 때에는 좀 더 선정적인 구호 '민생'을 전면에 내세워 사태의 본질을 흐리기도 한다.[9] 그만큼 '양극화'는 지배자들에게 불편하고 위험한 개념이기 때문일 것이다.

변혁 이론들은 '양극화' 이상으로 위험한 개념들, 개념의 폭탄들을 제조해왔다. '상부구조'도 일종의 고성능 개념 폭탄이다. 그 영향

9 18대 대선에서는 유례없이 보수와 진보가 각각 총결집했지만 정책의 측면에서는 양측이 대동소이하다는 논평들이 여론을 호도했다. 그러나 18대 대선은 복지와 재원 문제를 중심으로 양극화를 유지 강화하려는 쪽과 해소하려는 쪽 사이의 끝나지 않은 전쟁이었다. 민주당은 사회적 약자들에게 이 문제를 제대로 각인시켜주지 못했다. 허나 앞으로도 양극화 문제는 정치 갈등의 핵으로 작용할 것이다.

권은 측량하기 어려울 정도로 광범하다. 어떤 이야기든 관념이든 학설이든 예술작품이든 액면 그대로 받아들이지 않고 항상 토대 혹은 실제 현실과 대조하여 그 진리치를 따져보는 것, 또 그것들이 토대 내지 지배관계를 긍정하거나 비판하는 적극적 입장을 취한다는 특성, 즉 그것들의 기능과 당파성에 주목하는 것은 비판적이고 정치적인 독해의 기본방식이라 할 수 있다. 토대의 내용이 실제로 무엇인지, 현실적 지배관계 내지 토대를 경제영역으로 환원할 수 있는지, 다양한 지배관계들과 경제의 구체적 관계나, 토대와 상부구조의 위상 및 상호작용은 어떻게 파악할 것인지에 대해서는 논란이 분분할 수 있다. 무엇보다 복잡한 의식의 산물들을 단순하게 도식적으로 파악할 우려도 적지 않다. 그렇더라도 어떤 상부구조를 대하든 그것이 현실적으로 얼마나 타당한지, 지배관계 속에서 또 지배관계에 대해 어떤 적극적 기능을 발휘하는지 늘 냉정하게 평가하는 눈으로 바라볼 경우, 피지배자들이 지배계급의 사상을 자신의 것으로 받아들이기는 쉽지 않을 것이다.

## 지배논리의 전형들

상구구조 개념을 적극 활용한다는 것은 단지 유용하게 써먹을 수 있는 개념들의 목록을 하나 늘이는 것이 아니라, 사고방식 자체를 바꾸는 문제이기도 하다. 개념들 하나하나의 위력도 무시할 수 없지만, 그 개념들을 산출해낸 사고방식 자체가 좀 더 근본적인 문제라

할 수 있다. 피지배자들의 자발적 예속을 유발하는 지배적 사고방식들을 명확히 드러내고, 그 대안을 찾는 것은 해방운동의 물꼬를 트는 일이기도 하다.

그와 같은 지배적 사고방식 가운데 흔히 접하는 것으로는, 사물들의 연관관계들을 알 수 없도록, 실제로 아무 관계가 없는 것처럼 각각의 사물들 혹은 영역들을 분리해서 파악하는 방식을 들 수 있다. 사물들의 연관관계를 보지 않으려는 사고방식으로는 당연히 역사적 사회적 맥락 혹은 총체적 연관을 인식하려 노력할 길이 없다. 이 경우 사회적 약자들이 자신의 불행을 그 근본 원인 차원에서 냉정하게 파악하여 극복방안을 찾아갈 수도 없다. 예컨대 '경제문제를 정치논리로 풀지 말라'는 재계의 요구를 너무 심각하게 받아들이면, 정치는 경제와 실제로 별 관계없는 것으로 오해하기 쉽고 '정경유착' 따위의 불온한 어휘는 귀에 잘 들어오지 않을 것이다. 또 '정치는 정치가들에게 맡기고 학생은 공부나 하라'는 어른들의 충고를 곧이곧대로 마음에 새겨 넣는 학생들에게서 젊은 정치의식을 기대하기는 어려울 것이다. '문학예술은 수단이 아니라 그 자체가 목적이어야 한다'는 선전문구를 금과옥조로 삼는 문학도들에게 투철한 역사의식이나 사회의식을 요구하는 것은 애초에 무리일 것이다. 학과와 세부전공에 매달리는 인문사회과학 전문가들이 자본과 정치권력에 맞서 어떻게 비판의식을 발휘하고, 어떤 인문학적 판단력과 과학적 상상력을 길러낼지 의문이다. 힘없는 대중들이 현실의 모순과 갈등은 자신과 무관하다고 철석 같이 믿고 코앞의 이익에 목숨을 거는 한 체제 차원의 구조적 불행을 극복할 전망은 암울할 수밖에 없다.

부분에 매몰되어 연관관계를 놓치는 사고방식은 지금 눈앞의 것을 영구화・절대화하는 사고방식과도 일맥상통한다. 목전의 현상을 유발한 역사적 맥락과 복합적인 역학관계들을 잘라버리고 가시적 현상들만을 존중할 경우, 사태의 본질을 이해하기도 어렵고 근본적인 변화를 따라잡을 수도 없으며 현재의 지배구조를 바꾸려 노력하는 것도 불가능해진다. 이런 사고방식에 젖어 있는 개인들도 나름 영리하게 기존상황에 적응해 갈 수는 있지만 지배관계 자체는 일체 건드리고 싶어 하지 않는다. 즉 지배관계를 인정하고 그 속에서 움직이는 일에서는 적극적이지만, 그것을 바꾸는 문제에서는 방관적이고 노예적이다. 현재상태를 고정불변의 실체로 날조하는 것은 전형적인 지배논리인 것이다. 그런데 우리의 이웃들은 이 황당해 보이는 사고방식에 대해 의외로 친화적이다. 요즘 전국의 대학들은 졸업생 취업률 제고에 사활을 걸고 있다. 정부는 재정지원을 미끼로 대학을 취업학원으로 몰아가고, 대학은 맹목적 생존논리와 패권주의에서 한 걸음도 벗어나지 못하는 가운데, 학생들과 교수들까지 손발을 맞춰 대학을 삭막한 직업훈련소로 개조해 놓았다. 그런데 안타깝게도 취업 경쟁률은 흔히 수십대일에서 심지어 수백대일에 달하기도 한다. 깎아서 평균 십대일이라고 가정하자. 그래도 이러한 구조가 유지되는 한, 열 명 가운데 아홉 명은 아무리 훌륭한 실력과 자질을 갖추어도 구조적으로 취업할 수 없다. 그런데 어느 대학이 이 불편하고 비참한 취업구조를 바꾸기 위해 본격적인 연구프로젝트를 수행한다거나, 어느 학생회가 이 구조적 문제 해결을 당면 과제로 삼는다는 희소식은 없다. 대학의 전체 구성원들이 경쟁력의 사다리에 매달려 한 칸이라도 기어오르기 위해 영혼을 바치느라 다른 질서를 꿈꿔볼 여력이 없는 것이다. 현재의 지배질서로 인해 견디기 어려운 고통과 수모를 당하더라도, 그것을 바꾸는 일은 어떤 위대한 영웅이나 정치가 혹은 운동가들의 몫이거나 알 수 없는 운명의 역할이지 결코 자신의 몫은 아니라고 굳게 믿고 있다. 지배질서가 아무리 혐오스럽고 야만스러운 것일지라도 그것에 이의를 제기하지 않는 것, 지배관계와 관련해서는 절대로 튀거나 모나게 놀지 않는 것, 대세에 긍정적으로 따르는 것을 지상명령으로 떠받들고 있는 것이다. 지배자들의 눈에 얼마나 흐뭇한 광경이겠는가.

이처럼 현재상태를 절대화하고 역사적 과정을 경시하거나 아예 그것에 대해 무감각해질 경우, 사태의 본질을 파악하여 문제를 원인부터 해결하는 능력이 퇴화된다. 사태파악의 추상성 · 파편성, 나아가 사태파악 의지의 상실 · 포기에는 자연스럽게 도덕불감증이 수반된다. 따지기 어려운 과정 때문에 골머리 썩히기 싫어하게 되고, 결과 내지 성과가 모든 것을 정당화한다고 여기는 뻔뻔한 의식구조가 고착되는 것이다. 그 결과 자신을 억압하고 착취하는 지배자들의 성공적인 현재 모습, 즉 억압과 착취의 무기인 부와 권력을 휘두르는 모습을 선망하고, 심지어 그들을 자신의 드라마 주인공으로 삼아 그들과 자신을 동일시하고 연대의식 혹은 공범의식까지 갖게 된다. 이 단계에서는 주인공 혹은 영웅이 독재를 하느냐 인권을 유린하느냐

천문학적 비자금을 챙겨 정치공작을 하느냐마느냐 따위는 별 문제가 되지 않는다. 자신은 고문이나 의문사의 희생자가 아니라는 편리한 셈법에 의지해, 사회 전체가 노예화되고 경직되는 현상에는 애써 눈감아 버리는 것이다. 착하고 똑똑한 누군가가 지배구조의 야만성이나 지배자들의 부당한 처사들을 비판하면, 역사치매증과 도덕불감증에 빠진 대중들은 '약육강식이야말로 세상이 돌아가는 이치'라느니, '그 자리에 있으면 누구라도 그럴 수밖에 없다'는 등의 냉소적 방어공식으로 응수한다. 이리하여 지배자들이 별다른 명령을 내리지 않아도 그들을 옹호하고 떠받들어줄 피지배 대중 군단이 양산된다. 지배자들이 실질적인 이권을 조금이라도 나누어주는 듯한 멋진 이미지만 보여주어도 대중들은 콘크리트 표로 이에 보답하여 독재의 세습에 기꺼이 동참한다. 그리고 그 반대급부인 사회적 무기력과 가난의 대물림은 당연하게 받아들인다.

그런데 이들 피지배 대중들은 결코 자신을 어리석다고 생각하지 않는다. 오히려 그들의 냉소에는 대상에 대한 우월감이 전제된다. 이를 뒷받침하기 위해 간편한 논리적 무기들, 예컨대 양비론이나 상대주의 따위가 동원되기도 한다. 갈등이나 분쟁 상황에서 양쪽 당사자 모두에게 똑같이 사태의 책임을 지우는 것은 명백한 지배논리다. 가해자나 피해자나 다 같이 문제라느니, 여나 야 혹은 보수나 진보가 다 거기서 거기라는 식의 추상적 논의방식은 엄정하고 초연한 듯한 제스처를 취하지만, 실은 사태를 충분히 이해하지 않고 알고 싶은 만큼만 추상적으로 파악하는 가운데 가해자 혹은 기득권세력의 손을 들어주는 흔한 방식이다. 어떤 주장이든 다 나름의 이유가 있다는 식의 상대주의는 관용과 상식을 대변하는 듯하다. 각자의 취향이나 존재근거를 서로 인정하고, 자신의 주장을 절대화하지 말자는 데에는 반론을 제기하기도 어렵다. 물론 너는 된장찌개 좋아하고 나는 김치찌개 좋아한다는 정도의 차이를 인정하자는 데에 반대할 사람은 별로 없을 것이다. 그러나 채식문화와 육식문화의 차이는 이미 생태계 유지나 에너지순환 혹은 공존의 차원에서 단순한 취향의 다양성 차원을 넘어설 수 있다. 나아가 차이를 넘어선 온갖 차별들의 문제에 들어서면 현재의 각자 위치를 존중하자는 것은 현재의 지배관계를 그대로 인정하자는 억압논리가 되고 만다. 상대주의는 약자들에게는 약자들의 사정이 있듯이, 독재자는 독재자 나름의 근거가 있어서 독재하니 이해하자는 변론으로 둔갑한다. 강자와 약자, 지배자와 피지배자 각자의 입장을 존중하자는 것은 지배자의 정당성에 대해 시시콜콜 따지지 말고, 피지배자는 노예상태에 만족하라는 이야기일 뿐이다. 마르쿠제가 지적했듯이 약자들의 관용이 지배자들의 억압무기로 전도되는 것이다.[10]

---

10 H. Marcuse: Repressive Toleranz, in: Herbert Marcuse Schriften, Band 8, Frankfurt/M. 1984, 136쪽 이하 참조.

## 반성도구에 대한 반성

양비론이나 상대주의는 부분에 매몰되거나 현상태를 절대화하는 사고방식과 마찬가지로 복잡한 대상을 단순화하여 지배질서를 옹호하는 사고방식이라고 할 수 있다. 대상을 단순화하는 점에서 그것들을 능가하는 사고방식으로 흑백논리 혹은 진영적 사고방식을 생각할 수 있다. 물론 진영적 사고방식은 지배질서를 옹호하는 역할에 머물지 않는다. 직접 투쟁에 가담해 있는 사람들은 대체로 진영적 사고를 받아들일 수밖에 없다. 우리 편 아니면 적이라고 보지 않고는 생사를 건 싸움을 벌이기기가 불가능할 것이다. 이 과정에서 해방투쟁을 벌이는 사람들조차 투쟁의 대상과 닮아가기 쉽다. 폭력적인 부친을 혐오하며 자란 아이가 부친의 행태를 답습하듯이, 독재자를 비판하고 반독재투쟁을 벌이는 가운데 자신도 어느새 독재자를 닮아 독재자 못지않게 독선적이고 잔인해질 수 있는 것이다. 이에 대한 각성 내지 자아비판 없이는 독재와 싸우는 과정은 물론이고 그렇게 싸워 얻어낸 성과가 또 다른 억압구조이기 쉽고, 이성적이지 못한 지배구조를 비판하는 이성 자체가 다시 억압적인 기능을 발휘할 수 있는 것이다. 해방에는 투쟁의 수단 혹은 무기에 대한 반성이 필수적이다.

반성적 사고와 관련해서는 논의의 효율을 위해 아도르노와 호르크하이머의 이성비판 내지 사유비판을 따라잡는 것이 바람직해 보인다. 이성은 근대 서구사회의 가장 중요한 버팀목이었다. 베이컨은 인간의 행복을 위해 자연을 지배하는 데에 방해가 되는 모든 반이성적 우상들을 파괴하고자 했다.[11] 칸트는 이성의 자유롭고 공개적인 비판을 견뎌내는 것만이 이성의 존중을 받을 가치가 있다고 단언했다.[12] 헤겔이 현실적인 것은 이성적인 것이고, 이성적인 것은 현실적인 것이라는 수수께끼를 내놓자, 엥겔스는 이를 이성적이지 못한 것은 눈앞에 보여도 현실적인 것이 못되며 따라서 조만간 무너져 내릴 수밖에 없다는 뜻이라고 해석하여 혁명담론을 만들었다.[13] 물론 이때의 이성이 누구의 이성이냐고 의문을 제기할 수도 있을 것이다. 서구문명 내부에서도 이성의 독재에 대한 이런저런 반론들이 제기되곤 했다. 예컨대 쉴러는 이성과 원칙만이 지배하는 상태를 '야만상태'라고 칭하고 이 또한 무원칙한 주먹의 힘이 지배하는 '미개상태'와 마찬가지로 '자유로운 시민들의 연합'이라는 이상사회와 거리가 먼 것이라고 비판했다.[14] 낭만주의나 신비주의를 비롯해 이성에 대해 회의하는 조류는 설혹 주류를 이루지는 못하더라도 서구사회에 늘 존재했다. 특히 20세기에 들어서면서 이성신앙은 심각하게 흔들리게 되었다고 할 수 있다. 양차 세계대전에서의 대량학살, 히로시마와 아우슈비츠 참상 이후로도 끊이지 않는 전쟁과 인종청소, 한쪽의 물질적 풍요와 병존하는 다른 쪽의 대책 없는 기아와 빈곤을 목격하면서, 우리는 이성을 존중한다는 인류가 왜 이런 상황에 처하게 되었는지 묻지 않을 수 없게 되었다. 현대를 지배해

---

11 F. 베이컨: 『신기관』, 진석용 역, 한길사 2011, 48~52쪽 참조.

12 I. Kant: Kritik der reinen Vernunft, 1. Teil, Darmstadt 1983, 13쪽 참조.

13 F. 엥겔스: 『포이어바흐와 독일고전철학의 종말』, 양재혁 역, 돌베게 1987, 17~18쪽 참조.

14 G. Plumpe: Ästhetische Kommunikation der Moderne, Band 1: Von Kant bis Hegel, Darmstadt 1993, 109~117쪽 참조.

온 이성이 서구 백인 부르주아 남성의 이성일 뿐이었기 때문이라는 진단도 가능할 것이다. 이 경우 그 동안 억압된 비서구 비백인 프롤레타리아 여성의 목소리를 융합한 범인류적 이성이라는 것을 산출해낼 수 있는지 고민해야 할 것이다. 좀 더 일반화하여 아예 이성 자체가 현대적 야만의 근원이라고 진단할 수도 있다. 이 경우 이성에 금치산 선고를 내릴 수밖에 없는데, 그렇다면 이성의 긍정적 역할을 무엇으로 대신할 것인지 따져 보아야 할 것이다.

아도르노가 호르크하이머와 함께 제시하는 해답은 이성의 폐기도 이성에 대한 절대 신봉도 아니다. 그들은 이성을 근본적으로 비판하되 그 치유책을 이성에서 찾는다. 이를 위해 그들은 이성을 도구적 이성과 객관적 이성으로 구분한다. 그들은 주요 공동작업인 『계몽의 변증법』에서 인간이 신화적 자연의 위협에서 벗어나 세계의 주인이 되려는 과정, 즉 계몽의 과정이 해방된 세계로 귀결되지 않고 총체적 파국에 직면하게 된 현실을 돌아보며, 그 원인이 바로 계몽과정 자체에 있다고 파악한다. 즉 신화에서 출발해 자연철학, 형이상학, 형식논리학, 수리논리학 등으로 발전해 온 계몽과정은 이성 가운데 도구적 이성이 발전해온 과정인데, 이는 곧 모든 의미와 가치를 신화의 잔재로 제거하고, 사물을 수량화함으로써 지배의 효율을 증대시켜온 과정이었다는 것이다. 그 결과 물질적 생산력과 자연에 대한 지배력은 폭발적으로 증대했다. 이와 더불어 타인에 대한 지배기술도 고도로 발전했다. 그러나 가치와 의미의 문제를 따지는 것도 이성의 업무인데, 이는 계몽과정에서 배제되어 왔다. 그 결과 만들어진 지배관계는 이성적이지도 자유롭고 평등하지도 못하다. 즉 고도로 합리적인 지배기술과 비합리적인 지배관계가 병존하게 된 것이다. 아도르노와 호르크하이머는 "정의롭지 못한 상황에서는 대중에게 분배되는 재화의 양이 증가할수록 대중의 무기력과 조종 가능성이 커진다"는 관점에서, "현재의 여건 속에서는 행복의 재화들 자체가 불행의 요소로 되어 가고 있다"[15]고 단언한다. 여기서 '정의롭지 못한 상황'이란 과학기술의 발전에 따라 생산력이 증대하여 물질적 풍요는 누릴 수 있지만 억압적이고 불평등한 지배관계가 여전히 존속하는 상황을 의미한다. 그렇다고 맑스주의자인 아도르노와 호르크하이머가 생산력 발전 자체를 죄악시하는 것은 아니다. 그들의 처방은 지금까지의 비합리적 생산관계 내지 억압적 지배관계를 해소하여 자유롭고 평등한 이성적 사회를 건설하는 것이라고 할 수 있다. 이들의 논의에 따른다면, 생산력의 발전이 생산관계를 변혁시키게 되는 상황을 기대하는 경제주의에 입각해서는 현재의 야만을 극복할 수 없을 것이다. 오히려 생산관계를 이성적으로 바꾸는 정치적 노력을 통해 생산력의 성격도 해방적인 것으로 바꿀 필요가 있을 것이다. 아도르노는 '평화롭게 된 기술'[16]이라는 표현을 쓰기도 한다.

『계몽의 변증법』에서 진행되는 이성비판은 객관적 이성에 근거한 도구적 이성의 교정과 제어이며, 반이성주의가 아니라 실제로 이성

15 M. 호르크하이머/ Th. W. 아도르노: 『계몽의 변증법』, 김유동 외 역, 문예출판사 1995, 19/20쪽.
16 Th. W. 아도르노: 『미학이론』, 홍승용 역, 문학과지성사 1984, 84쪽.

적인 상태를 지향하는 것이라고 할 수 있다. 『부정변증법』에서 아도르노는 사유에 대한 비판을 좀 더 일반화하지만 이성으로 이성을 비판하고 교정하는 기본구도는 그대로 활용한다. 여기서 그는 개별 · 특수 · 타자 혹은 비동일자에 폭력을 가하는 통일성 · 체계 · 보편 · 세계정신 · 초자아 · 개념 등을 비판한다. 특히 개념과 개념의 대상을 동일시하는 사고방식, 곧 동일성 사유에 대한 아도르노의 비판에 주목할 필요가 있어 보인다. 물론 오늘날 개념과 개념의 대상이 동일하다고 원론차원에서 주장하는 사람은 거의 없을 것이다. 그러나 구체적으로 개념을 통해 사유하는 과정에서 우리는 흔히 개념과 그 대상을 혼동하거나 동일시하게 된다. 이는 개념으로 파악되지 않은 부분들을 사유 과정에서 배제함으로써 야기되는 현상이다. 예컨대 인간을 '이성적 동물'이라는 개념에 근거해 생각할 경우, 실제의 인간이 지닌 무한한 특성들이나 관계들은 생각하는 사람의 시야에서 대체로 사라지고 '이성적 동물'이라는 관점에서만 인간을 대하기 쉽다. 인간처럼 복잡하지 않고 극히 단순해 보이는 사물들을 개념으로 파악할 때에도, 또 개념을 아무리 정밀하고 풍부하게 다듬어 놓더라도, 개념과 대상 사이에는 늘 편차가 생긴다. 이 점에서 개념을 통한 사유에는 일정한 착오가 불가피하다. 그런데도 우리는 흔히 대상을 개념으로 파악한 후 그 나머지 부분을 도외시하고 개념과 대상을 동일시한다. 아도르노는 그러한 동일시가 어느 정도 불가피하다는 점도 인정한다. "동일성의 가상은 사유의 순수한 형식으로 인해 사유 자체에 내재한다"(부정, 57)는 것이다. 그러나 그는 이 동일성의 가상에 매몰되어 대상 자체의 무궁무진함을 보려하지 않는 사유, 대상이 무엇에 속하고 무엇을 대표하는 본보기인지만 말하는 사유, 주어진 구상들에 대한 '예' 또는 '아니오'로 환원되는 사유를 '동일성 사유'(부정, 225) 또는 '행정적 사유'(부정, 89)라고 칭한다. 같은 맥락에서 "모든 현상과 관련해 그것이 어디에 소속되는지 알지만 그것이 무엇인지는 알지 못하는"[17] 사유를 '위상학적 사유'라고 부르기도 한다. 이러한 사유는 개념으로 인한 폭력과 심각한 허위의 원인이 될 수 있다. 그래서 개념을 포기하고 감각이나 직관에 의지하는 것이 바람직하다고 생각할 수도 있다. 그러나 아도르노는 직관을 강조하는 베르그송과 후설을 비판하면서, 직관에 의지할 경우 사유는 산만하게만 성과를 거둘 뿐이라고 보고 개념적 합리적 사유의 필요성을 강조한다.(부정, 61~63) 직관이 아닌 개념을 통해 사유하되, 동일성 사유의 폭력과 허위에 빠지지 말아야 한다는 난제를 아도르노는 "철학은 개념을 통해 개념을 넘어서려고 노력해야 한다"(부정, 70~71)고 역설적으로 표현한다. 또 이를 "인식의 유토피아는 개념들을 통해 비개념적인 것을 밝히되 그것을 개념들과 동일시하지 않는 것"(부정, 63~64)이라고 정식화하기도 한다. 이런 의미에서 아도르노는 철학을 "개념이 필연적으로 가하는 상처를 치유하려는 개념의 노력"[18]이라고 규정한다.

도구적 이성에 대한 호르크하이머와 아도르노의 비판이 철학만의

---

17 Th. W. 아도르노: 『프리즘』, 홍승용 역, 문학동네 2004, 27쪽.
18 Th. W. Adorno: Philosophische Terninologie, Bd.1, Frankfurt/M. 1979, 55~56쪽

문제가 아니라 현대문명 전반에 대한 반성을 촉구하고 사회발전의 방향을 다시 검토하려는 것이었듯이, 동일성 사유 혹은 위상학적 사유에 대한 비판 또한 순전히 인식론 영역에 머무는 탁상공론은 아니다. 우리의 일상이 얼마나 동일성 사유 혹은 위상학적 사유로 넘쳐나는지는 잠시만 돌아보아도 확인할 수 있을 것이다. 여야, 좌우, 보수와 진보, 자본과 노동이 적대적으로 대립하고 있는 상황 속에서, 우리는 인간이나 사건 자체를 보기보다 그 인간이 어느 편에 속하는지 보고, 적이냐 우리 편이냐에 따라 동일한 행위나 사태를 일단 비난하고 보거나 아니면 묵인하고 심지어 자랑거리로 추켜세우기 쉽다. 잠재력과 가능성을 무엇보다 존중해야 할 교육현장에서도 학생들을 현재의 성적에 따라 등수 매기고 망설임 없이 이들의 미래를 일찌감치 결정해 버린다. 섬세한 예술작품을 다룰 때에도 순수냐 경향이냐, 리얼리즘이냐 모더니즘이냐 아니면 포스트모더니즘이냐, 또는 우리 편이냐 적이냐 하는 분류작업에 매몰되어 작품 자체에 대한 면밀하고 풍부한 접근을 소홀히 하기 일쑤다. 고객은 얼마짜리로만, 노동자들은 노동력으로만, 병사들은 병력으로만 다루는 것이 당연시된다. 이 경우 대상의 무궁무진한 가능성을 살려낼 수 없음은 물론이고 대상의 복합적 성격을 온당하게 대하는 것조차 불가능해진다. 이 점에서 동일성 사유는 표피적이고 경직된 인식을 조장할 뿐 아니라, 대상을 틀에 꿰어 맞추고 맞지 않는 부분은 잘라내는 폭력적 태도를 유발한다. 실천 차원에서도 위상학적 사유를 벗어나지 못할 경우, 적으로부터 배울 만한 것을 배우지도 못하고, 자기

편의 과오나 문제점을 비판하여 극복하기도 어렵다. 승리 속에 담긴 패배의 싹을 파악하여 미래에 대비하거나, 패배 속에서 승리의 가능성을 찾아내 키워내는 유연하고 끈질긴 전략적 사유를 동일성 사유로부터 기대할 수 없다. 위상학적 사유를 통해 자신의 딱딱하고 협소한 사고를 절대화하는 한, 그리하여 상대편을 빨갱이로, 수구꼴통으로, 악의 축으로 단정하고 상대에 대해 더 이상 알려고 하지 않을 때, 적대관계 자체를 해소해갈 가능성은 아예 꿈도 꿀 수 없을 것이다. 사람 살만한 사회를 만들어가기 위해서는 동일성 사유의 대안을 찾을 수밖에 없다.

동일성 사유에 대한 대안, 즉 '개념으로 개념을 넘어서려는 노력'을 아도르노는 변증법에서 찾는다. "변증법이라는 명칭은 우선 대상들이 그 개념과 동화되지는 않는다는 점, 또 이 대상들이 전통적 적합성의 규범과 모순에 빠진다는 점을 말할 뿐이다."(부정, 57) 그에 따르면 "변증법은 개념적 질서에 만족하지 않고 대상들의 존재를 통해 개념적 질서를 수정하는 기술을 수행하는 사유"[19]인 것이다. 또 변증법은 "단순한 개념적 조작을 극복하고 사유와 사유 아래 포괄되는 것 사이의 긴장을 매 단계에서 견뎌내고", "개념 속에 개념 자체가 아닌 것을 받아들이려는 시도"[20]인 것이다. 이처럼 자신의 개념적 질서에 자족하지 않고 대상들을 존중할 경우, 미리부터 이 세계가 어떤 긍정적 결말을 향해 나아간다고 단정하거나, 완결된 체

---

19 Th. W. Adorno: Einführung in die Dialektik, Frankfurt/M. 2010, 10쪽.
20 같은 책, 11쪽.

계를 구성하고자 하기는 어려울 것이다. 이런 관점에서 아도르노는 변증법의 긍정적 성격을 인정하지 않는 '부정적' 변증법을 '반체계'로서 구상한다. 또한 어떤 대상에 대해 명쾌한 하나의 정의를 내리고 이에 근거해 사고하는 방법을 거부하고, 다각도로 재규정하는 방식, 곧 '짜임관계'를 강조한다. "모든 개념들은 규정 가능한 오류를 범하며, 이 때문에 다른 개념들을 이끌어들일 수밖에 없다"(부정, 114)고 보기 때문이다.

자신의 사유가 불완전할 뿐 아니라 폭력적일 수 있다는 점을 반성하는 것은 인간미 넘치는 사회를 만들어내는 데에 필수적이다. 개념적 사유에 대한 아도르노의 비판적 논의는 특히 야만적 지배관계를 해체하려는 해방운동의 주체들 자신 내부에도 지배의 폭력성이 자리 잡을 수 있음을 드러냄으로써, 해방운동 자체가 초래할 지배구조의 재생산을 막을 단초를 제공한다. 그의 이론을 따라잡는 운동가들은 싸우면서 독재자와 닮아가는 현상을 자각하고 경계할 수 있을 것이다. 그러한 현상의 자각과 그 극복을 위한 노력은 실천의 성격을 바꿔갈 수 있을 것이다. 최인석은 단편 「약속의 숲」에서 노동운동에 헌신하다 정치판에 들어서려는 운동가 대영의 심적 갈등과 변화를 통해 이러한 반성과 새로운 실천의 가능성을 인상 깊게 보여준다. 선배의 권유로 여당 국회의원에 출마하기 위해 대영은 헤어졌던 아내와 딸을 데리러 미국으로 간다. 그러나 그는 어린 딸이 아비 없는 흑인 아들을 데리고 나타나자 이를 받아들이지 못하고 귀국한다. 평등을 위해 싸워온 그 자신이 인종적 편견에서는 자유롭지 못했던 것이다. 그러나 딸을 통해 그는 자신의 모습을 돌아보게 되며, 노동운동에 대한 배반을 뜻하는 출마를 포기하고 다른 길을 택하게 된다.[21]

물론 대영의 선택이 유일한 정답일 수는 없다. 또 아도르노의 이론만으로 해방운동의 경직현상을 일소하고 운동의 난관을 모두 해결할 수는 없을 것이다. 더욱이 그의 이론을 근거로 반성을 절대화하여 바닥모를 반성의 함정에 빠지는 것은 결코 바람직하지 않다. 해방투쟁의 결정적인 국면에서는 반성을 중단하고 위상학적 사유를 작동시키고 몸을 던져야 할 순간도 있을 것이다. 이 순간에도 동일성 사유의 폭력성에 대한 반성의 영역 언저리에서만 머뭇거리는 것은 해방운동을 포기하는 것이나 다를 바 없다. 운동과정에서는 반성과 반성 중단 사이의 변증법적 긴장도 견딜 필요가 있는 것이다. 뿐만 아니라 운동 주체들의 반성은 운동의 성격을 바꿔놓겠지만, 이러한 변화를 지배구조 자체의 변화와 동일시할 수는 없다. 현실 속에서 흔히 목격할 수 있듯이, 선의의 운동 주체들이 반성과 자아비판으로 지리멸렬한 상태에 빠지는 데에 반해 지배자들은 전혀 반성하지 않고 일사불란하게 폭력을 휘두를 경우, 이들도 반성하지 않을 수 없도록 만들기 위해서는 포괄적이고 치밀한 전략적 사고가 필요하다.

21 최인석: 「약속의 숲」, 『나를 사랑한 폐인』, 문학동네 1998 참조.

## 새로워진 자발성을 위하여

전략적 사고가 작동하기 위한 일차 조건은 운동주체의 주체적 자세일 것이다. 주체적 자세 없이는 운동도 전략도 성립되지 않는다. 주체적 자세를 만드는 일은 통념 · 대의 · 대세 · 고정관념 · 교과서 · 베스트셀러 · 고전 · 스타 · 지도자 등에 대한 맹목적 신봉을 포기하는 데에서 시작될 수 있다. 지젝의 표현을 빌자면 "대타자에 의한 보호"[22]를 포기해야 하는 것이다. 물론 어린 시절부터 단답식이나 사지선다형 정답 찾기로 단련되고 대학에서까지 암기와 표절에 길든 두뇌구조로 대세 의존적 사고방식을 털어버린다는 것은 쉽사리 감당할 수 있는 일이 아니다. 어디서나 뾰족하고 엄정한 인간보다 둥글고 긍정적인 인간이 환영받는 사회에서 대세에 따르는 것은 생존의 필수조건이라도 되는 듯한 환각이 만들어진다. 이러한 환각을 깨기 위해서는 한 마디의 말, 한 줄의 글이라도 남의 것을 고스란히 옮기지 않고 자신의 것으로 개조하려 노력하는 것이 절실히 요구된다. 설혹 그 말이나 글이 어눌하고 불쾌하더라도 자신의 언어를 찾으려는 자세를 북돋아줄 필요가 있다. 반대로 그럴 듯한 외양을 갖추려는 욕심으로 인해 표절에 둔감해진 관성을 경멸하고 범죄시하는 문화가 범사회적으로 확산되는 것이 바람직하다.

이처럼 자신의 언어로 말하고 글쓰기 시작할 경우, 기존의 어떤 사상이든, 학설이든, 주장이든 정말 그런 것인지 의심하고 보고, 그

22 S. 지젝: 『잃어버린 대의를 옹호하며』, 박정수 역, 그린비 2009, 466쪽.

것이 누구의 무엇을 위한 것인지 따져보는 사고방식, 즉 어떤 의식 산물이든 상부구조로서 파악하여 그 진리치와 당파성을 검증하는 사고방식의 훈련도 가능해질 것이다. 이때 누구의 무엇을 위한 상부구조인지, 지배구조를 비판하는 것인지 옹호하는 것인지 따지는 과정에는 위상학적 사유에 빠져들 위험도 수반된다. 이 위험을 피하기 위해서는 하나의 상부구조를 다룰 때에도 그것이 내포하는 다양한 측면들 가운데 긍정할 부분은 긍정하고 비판할 부분은 비판하는 세분화작업과 아울러 그 진리치와 당파성을 전체적으로 평가하는 총괄작업이 필요하다. 이러한 위험과 번거로움을 감수하면서도 상부구조 개념을 살려내야 하는 이유는, 그것이 사회적 적대관계와 지배관계를 꿰뚫어보는 사고방식을 부추기는 데에 무엇보다도 적합하기 때문이다. 상부구조 개념은 적대관계 및 지배관계가 존속하는 한 사회적 약자의 관점에서 포기할 수 없는 인식도구다.

허나 그것은 한 가지 도구일 뿐 사회의 모든 수수께끼들을 풀어줄 만능키가 아니다. 사회문제들을 특히 지배관계의 관점에서 충분히 파악하기 위해서는 이미 앞에서 지적한 사고방식 상의 여러 장애들을 극복해야 한다. 우선 사태의 연관관계들을 잘라놓는 분업적 사고방식에서 벗어나, 우리의 인식능력이 허용하는 한 좀 더 포괄적인 연관 속에서 사태를 보려고 노력할 필요가 있다. 이 점에서 경제결정론보다는 중층결정론이 좀 더 현실적이라고 할 수 있다. 그러나 알튀세르가 제시한 경제 · 정치 · 이데올로기 · 과학보다 훨씬 더 많은 연관들을 본질적인 것으로 고려하지 않고는 오늘날의 현실을 제대로 이해하기 어렵다는 점에서 중층결정론을 벗어나는 논의구조가 필요할 것이다. 물론 모든 연관관계를 고려한다는 것은 현실적으로 불가능하므로 그 중요성에 따라 선별이 필요하다. 아무리 단순한 사태라 하더라도 그것을 모든 측면에서 파악한다는 것은 불가능하므로 선택과 생략은 불가피하다. 더욱이 무궁무진하게 복합적인 현실을 파악할 때에는 말할 것도 없이 일단 선택적으로 인식해가는 사유구조를 받아들일 수밖에 없다. 이때 내키는 대로 골라잡는 것이 아니라, 좀 더 본질적인 것과 덜 본질적인 것을 구분하여 더 본질적인 것을 우선적으로 선택하는 것은 인식의 실효성을 지향하는 사유의 기본속성이라 할 수 있다. 부차적 모순과 주요모순을 구분하고 이에 따라 전략을 세우지 않았다면 모택동의 중국혁명은 성립되지 않았을 것이다. 이 경우 어떤 연관관계들을 본질적인 것이라고 보아 적극 고려하고 어떤 것들을 덜 본질적이거나 무의미하다고 보아 생략하느냐에 따라 현실 이해의 폭과 깊이 혹은 성격도 달라질 것이다. 지배자들이 장악한 대중매체와 다양한 여론형성 기구들에서 제작된 단편적 사실재현과 교묘한 허위들의 그물에 사로잡혀 질식당할 수도 있고, 지배구조를 바꾸고 궁극적으로 해체하는 데에 도움이 될 경향들을 통찰하기에 이를 수도 있는 것이다. 또 이때 본질적인 것과 부차적인 것을 구분하는 과정에서 자칫 도식주의나 동일성 사유에 빠져 사태 자체를 면밀히 파악하려는 노력을 게을리 하거나 대상을 폭력적으로 다룰 수도 있다는 점은 항상 경계할 필요가 있다.

특히 사태 자체가 변화하고 있다는 점, 지배구조는 역사적으로 인간에 의해 부단히 바뀌어왔으며 지금의 지배구조가 영원한 것은 아니라는 점을 망각하고 현상태를 고정불변의 실체로 받아들이는 한, 지배구조의 해체 내지 해방은 꿈도 꿀 수 없을 것이다. 사태의 역동을 따라잡는 사유는 변혁을 위해서만 아니라 사태를 제대로 이해하는 데에도 필수적이다. 역사의식의 부재는 지배자들의 대중기만에 동참하여 노예상태를 영속화하는 역사적 범죄와 직결되기 쉽다. 이 경우 사태마다 변화 속도에는 차이가 있다는 점도 고려해야 한다. 매순간 끊임없이 변하는 표면현상들만 아니라 잘 변하지 않고 장기적으로 지속되는 문제들도 있다. 이를 뒤섞어놓으면 문제의 파악도 해결도 불가능하다. 예컨대 양극화 경향은 해소되기는커녕 오히려 극단화되고 있는데, 소비 양태의 변화나 새로운 매체의 등장을 이유로 운동 환경의 변화를 강조하고 운동 목표를 달리 설정하자는 것은 문제의 해결보다 은폐와 유지로 귀결될 것이다. 그렇더라도 양극화 경향 역시 인간에 의해 역사적으로 만들어지고 있는 것이며, 따라서 극복가능한 문제이지 고정불변의 숙명이나 철칙은 아니다. 지속적 성격을 지니는 사태 역시 역사적 변화 속에서 파악할 필요가 있는 것이다.

이 변화는 그것을 파악하는 사람과 별개로 이루어지는 남의 일이나 자연현상이 아니다. 역사의 변화를 어떤 영웅이나 초인에게 기대하게 만드는 것도 대표적인 지배의 술책이다. 대중들이 지배관계를 역사적 변화과정 속에서 파악하는 일 자체가 이미 변화의 일부이다. 나아가 이러한 변화과정에 자신을 포함시켜 파악하는 것이야말로

레닌의 「4월 테제」는 주요 볼셰비키들은 물론 레닌의 아내 크룹스카야조차 납득하지 못한 레닌의 고독한 결정이었다. 그러나 이는 1917년 혁명기 노동자 농민 병사들의 요구를 적극 받아들인 것이었다.

대중이 역사변화의 주체로 나서는 지름길이다.

게바라는 혁명의 조건이 무르익을 때까지 기다려서는 결코 그 때가 오지 않으며 그 조건을 만들어가야 한다는 관점에서 역사의 진행을 앞당기고자 한다.[23] 레닌이 『4월 테제』를 기점으로 러시아 혁명을 볼셰비키 혁명으로 전환시키는 것도 동일한 논리에 근거한다.[24] 자신을 사태 속에 포함시켜 사태를 파악하고 그에 따라 움직임으로써 사태의 진행방향을 바꾸거나 결과를 근본적으로 바꾸어놓

---

23 F. D. 가르시아/ O. 솔라: 『CHE, 한 혁명가의 초상』, 안종설 역, 서해문집 2001, 203쪽 참조.
24 S. 지젝: 『혁명이 다가온다』, 이서원 역, 길 2006, 27~29쪽 참조.

게 되는 사례는 게바라나 레닌의 세계사적 사건에 국한되지 않고, 우리의 일상에서도 얼마든지 확인할 수 있다. 사태를 객관적으로 혹은 과학적으로 인식한다면서, 자신이 사태 속에 적극 가담하여 활동함으로써 야기될 변화를 배제한다면, 그것은 반쪽의 인식에 머물 것이다. 자신을 변화의 관점에서 사태 속에 포함시키면서 사태의 제반 연관관계들을 가능한 한 포괄적으로 파악해 갈 때, 특히 본질적인 측면과 부차적인 측면을 그 비중에 맞게 다루어갈 때 비로소 변혁의 문제들을 제대로 인식할 뿐 아니라 해결방안도 만들어갈 수 있을 것이다.

이러한 변혁적 사고방식을 루카치는 사물화된 의식을 극복하는 맑스주의의 방법적 원리, 곧 총체성이라는 개념으로 제시하였다.[25] 맑스와 엥겔스 혹은 아도르노라면 변증법을 그러한 변혁논리의 총화라고 보았을 것이다. 이러한 사고방식으로 무장된 대중들의 새로워진 자발성이야말로 미래사회를 인간미 넘치는 사회, 자유와 평등의 실질적 조건을 만들어내는 사회로 바꾸어 갈 원동력이다. 대타자 혹은 대세에 의존하지 않는다는 전제 하에서 의미 있는 변화의 도화선에 불을 붙이는 일은 한 사람으로도 충분하며, 두 사람이면 행복한 운동도 가능할 것이다. 더욱이 유물변증법으로 무장된 그 두 사람이 코앞의 이익들을 모두 포기하고 일이 되도록 몸을 던지는 존재, 곧 '사라지는 매개자'가 된다면, 운동의 폭발력은 쉽사리 예측하기 어려울 것이다.

---

25 G. 루카치: 『역사와 계급의식』, 박정호/조만영 역, 거름 1986, 55쪽 이하 참조.

# • 참고문헌


최인석: 「약속의 숲」, 『나를 사랑한 폐인』, 문학동네 1998.

F. D. 가르시아/ O. 솔라: 『CHE, 한 혁명가의 초상』, 안중설 역, 서해문집 2001.

G. 루카치: 『역사와 계급의식』, 박정호/조만영 역, 거름 1986.

K. 맑스/ F. 엥겔스: 『독일 이데올로기』, 김대웅 역, 두레 1989.

F. 베이컨: 『신기관』, 진석용 역, 한길사 2011.

Th. W. 아도르노: 『부정변증법』, 홍승용 역, 한길사 2005.

—: 『미학이론』, 홍승용 역, 문학과지성사 1984.

—: 『프리즘』, 홍승용 역, 문학동네 2004.

F. 엥겔스: 『반듀링론』, 김민석 역, 새길 1987.

—: 『포이어바흐와 독일고전철학의 종말』, 양재혁 역, 돌베게 1987.

S. 지젝: 『잃어버린 대의를 옹호하며』, 박정수 역, 그린비 2009.

—: 『혁명이 다가온다』, 이서원 역, 길 2006.

M. 호르크하이머/ Th. W. 아도르노: 『계몽의 변증법』, 김유동 외 역, 문예출판사 1995.

Th. W. Adorno: Philosophische Terninologie, Bd.1, Frankfurt/M. 1979.

—: Einführung in die Dialektik, Frankfurt/M. 2010.

G. W. F. Hegel: Phänomenologie des Geistes, Frankfurt/M. 1986.

I. Kant: Kritik der reinen Vernunft, 1. Teil, Darmstadt 1983.

H. Marcuse: Repressive Toleranz, in: Herbert Marcuse Schriften, Band 8, Frankfurt/M. 1984.

K. Marx: Ökonomisch-philosophische Manuskripte aus dem Jahre 1844, in: MEW Ergän- zungsband 1. Teil, Berlin 1981.

G. Plumpe: Ästhetische Kommunikation der Moderne, Band 1: Von Kant bis Hegel, Darmstadt 1993.

10

# 해방을 위한 반성적 실천의 감성

홍 승 용

## 감성지배의 전략들

피지배 대중들이 지배받기를 스스로 원하는 상황을 만들기 위해서는 대중들의 사고방식을 지배자들의 입맛대로 만들어 놓는 것으로 결코 충분하지 않다. 무엇보다 대중들의 욕구와 감성, 특히 미감을 지배 받기에 적합한 상태로 만들어놓아야 한다. 생각에 앞서 몸이 먼저 움직이도록 만들어야 한다. 생각과 몸이 아무 상관없이 따로 존재하는 것은 아니지만, 명확한 명제나 공식으로 행동지침을 정리하기에 앞서 반사적으로 행동하고 선택하게 훈육시켜야 하는 것이다.

우선 물리적 폭력이나 공포도 어느 정도는 그러한 목적에 부합된다. 이를 효과적으로 실현하기 위해 시범케이스라는 것이 애용되곤 한다. 무지막지한 독재자라도 대중들 모두를 고문하거나 의문사 시킬 수는 없다. 그럴 필요도 없다. 시범케이스로 극소수에게만 본때를 보이면 사회 전체가 얼어붙고 노예근성이 광범하게 확산될 수 있기 때문이다. 물론 이 공포작전은 오래 못 가 실패할 확률도 꽤 있다. 광주가 그랬다. 군대라는 국가기구를 동원하여 자행한 무제한의 폭력이 신군부의 예상과 달리 시민들의 고분고분한 복종 이상으로 분노와 저항을 유발했다. 공포전략은 자발적 복종이라는 지배자들의 이상을 실현하는 과정에 요소요소에서 꼭 필요할 때도 있겠지만, 신비주의 전략과 병행하여 아주 은밀히 극히 제한된 범위에서 써야 제대로 효과를 볼 수 있다. 이때 사회 전체 차원의 감시와 검열은 필수적이다. 그 고전적인 이미지로는 『1984년』의 빅브라더를 떠올릴 수 있다. 얼마 전에도 있었던 민간인 사찰 문제에서도 볼 수 있듯이, 우리 사회는 아직 이 단계를 졸업하지 못했다.

좀 더 정신적이고 고상한 수법도 있다. 종교와 윤리 혹은 철학을 동원하여 대중들의 궁핍과 무기력을 오히려 축복으로 받아들이도록 현혹하고, 현실적인 부와 권력은 지배자들이 독점하는 방식이다. 이와 관련해 호르크하이머는 역사 속에서 결정적인 국면마다 '내면화' 메커니즘이 활용되었음을 지적한다. 즉 르네상스 시대의 사보나롤라와 콜라 디 리엔초, 그 다음 단계의 캘빈과 루터, 그리고 프랑스 대혁명기의 로베스피에르에 이르기까지, 운동 출발단계에서 대중들의 이성과 권리와 물질적 행복에 호소하던 운동 주도세력이 권력과 영향력을 장악하는 순간 부와 권력을 대중들과 실제로 나누어 갖는 대신, 물질적 부가 아닌 마음의 부, 죽은 다음에나 의미 있는 신 앞에서의 평등, 혹은 육체적이고 사회적인 자유 대신 정신적인 자유를 설교한다는 것이다.[1] 아마 호르크하이머는 현실사회주의사회를 향해서도 동일한 의심의 눈초리를 보냈을 것이다. 이 내면화의 메커니즘을 남의 이야기로만 여길 수는 없다. 지난 날 우리는 허리띠 졸라매자는 이야기를 들으면 그것을 당연한 것으로 받아들이곤 했다. 그러는 동안 한쪽에서는 천문학적 부가 쌓여 넘치고 이른바 떡값 혹은 통치자금이라는 명목의 뇌물이 수천억씩 오갔고, 허리띠를 졸라맬 수밖에 없는 대다수 대중은 조그마한 집 한 칸이 있는 미래를 위해 지금의 즐거움을 포기한 채 중노동과 저임금을 감수해왔다. 요즘에도 이러한 메커니즘을 끝까지 활용하는 성장지상주의에 이의를 제기하고 복지와 분배를 주장하면 좌파 파퓰리즘이라는 비난에 직면하기 일쑤다.

그러나 내면화 전략의 효능도 제한적이다. 일단 물질적 풍요를 눈으로 보고 피부로 느낀 사람들의 귀에는 가난한 자에게 복이 있다는 하느님 말씀이 태고시대의 원시 개그로 들릴 뿐이다. 저 멀리 있던 유토피아가 삼성전자와 현대차, 이마트와 롯데월드의 모습으로 눈앞에 다가와 미소 짓는 시대에는 훨씬 더 화끈하고 감각적이며 물질적인 처방이 효율적이다. 실은 이미 꽤 오래 전부터 이 감각적인 통치방법이 널리 활용되었다. 섹스, 스크린, 스포츠의 삼위일체, 이른바 3S는 대중들을 바보로 만드는 고전적 수법으로 명성을 누려왔다. 오락물에 몰입하여 마음 졸이고 스포츠 스타들의 성적에

---

1 M. Horkheimer: Die gesellschaftliche Funktion der Philosophie, Frankfurt/M. 1979, 7쪽 이하 참조.

열광하고 아이돌들의 발랄한 몸짓에 시선을 맡겨놓은 대중들에게서 예리한 정치의식이나 명쾌한 계급의식을 기대하기는 어려울 것이다. 스타들의 주요 목적지인 상품광고의 현란함에 단련된 소비자들에게 정치는 이미지일 뿐이다. 소비자들은 정책과 공약이 정치꾼들의 현혹수단임을 이미 간파했다고 자부하기 때문에 그것들을 아예 읽을 필요도 없다고 확신한다. 상품광고를 포함한 대중문화의 영역은 자본을 위해서만 아니라 정치권력을 위해서도 대중을 무비판적이고 무기력한 존재로 만드는 데에 더할 나위 없이 효율적으로 기여하는 것이다. 물실석 풍요에 근거하여 자발석인 노예상태를 본능화하는 극단적 모델로는 『멋진 신세계』를 생각할 수 있다.

## 문화산업 본색

아도르노와 호르크하이머의 『계몽의 변증법』은 대중의 자발적 노예화를 위해 대중문화가 수행하는 효과적 기능을 세밀히 분석한다. 요즘에는 문화산업이란 말이 아무 부끄러움 없이 고부가가치라는 말과 한 묶음으로 사용되며 부러움을 사기까지 한다. 아도르노와 호르크하이머가 문화산업이라는 표현을 쓰기 시작할 때에는 대중문화라는 고상한 표현의 허구성을 폭로하고 그 본질이 자본에 의해 움직이는 산업일 뿐이라고 경멸하려는 의도가 분명했다. 즉 민중문화가 민중들 사이에서 자생적으로 만들어진 것과 달리, 독점자본에 의해 관리되는 대중문화는 대중에 의한 것도, 대중을 위한 것도 아니며, 대중을 상대로 자본의 이익을 관철하기 위한 것일 뿐이라고 비판하기 위해 문화산업이라는 표현을 썼다. 아도르노가 보기에 대중문화에서 대중은 주인이 아니라 "기계장치의 부속품"[2]일 뿐이다. 그 동안 자본은 이런 폭로나 경멸이나 예술성에 대한 순진한 기대 따위에 아랑곳하지 않고 문화 영역을 자신의 주요 어장으로 혹은 식민지로 관리해왔다. 문화산업의 지배적 속성들에 대한 『계몽의 변증법』의 비판적 분석은 이제 반세기 훨씬 지난 오늘의 시점에서도 여전히 예리하고 시의적절한 면을 지니고 있다.

『계몽의 변증법』은 문화산업의 중요 속성으로 무엇보다 획일화 내지 규격화를 지적한다. 끝없이 새롭게 등장하는 스타들과 유행을 생각하면 다소 뜻밖의 주장으로 보일 수 있지만, 우리가 대중문화에서 간과하기 쉬운 측면이기도 하다. 『계몽의 변증법』에 따르면 문화물들 사이의 차이는 "소비자들을 분류하고 조직하고 장악하기 위한 차이"[3]에 지나지 않는다. "자발성의 흔적은 전문가집단이 선별한 배우 스카우터, 방송국간의 경쟁, 공적 프로그램 등에 의해 흡수되고 조종당한다. 배우들의 연기는 기업이 연기의 지침을 내리기도 전에 이미 기업의 생리에 종속된다. 중앙통제로부터 벗어나려는 욕구는 개인들의 의식 내부에서 이루어지는 통제에 의해 사전에 봉쇄된다."(계몽, 171) 이 과정에서 새로운 개발과 생산의 역동성은 역설적으로 지배질서의 불변성을 보장한다. 즉 "모든 것은 끊임없이 뛰어

---

2 Th. W. Adorno: Kulturkritik und Gesellschaft I, Frankfurt/M. 1977, 337쪽.

3 M. 호르크하이머/ Th. W. 아도르노: 『계몽의 변증법』, 김유동 외 역, 문예출판사 1995, 172쪽. 이하 '계몽'으로 약칭함.

야 하며 잠시도 멈추어서는 안 된다. 왜냐하면 기계적인 생산・재생산 리듬의 보편적인 승리가 약속해주고 있는 것은 아무것도 변하지 않으며 부적합한 것은 아무것도 출현 못한다는 것이기 때문이다."(계몽, 187) 문화산업이 내세우는 다양한 개성들 역시 "사이비개성"(계몽, 212)에 지나지 않는다.

이 획일화 내지 규격화는 소비자 대중들에게도 그대로 전파된다. 아도르노와 호르크하이머의 비판에 의하면, 대중들은 미리 자신에게 주어진 수준에 걸맞게 자발적으로 행동하며 자기와 같은 유형을 겨냥해 제조된 대량생산물을 고른다. "문화산업은 하사 없는 규격품을 만들듯이 인간들을 재생산하려 든다."(계몽, 177) 무엇보다 소비자의 욕구부터 문화산업에 의해 "사전 결정된 것이다."(계몽, 197) "문화산업은 소비자의 욕구를 만들어내고 조종하고 교육시키며 심지어는 재미를 몰수할 수도 있다."(계몽, 200)

아도르노와 호르크하이머니는 문화산업이 제공하는 재미 혹은 즐거움부터가 문제라고 본다. "즐긴다는 것이 의미하는 것은 항상 무엇인가에 대해 더 이상 생각하지 않는 것, 고통을 목격할 때조차 고통을 잊어버리는 것이다. 즐김의 근저에 있는 것은 무력감이다. 즐김은 사실 도피다. 그러나 그 도피는 일반적으로 얘기되듯 잘못된 현실로부터의 도피가 아니라 마지막 남아 있는 저항의식으로부터 도피하는 것이다. 오락이 약속해주고 있는 해방이란 '부정성'을 의미하는 사유로부터의 해방이다."(계몽, 200) 사유로부터의 해방을 추구하는 소비자들에게 제공된 문화산업 제품들이 노리는 것은 "사람들이 빠져나가고 싶어 하는 우울한 일상생활의 찬양"(계몽, 194)이다. 이 일상생활은 지배질서가 견고하게 작동하는 영역이라 할 수 있을 것이다. 자신에게 제공되는 것들을 고분고분 즐거이 받아들이는 소비자들은 지배질서에 순응하게 된다. 이렇게 순응하는 소비자들은 자신을 노예로 만드는 이데올로기에 매달린다. "그들이 당한 불의에 대한 민중의 잘못된 사랑은 교활한 권위보다 더 큰 힘을 갖는다."(계몽, 186) 이는 '투자된 자본의 승리'(계몽, 174)만 아니라 파시즘적 통합을 의미하기도 한다.(계몽, 212) 아도르노와 호르크하이머는 특히 문화산업을 통해 대중들이 노예생활을 사랑하고 즐기게 된 사회, 그리하여 지배관계를 변혁할 전망이 소멸한 사회를 '관리되는 사회'라고 부른다. 이는 마르쿠제의 '일차원적 사회' 혹은 그람시의 '헤게모니' 등과도 유사한 문제의식의 산물이라 할 수 있다.

아코스타는 문화산업의 지배적 속성을 좀 더 세부적으로 지적한다. 그는 계급의식의 형성을 방해하고 계급의식을 무력화하는 영화, 드라마, 광고, 뉴스 등 문화산업 제품들의 주요 특징들을 명쾌하게 밝힌다. 예컨대 할리우드 스타 시스템은 개인적 성공신화를 통해 계급적대의 문제들을 지워버린다. 자본주의체제에 반항하는 노동자들은 환경에 적응하지 못하는 정신질환자로 간주되며 그들의 계급상황은 은폐된다. 영화와 드라마의 주인공들은 흔히 제3세계 민중들 혹은 노동자들의 범죄와 광기에 맞서 체제를 보호한다. 그 표층 메시지는 민주주의, 자유, 개인주의, 가족주의 등 체제의 공식 이데올로기이지만, 심층 메시지는 혁명의 무의미성이나 안락한 삶의 가치

따위이다. 범죄물이나 공포물들은 친숙한 것들을 범죄의 배경으로 삼아, 타인들을 불신하고 가족이나 직장 등 자신만의 작은 일상영역에 갇히도록 함으로써, 타인들과의 연대를 차단한다. 광고의 역할은 절대적이다. 광고는 상품에 만족스러운 이미지를 결합하여 소비자의 욕망을 생산한다. 예컨대 비누가 아니라 아름다움을, 음료가 아니라 활력을, 술이 아니라 낭만을, 자동차가 아니라 사회적 지위를 제공하는 것이다. 이로써 종교가 아니라 높은 생활수준이 아편으로 되고, 프롤레타리아는 부르주아와 적대적으로 맞서는 계급적 존재가 아니라 수동적 소비자가 되도록 단련된다. 광고는 상업 영역을 넘어 정치적 문화적 외교적 지배전략에 적극 활용된다. 광고의 보편화로 인해 일상적 거짓말과 천박함이 관습화되고 일종의 공모, 순응, 비판의식의 중립화 등등이 산출된다. 매체들은 '빠르고 정확하다'는 환상을 통해 짧고 수동적이고 무비판적인 독서습관을 조장한다. 표면상으로는 정보를 제공하면서 하나의 테마 주위에 이미지들을 투사함으로써 별 생각 없는 독자들을 대상에 대한 부정적 혹은 긍정적 이미지들로 사로잡는다. 이미지의 분해와 유추, 신조어 제작, 경멸적 형용사 또는 동사나 부사의 첨가, 수사적 제유와 비유나 문체적 음성적 자원의 활용 등등을 통해 그러한 조작이 진행된다. 쏟아지는 정보와 이미지들 속에서 수용자의 비판적 판단은 식상함으로 대체된다. 쉴 새 없이 개발되어 새로 나오는 테크놀로지의 합리성이란 약탈적 체제의 비합리성을 가리는 가면일 뿐이다.[4]

4 L. 아코스타: 「대중매체와 제국주의 이데올로기」, 『문화 · 계급 · 선전』, 박호진 역, 백산서당

## 미감의 해방을 위하여

아도르노와 호르크하이머의 문화산업이나 관리되는 사회 개념 혹은 아코스타의 대중문화 비판에 대해서는 적극 공감할 수도 있으며, 또 그들의 논의를 좀 더 밀고 갈 수도 있고, 그에 대해 문제를 제기할 수도 있을 것이다. 우선 우리 사회가 상당 정도 관리되는 사회로 변모해온 측면을 간과하기 어렵다. 적대적 지배관계가 해소되어 누구나 자유롭고 평등하게 살 수 있는 사회의 실현과는 거리가 멀고 오히려 양극화가 더욱 심해져 부와 가난의 대물림이 사회법칙처럼 굳어져 가는데도, 오히려 힘없고 가난한 사람들이 지배집단을 선망하고 지지하는 상황이 반복되고 있다. 그 주요 원인으로 이른바 메이저 언론은 물론 인터넷 여론까지 정치권력과 자본에 잠식되고 대항언론 혹은 대항문화가 갈수록 위축되는 현상을 지적하는 것도 무리는 아니다. 물론 이러한 현상의 배후에 자본과 정치권력이 엄존하고 있다는 데에는 논란의 여지가 없다. 또 정치권력이 광고기법에 절대적으로 의존하고 있다는 점은 평소에는 물론이고 선거철이면 공공연히 드러난다. 광고는 자신이 배양하고 훈육해 놓은 소비자 대중의 욕구를 재료 삼아, 천박하고 야비한 정치적 주장들을 멋진 환상의 후광으로 감싸서 믿고 따를 만한 교리로 격상시켜준다. 일상에서 작은 이익까지 꼼꼼히 따져볼 줄 아는 똑똑한 소비자들을 결정적인 순간마다 바보로 만들어 놓는 욕구와 환상의 매트릭스에서는

---

1986, 116–152쪽 참조.

논리적 판단력이 아니라 미적 감각이 주도적이다. 이 문제와 관련해 아도르노와 호르크하이머 혹은 아코스타의 논의를 보완할 필요가 있다.

소비자들의 욕구와 마찬가지로 미감 역시 자발성의 형식을 띠지만 이미 자본과 정치권력의 수중에서 다루기 편리한 상태로 조율되어 있다는 점에서 지배장치의 일부로 기능한다. 자발성의 형식은 미감에 대한 의식적 검토와 비판을 차단하여 미감을 무의식의 어둠에 묻어두는 역할을 하고, 이로써 지배관계의 유지에 기여한다. 자발적 형식을 지니는 욕구가 그렇듯이 미감도 지배관계 · 역학관계의 갈등 속에서 형성되며 그런 한에서 정치적이다. 특히 무엇을 멋있다고 보느냐에 따라 무의식적으로 그것을 추구하게 되고, 이에 따라 장기적으로 행위의 양상이 규정될 수 있다. 프롤레타리아 소비자가 지배자들의 업적과 호화로운 생활환경을 미화하는 다양한 문화물들을 즐겁고 감명 깊게 받아들이는 한, 지배자들을 자신과 계급적 모순관계에 있는 인물로 대적하기는 어렵다. 오히려 친근하고 자랑스러운 자신의 아바타라고 착각할 수밖에 없다. 절대다수 대중들이 그런 환각에서 벗어나지 못하고 지배받기를 기꺼이 자원하는 한, 우리 사회도 관리되는 사회의 디스토피아를 향해 달려갈 가능성이 크다. 이 불길한 경로를 바꿔놓기 위해서는 지배적인 문화물들에 의해 훈련되는 미감을 자연스럽고 순진한 생체반응이라고 당연시할 것이 아니라, 미감에 스며든 지배질서를 의식적으로 점검하고 필요시에는 교정해 가는 의식적 노력이 필요하다. 미감의 해방 없이는 사회적 해방도 불가능하다.

미감을 자본과 정치권력의 통제 아래 규격화하려면 미감을 원초적인 미적 대상에 묶어두어야 편리하다. 이는 이미 우리 사회에서도 돌이키기 어려운 수준으로까지 진행되었다. 다양한 대중매체를 통해 사회 전체에 별 저항 없이 퍼져 있는 미 관련 어휘들만 살펴보아도 대중들의 미의식과 미감이 얼마나 원초적인 차원으로 축소되고 있는지 절감할 수 있을 것이다. 오늘날 대중문화 속에서 미는 'S라인', '꿀벅지', '초콜릿 복근', '꽃미남' 따위와 같이 '시각주의의 감옥 속에서 철저히 대상화된 몸'[5]과 동의어처럼 다루어지며, 삶을 북돋는 행위나 비인간적 이데올로기에 저항하는 운동의 아름다움처럼 복합적인 현상들이 미의 차원에서 주목받는 일은 드물다. 전태일을 실제로 '아름다운 청년'으로 받아들이려면, 유신정권의 무자비한 저임금 정책이나 초법적 노동탄압에 대해 알아야 할 터인데, 이를 공부하기 위해 자발적으로 시간을 소모하려는 아이들은 별로 없다. 땀 흘려 일하는 이웃의 모습을 멋있다고 여기는 미감은 점차 소멸해가고 있다. 이처럼 미의 영역을 형식의 문제로 축소하는 데에는 칸트의 미학이 기여한 바도 크다. 취미판단을 도덕 및 인식과 엄격히 분리하고 특히 '자유미'를 강조하는 그의 논의방식으로는 전태일 현상은 물론이거니와 진지한 예술작품들에 대한 미적 평가조차 불가능하다.[6] 반면에 의미 있는 현대예술작품들은 현실의 근본문제들과

5 권욱동: 「반성적 몸의 지속가능성」, 「미래문화 1」, 대구대학교 출판부 2011, 14쪽 참조.
6 I. 칸트: 『판단력 비판』, 이석윤 역, 박영사 1980, 57~107쪽 참조.

고흐의 「첫 발」.
'미는 생명이다'라는 체르니셰프스키의 정의를 존중해 생명긍정성을 미의 척도로 삼고 볼 때, 고흐가 포착한 위의 순간은 고흐 특유의 필치와 별도로 감격스럽게 빛나고 있다.

씨름하는 가운데 원초적인 미적 소재들을 포기하고 오히려 추한 모습을 취하는 경향마저 보인다.[7]

대상에 대해 잘 모를 때에는 원초적인 미적 가치에 집중하지만, 알면 알수록 복합적인 미적 가치의 비중이 커지는 경향이 있다. 예컨대 잘 모르는 사람들을 대할 때에는 일차로 외모에 관심을 두지만, 잘 알게 될수록 그 사람의 행위를 종합적으로 보고 멋있는지 추

7 김인숙: 「반성과 대안의 현대미술」, 『미래문화 1』, 앞의 책, 176~189쪽 참조.

한지를 평가하는 경향이 있는 것이다. 이때 복합적인 미적 가치를 판단하는 데에는 대상에 대한 포괄적 인식이나 정치적 도덕적 평가가 함께 작용한다. 대중들이 복합적인 미적 가치를 존중할수록 역사의식과 정치적 판단력도 예리하게 다듬어진다. 이 점에서 미감을 원초적인 영역에 묶어두고 그것까지 자본의 관심에 따라 규격화하거나 위축시키는 사회는 해방과 거리가 멀다고 진단할 수 있다. 특히 복합적인 미적 가치에 주목하는 것, 우리의 삶을 북돋는 무궁무진한 현상들을 향해 미감을 열어가는 것도 인간해방의 주요 전제조건이다.

미감의 획일화·규격화에 대한 아도르노와 호르크하이머의 비판 역시 풍부하고 섬세한 미적 체험을 북돋는 데에 적극 활용할 수 있을 것이다. 그러나 이들의 문화산업론이나 관리되는 사회 개념을 문자 그대로 현실진단으로 받아들이는 데에는 무리가 따른다. 그들의 비판처럼 대중문화가 오늘날에도 여전히 획일화되고 있을 뿐인지는 논란의 여지가 있다. 또 그가 경험할 수 없었던 사이버 세계가 자본의 논리에 전면적으로 예속될 뿐인지 쉽게 단정할 수 없다. 뿐만 아니라 근래에 이르기까지 우리 사회에서는 관리되는 사회 수준의 매끄러운 통제보다 직접적 억압이 주된 통치 수단이었다. 그만큼 사회적 모순과 갈등이 가시화될 수 있었고, 그래서 자발적 동의에 의한 지배는 쉽지 않았다. 관리되는 사회를 위한 정치적 경제적 조건이 충분치 못했다고 볼 수 있는 것이다. 적나라한 억압에 의지하는 우리사회의 모순구조가 문화산업의 부드러운 관리 기술로 완전히 은폐되기는 어려웠다. 덕분에 우리 사회는 아직 변화를 향한 역동적 가능성이 살아 있는 셈이다.

뿐만 아니라 문화산업의 산물들이 지배와 운동의 관점에서 모두 동질적 성격을 띠는 것은 아니다. 문화산업의 산물들 역시 개별 작품에 따라서는 수용자들의 적극적 해석을 통해 기존 지배질서에 의문을 던지고 이를 극복하기 위한 인식과 정서를 부추기는 것으로 받아들여질 수 있다. 우리 사회의 지배구조가 관리되는 사회처럼 일방적 성격을 띠지 않고 모순구조 속에서 끊임없이 역동하는 것과 마찬가지로, 문화산업의 산물들도 그러한 모순구조 속에서 생산되고 수용되는 이데올로기 전쟁터로 이해하는 것이 인간해방을 위해 좀 더 생산적인 논의를 가능하게 해줄 것이다.[8] 이 점에서 아도르노와 호르크하이머의 문화산업론이나 계급론을 부각시킨 아코스타의 문화비판은 현실에 대한 객관적 서술로서보다, 강력한 경고로서 더 의미 있어 보인다. 즐거움과 좋은 상품소비를 절대화하는 과정에서 비판의식을 모두 내던지고 노예노동에 목을 매고 있는 것은 아닌지, 현란한 문화물들 이면의 계급적 속성을 너무 편하게 잊고 있는 것이 아닌지 심각하게 돌아보라는 경고는 오늘날 실로 시의적절하다고 볼 수 있다. 또 우리사회가 단적으로 관리되는 사회는 아니지만, 제대로 대응하지 못하면 관리되는 사회의 성격이 확대되고 고착되어갈 수 있음을 자각할 필요가 있는 것이다.

---

8 이와 관련하여 '두 개의 민족문화'라는 레닌의 개념을 존중해도 좋을 것이다. 레닌의 주장에 따르면, 어느 민족문화 속에나 착취당하는 근로대중의 생활조건으로 인해, 부르주아 지배문화만 아니라 민주주의적이고 사회주의적인 문화 요소역시 설혹 발전하지 못한 상태로일지라도 존재한다. W. I. Lenin: Über Kunst und Literatur, Frankfurt/M. 1977, 70쪽 참조.

## 고독한 저항방식

문화산업과 관리되는 사회에 대한 비판을 사실기술이라기보다 경고로 받아들이는 이유는 자칫 불변의 현실에 대한 숙명론적 이해를 유발할 위험 때문이다. 아도르노의 현대예술론은 난해한 현대예술들의 저항적 의미를 심도 있게 해석해 주지만, 다분히 숙명론적 논조를 띤다. 이는 그의 현대예술론이 관리되는 사회를 현실적 발판으로 삼는 한 불가피해 보인다. 대중들의 자발적 욕구 자체가 이미 자본과 정치권력에 의해 산출되고 조율되는 것이라면, 그러한 자발적 욕구에 그대로 부응해서는 지배질서에 저항할 수 없다. 오히려 대중과 일정한 거리를 두는 것이 저항의 전제조건이 될 것이다. 이처럼 대중들과 거리를 두려는 자세는 비판이론 초기 단계에서도 볼 수 있다. 호르크하이머는 강령적인 글 「전통이론과 비판이론」에서 다음과 같이 주장한다. "프롤레타리아트의 진정한 이익과 아울러 또한 사회 전체의 진정한 이익을 프롤레타리아트 자신과도 대립시킬 수 없고 대중의 사고와 정서로부터 자신의 척도를 끌어내는 입장은 스스로 기존상황에 대한 노예적 예속에 빠질 것이다."[9]

대중들의 욕구와 거리를 두는 입장에서 아도르노는 지금의 손상된 모습의 대중들을 따르는 대신 가능한 상태로서의 대중을 고려하는 것이 진정으로 대중을 존중하는 것이라고 본다.[10] 이 경우 대중

---

9 M. Horkheimer: 앞의 책, 171쪽.

10 Th. W. 아도르노: 『미학이론』, 홍승용 역, 문학과지성사 1984, 370쪽 참조. 이하 '미학'으로 약칭함.

들에게 쉽게 이해되도록 노력하는 것도 별 의미 없다고 볼 수 있다. 아도르노는 이 점을 극단화하여, 커뮤니케이션이이라는 말은 정신이 유용성에 순응하여 상품의 일종으로 된다는 의미를 지닌다고 주장한다.(미학, 124) 그는 커뮤니케이션을 거부하는 듯이 난해한 비의적 밀폐적 예술작품들이야말로 현대의 진정한 예술작품들이라고 보고, 이러한 작품들의 저항적 의미를 부각시키고자 노력한다. 그에 따르면 밀폐적인 예술작품들은 겉만 매끄럽게 다듬어놓은 문화산업의 제품들과 달리, 자체의 자율적 법칙들에 따라 철저히 구성됨으로써 일관성과 합리성을 지닌다. 아도르노는 구성을 오늘날 유일하게 가능한 형태로 예술작품 속에 내재하는 합리적 계기라고 보며,(미학, 99) 또한 예술을 합리성에서 벗어나지 않은 채 이 합리성을 비판하는 합리성이라고 규정하기도 한다.(미학, 95)

그런데 비의적인 현대예술은 흔히 외견상 비합리적이고 추상적이며 암울하고 부정적인 특징들을 지닌다. 아도르노는 이러한 특징들이 현대사회의 야만적 본질에 대한 도발적 미메시스라고 해석하여 그 합리적 본질을 부각시킨다. 즉 세상이 어두워짐으로 인해 극단적으로 어두워진 예술의 비합리성은 합리적인 의미를 지닌다는 것이다.(미학, 40) 그에 따르면 현대예술은 실제로 인간들 사이의 제반 관계가 추상적인 상태로 된 것과 마찬가지로 추상적이며(미학, 59), 자신의 자발적 빈곤을 통해 넘치는 빈곤을 고발한다.(미학, 72) 그는 이러한 예술을 합리적으로 관리되는 세계의 잘못된 비합리성에 대한 반응이라고 평가한다.(미학, 94) 예컨대 카프카 문학에서는 광기가 자명한 것으로 되는데, 이는 사회적으로 광기가 자명해진 상태의 미메시스라는 것이다.(미학, 357) "예술은 동일시를 통해 그러한 재앙을 표현함으로써 그것의 힘이 사라지기를 기대한다. 재앙에 대한 사진술이나 거짓된 축복이 아니라 바로 그러한 것이야말로 어두워진 객관적 상황에 대한 진정한 현대예술의 입장을 말해 준다."(미학, 40)

물론 미메시스적 동일시를 통해 재앙을 표현함으로써 재앙의 힘이 사라지기를 기대하는 것으로 과연 문화산업에 흡수된 대중들의 욕구와 정서, 사고와 행동방식을 얼마나 바꿀지 의문을 제기할 수 있다. 그런데 아도르노는 예술의 정치화를 주창한 벤야민이나 변증법적 연극을 통해 정치의식을 촉발하려 노력한 브레히트 혹은 참여예술을 역설한 사르트르 등과 달리 예술의 사회적 기능 혹은 실천에 대해 소극적인 입장을 보인다. 참여예술론이나 교훈적 예술론은 현실에 대한 예술의 대립관계를 현실 속에 통합해 버린다는 것이다.(미학, 143) 또 그는 예술이 정치적 개입이나 맹목적 실천을 추구할 경우 허위의식에 빠지거나 현실의 맹목적 실천을 연장한다고 본다.(미학, 353) 나아가 아도르노는 예술작품을 통해 정치적으로 개입한다는 입장이 대부분의 경우 오히려 예술작품의 철저한 형상화에 해가 된다고 단언한다.(미학, 359) 뿐만 아니라 리얼리즘을 기존현실의 표면현상을 재현하는 수준에서 파악하는 그는 특히 사회주의 리얼리즘이라는 강제적 규범이 예술적 생산력을 파괴했다고 주장한다.(미학, 392)

그렇다고 아도르노가 예술을 실천과 무관한 것으로 보는 것은 아니다. 그는 예술이 의식을 형성한다는 점에서 실천임을 인정하지만,

이는 단지 아무것도 선동하지 않는 한에서만 가능하다고 본다.(미학, 375) 또 예술은 이제까지의 실천보다 더 나은 실천을 대변하며, 기존상황 속에서 이 기존상황을 위한 맹목적 자체보존에 매몰된 실천을 비판한다고 주장한다. 즉 예술은 실천으로부터 등을 돌림으로써 기존 실천의 고루한 허위를 탄핵하기 때문에 실천 이상의 의미를 지니며,(미학, 373) 실천과 거리를 두는 가운데 사회적 실천의 도식이 된다는 것이다.(미학, 354) 좀 더 극단적으로 아도르노는 실천을 넘어 아예 경험세계 자체에 대해 거리를 두는 예술작품들이 올바른 의식을 보여준다고 주장하기도 한다.(미학, 143) 경험적 현실 자체가 '지배의 총괄개념'이 되었다는 판단에서, 그는 오늘날 예술작품의 사회비판적 계기는 경험적 현실 자체에 대한 대립을 의미하게 되었다고 주장한다.(미학, 394) 이처럼 기존의 실천과 경험적 현실에 대립하는 예술을 그는 '변화의 무의식적 도식'이며, '피안의 알레고리', '신의 출현' 혹은 '하늘의 현현'에 접근하는 것, '행복에 대한 약속', '세계의 잠재력에 대한 암호' 등이라고 규정하기도 한다.(미학, 279/134/29/62)

그러나 아도르노는 자체의 자율적 법칙에 따라 철저히 구성되고 커뮤니케이션과 정치적 개입 혹은 실천을 거부하는 가운데 경험적 현실에 등을 돌리는 현대의 밀폐적 예술도 사회적 현상이라는 점을 분명히 한다. "예술이 자율적이면서도 사회적 현상이기도 하다는 이중적 성격은 자율성의 영역에도 부단히 나타난다."(미학, 18) 그에 따르면 예술가는 자신의 의식과 무관하게 사회의 대변인으로 작업하며 사회적 생산력을 구현한다.(미학, 78) 작품의 진리내용은 억압을 받고 있는 자들과 결합하고 있는 무의식적 역사기술이다.(미학, 300) 그래서 아도르노는 축적된 고통에 대한 기억을 떨쳐 버린다면 역사기술로서의 예술이라는 것은 무의미하다고 단언한다.(미학, 402) 또 그는 형식이 예술작품 속에서 사회적 관계를 대변한다는 점에서 형식의 해방에는 사회적 해방이 감추어져 있다고 본다.(미학, 394) 예술가가 의식하지 못하더라도 예술은 표피적 소재 차원부터 형식과 문제의식 등에 이르기까지 사회적 산물이다. 따라서 예술작품 자체를 읽어내는 것은 곧 그 속에 감추어진 사회를 읽어내는 일이 될 수 있다. 아도르노는 예술의 사회적 기능보다 이처럼 작품 속에 담긴 사회를 파악하는 쪽에 비중을 둔다. 그는 “사회 속의 예술의 내재성이 아니라 작품 속의 사회의 내재성이 사회에 대한 예술의 본질적 관계”(미학, 360)라고 보는 것이다.

이처럼 예술작품 자체를 읽어내는 것이 곧 작품에 내재하는 사회를 읽어내는 것이라는 관점에서는, 예술에 대한 논의에서 역사와 정치문제를 철저히 배제하고 예술을 공허한 형식문제로 축소시키려는 순수예술론 따위는 그 기초부터 의심스러울 것이다. 작품에 담긴 고통의 기억을 하나하나 공유할 필요성을 부각시킨 점에서 아도르노는 정당해 보인다. 또한 현실사회주의를 포함한 그동안의 정치적 실천이 인간해방의 기반을 다져오지 못하고 새로운 억압방식으로 귀결되었다는 사실을 감안할 때, 실천에 등을 돌리는 비판적 예술이라는 아도르노의 구상에도 나름으로 공감할 수 있다. 예술도 해방운동에 적극 기여해야 한다는 당위성 때문에, 운동 그 자체에 담긴 야

피카소의 「게르니카」를 보면서 형식주의를 떠올리는 것은 큰 의미가 없을 것이다. 오히려 원근법적 환각에 근거하는 사실화로는 만들어내기 어려운 충격적 정치효과를 느끼는 것이 자연스러운 반응이라고 할 수 있다.

만성을 돌아보지 않고 즉각적인 정치효과를 예술에 주문하는 조급증을 경계할 수 있게 하는 점에서 아도르노의 미학은 해방운동의 반성적 성격을 풍부하게 해 주는 것이다. 카프카, 베켓, 피카소, 쇤베르크 등의 난해한 현대예술을 간단히 형식주의나 퇴폐주의로 분류해버리지 않고, 그 저항적 의미를 이해할 하나의 열쇠를 제공하는 점도 아도르노 미학의 간과할 수 없는 매력이다.[11] 물론 모든 것을 자본으로 환산하는 생리구조가 전 지구를 뒤덮고 있는 오늘날 직접적인 정치적 효과를 추구하는 예술은 거의 소멸해가고 있으며, 강령으로서의 사회주의 리얼리즘이 규범으로서 예술가들을 옥죄는 일도 없게 되었다. 이 점에서 아도르노의 비판은 역사적인 것이다. 지금

11 바이스는 아도르노와 달리 반파쇼 운동에 헌신하는 노동자의 관점에서 카프카와 피카소 혹은 보이에 등의 현대예술가들을 퇴폐주의로 몰아가지 않고 적극적으로 해석한다. P. Weiss: Die sthetik des Widerstandes, Frankfurt/M. 1986, 1권 및 3권 참조.

은 오히려 그가 단호히 거부한 정치예술들을 새로운 형태로 부활시킬 필요성을 진지하게 고려해야 할 듯하다. 이 새로운 정치예술과 정치적 감성의 부활에서 아도르노의 현대예술론은 현명한 견제장치가 될 수 있을 것이다.

이 경우 아도르노의 이론 자체가 야기할 난점들을 미리 짚어볼 필요가 있다. 우선 피지배자들이 자발적으로 지배받기를 원하는 '관리되는 사회'의 지배 상황을 현대사회의 발전경향에 대한 경고가 아닌 확고한 현실 진단이라고 전제할 때 예술론에도 심각한 문제가 생겨날 수 있다. 아도르노는 그러한 전제에서 출발한다. 그러나 모든 지배관계가 사라진 꿈같은 유토피아가 아닌 한, 어떠한 지배체제도, 지배의 효율성에 비례해 피지배자들이 의식하기 어려울 수는 있겠지만 객관적으로 모순구조다. 아도르노가 일괄하여 거리를 두고자 하는 경험적 현실은 아무 저항 없이 총체적 지배가 이루어지는 곳이 아니다. 지배관계가 해소되지 않고 객관적으로 적대관계가 작동하는 한, 아무리 미미하더라도 저항의 싹이 움트고 자랄 공간은 만들어질 수밖에 없다. 모든 피지배자들이 늘 투철한 계급의식을 갖춘다거나 계급투쟁을 의식적으로 수행하는 것은 아니지만, 그들이 지배관계를 극복하고자 주체적으로 움직일 가능성은 객관적으로 존재한다고 할 수 있다.[12] 더욱이 신자유주의 체제 하에서는 자본과 노동 간의 근본적인 모순을 비롯해 다양한 사회적 모순과 갈등으로

---

12 이와 관련해서는 루카치의 '객관적 가능성'이라는 개념을 참조할 수 있을 것이다. G. 루카치: 『역사와 계급의식』, 박정호/ 조만영 역, 거름 1986, 113쪽 참조.

매끄러운 지배가 갈수록 어려워지고 있다. 이 점에서 지배의 총괄개념으로서의 경험세계라는 아도르노의 전제는 특정한 시점, 특정한 장소에서 생산된 역사적 산물이며 이를 일반화하는 것은 이론적 과장이라고 볼 수 있다.

따라서 그러한 전제에 근거하는 예술적 저항방식, 즉 실천과 경험적 현실에 등을 돌리는 방식은 갈등사회에 대응하는 모델로서 적합하지 않다. 경험적 현실 자체가 동질적이지 않고 모순구조를 이루고 있고, 그 속에서 지배적인 실천과 운동 혹은 경향만 아니라 이에 서항하고 바꾸는 운동과 실천이 있다면, 이러한 모순과 갈등은 모든 예술작품에서 동질적으로 나타나지 않고 각각 상이한 수준과 성격을 띠며 나타날 수 있다. 문화산업 제품 수준을 넘어서 세련된 방식으로 지배질서를 옹호하고 유지하려는 예술도 있고, 이에 효과적으로 맞서려는 예술도 있다. 저항적 예술은 경험적 현실 전체에 거리를 두고 '피안의 알레고리'나 '신의 출현'을 자처할 것이 아니라 지배질서에 거리를 두고, 이를 바꾸고자 하는 해방운동의 싹을 틔우고 기르기 위해 현실로 들어가 피지배자들과 연대할 필요가 있다. 즉 예술의 상부구조적 성격을 자각하고, 무의식적 역사기술에 머물 것이 아니라 변혁의 관점에서 효과적인 현실개입의 길을 의식적으로도 추구하는 편이 해방적 실천에 더 도움이 될 것이다. 이 경우 리얼리즘은 아도르노가 평가한 것과 질적으로 다른 해방적 의미를 지닐 수 있어 보인다.

## 예술적 진실과 윤리감의 결합

리얼리즘은 우리 사회에서도 한 동안 변혁적 문예운동의 기본공리로 받아들여지다가 포스트주의의 대공세에 소극적으로 대응하다, 그 무궁무진한 자산을 제대로 써보지도 않은 채 매장된 듯하다. 이 매장 과정에는 민족이나 계급 혹은 해방 관련 거대담론에 대한 냉소와 자기검열이 수반되곤 했다. 그러나 이러한 문화 풍토는 신자유주의 광풍으로 인한 사회 전반의 극심한 양극화 경향을 비판하고 대안을 제시하는 일과 거리가 멀었다. 더구나 리얼리즘은 가변적 현실의 역동을 따라잡고 현실적으로 개입하려는 문학예술 원리라는 점에서, 또 현실적 갈등과 변화를 그 힘의 원천으로 삼는다는 점에서 쉽사리 고갈될 수 없다. 그렇더라도 리얼리즘을 해방적 실천의 중요한 무기로 활용하기 위해서는 몇 가지 전제들을 돌아볼 필요가 있다.

우선 리얼리즘이 현실의 겉모습을 사진 찍듯이 정태적으로 재현한다고 오도하는 경우를 흔히 볼 수 있다. 알 것은 다 알 만한 아도르노조차 리얼리즘을 사진적인 재현으로 폄하하곤 한다. 루카치나 브레히트 등의 리얼리즘 이론가들은 표면현상의 정태적 묘사를 리얼리즘과 구분하여 자연주의의 특징이라고 규정했다. 현실 자체가 매우 복합적이고 눈에 보이는 부분만 아니라 역사적 발전과정과 지속적 경향 혹은 과거와 미래를 동시에 함축하고 있다는 점에서, 현실을 충실히 다루는 데에는 정태적 묘사로 충분하지 않다. 리얼리즘과 자연주의의 구분을 이해하는 데에는 그 경계선에 있는 사례, 예컨대 카프카의 경우를 살펴보는 것도 도움이 될 것이다. 그의 작품을 처음 접하면 흔히 당혹감을 느낀다. 그러나 이 느낌은 곧 '사실이 그렇다'는 깨달음으로 바뀐다. 그레고어 잠자가 벌레로 변신하고도 출근하려 애쓰는 모습을 보면 처음에는 괴기한 느낌을 받지만, 잠시 돌아보면 일할 수 없게 된 사람들이 벌레 취급 받는다는 것은 황당한 발상이 아니라 절실한 현실문제의 직설적 표현으로 받아들일 수 있게 된다. 따라서 카프카는 현실의 표면에 매달리지 않고 우리 삶의 근본적인 문제인 소외 현상을 실감나게 그려놓는다고 할 수 있다. 이 점에서 카프카 문학은 리얼리즘적이다. 그러나 그의 작품은 그러한 소외현상이 어떤 역사적 사회적 맥락 속에서 만들어지고 어떻게 극복할 수 있을지 아무런 암시도 주지 않는다. 이 점에서 카프카의 문학은 현실을 정태적으로 그려놓는 자연주의적 성향을 지닌다.[13] 물론 어떤 예술작품을 자연주의와 리얼리즘으로 칼로 자르듯 분류해 놓는 것은 아도르노가 비판하는 위상학적 사유의 산물이다. 그러나 얼마나 현실의 근본문제에까지 파고드느냐 표피적인 현상에 머무느냐, 또 문제를 고정불변의 숙명처럼 그려놓느냐 그 역동성을 따라잡느냐 하는 척도에 비추어 작품의 리얼리즘적 성향 혹은 자연주의적 성향을 따져볼 수는 있다. 이를 통해 예술가들로 하여금 현실의 본질적인 발전경향과 맞대결하고 인간해방에 대한 의

---

13 현대예술과 관련해 코플러는 '새로운 성격의 자연주의'를 지적하기도 한다. "그것은 과거의 사실들에 대한 사진적 재현이 아니라 소위 이데올로기적 가상세계의 사진들인 셈이다." L. Kofler: Haut den Lukács – Realismus und Subjektivismus Marcuses ästhetische Gegenrevolution, Verlag Andreas Achenbach Lollar 1977, 22쪽.

무감을 갖도록 고무하는 효과를 거둘 수도 있을 것이다.

그러나 이 경우 어떤 작품에서 다루어지는 문제가 현실의 본질적인 발전경향인지 오히려 이를 은폐하는 사소한 표면적 갈등인지 판단하는 것도 간단하지 않다. 또 작품이 제시하는 사소해 보이는 징후들에서 독자들이 근본적인 문제를 읽어내는 것도 얼마든지 가능할 것이다. 오늘날 양극화와 계급모순이 자본주의의 근본문제라는 데에는 쉽게 동의하겠지만, 양극화의 해소와 더불어 성적 인종적 혹은 종교적 차별까지 점차 사라지고 평등한 사회가 구현되는 것이 본질적인 발전경향인지 아닌지에 대해서는 논란이 분분할 수 있다. 국가주의나 민족주의가 점차 희미해지고 점차 국제주의적인 경제구조와 문화가 확산될 것인지도 불확실하다. 개인의 자유가 확대되고 있다고 볼 것인지 관리되는 사회 속에서 점차 자본에 대한 예속관계가 체질화되고 있을 뿐인지도 간단히 판단할 수 있는 문제는 아니다. 무엇을 본질적 발전경향으로 볼 것이냐는 무엇보다도 보는 사람의 당파적 입장에 의해 좌우될 수 있다. 또 문제를 얼마나 포괄적으로 파악하느냐에 따라 강조점이 달라지기도 한다.

그러나 이처럼 사태를 파악하는 주체에 따라 달리 파악될 수 있다고 해서 현실의 발전경향이 순수한 주관의 구성물인 것은 아니다. 객관적 실재의 뒷받침을 받지 못하는 구성물은 쉽게 무너지고 만다. 그래서 어떤 식으로든 현실의 문제에서 출발하는 것은 설득력을 위해 불가피하다. 물론 그러한 구성물을 객관적 실재와 동일시한다면 아도르노가 비판하는 동일성 사유를 예술 차원에서 구현하게 될 것이다. 그렇더라도 지배적인 사고방식이나 정서 혹은 윤리나 가치관 등으로 인해 일상적으로 흔히 간과하거나 쉽사리 인식할 수 없는 문제들을 얼마나 깊은 곳까지 꿰뚫어보냐 하는 것은 리얼리스트에게 본질적인 척도가 될 수 있다. 지배의 관점에서 예속을 고착시키는 쪽으로 사실들을 해석하고 구성하는 예술들은 얼마든지 있다. 평등이나 자유를 비현실적 몽상이나 특정 정치세력의 선전일 뿐이라고 몰아갈 수 있는 것이다. 반면에 해방적 관심을 예술 활동의 에너지로 삼는 리얼리스트는 다양한 예속의 양상에 비판적 시선을 보내고, 그 극복 운동과 경향을 현실 속에서 찾아내 그것을 북돋는 방향으로 구성해낼 것이다. 뿐만 아니라 리얼리즘 예술은 사태 바깥에서 구경꾼으로 현실의 문제들을 객관적으로 그리기보다, 자체의 상부구조적 성격과 기능을 고려하여 현실을 파악하고자 노력해야 한다.

현실적 효과와 기능을 극대화하려면 형상화에 절대적인 비중을 둘 수밖에 없다. 맑스와 엥겔스가 라살의 이념극『프란츠 폰 지킹엔』을 비판하며 쉴러처럼 쓰지 말고 셰익스피어처럼 쓰라고 권장할 때, 엥겔스가 사회주의 경향소설과 관련해 노골적으로 경향을 드러낼 것이 아니라 실제 현실을 제대로 그려냄으로써 부르주아 독자들도 공감하도록 만들라고 주문할 때, 또 루카치가 프롤레타리아 혁명 작가들에게 작가의 정치적 이념이나 주관적 이상보다 현실의 객관적 경향에 주목하고 르포르타주가 아닌 형상화를 존중하도록 요구할 때에도 동일한 문제의식에서 출발했다고 볼 수 있다. 아도르노는 의식적인 정치적 개입이 작품의 형상화에 해가 된다고 주장함으로써 이러한 문제의식을 다소 과장한 셈이다. 그러나 그도 제대로 형상화하지 않고는 예술의 해방적 기능을 기대할 수 없다는 문제의식을 맑스, 엥겔스, 루카치와 공유하고 있다는 셈이다. 현실적 효과를 고려할 때 형상화의 문제는 미학적인 문제이자 동시에 정치적인 문제이기도 하다. 제대로 형상화되지 않고는 정치적 효과도 없기 때문이다. 구체적인 형상화 방법으로 들어가면 예술가마다 다루는 문제에 따라 천차만별의 해답을 찾게 된다. 전형의 형상화라는 리얼리즘의 공리도 매우 일반적인 수준의 요청일 뿐, 그것을 구현하는 방식에는 답이 정해져 있지 않다. 이와 관련해 그때그때 해답을 찾는 것은 전적으로 예술가들 각자의 몫이다. 타 예술가들의 해결방식들을 참조하거나 활용하는 것은 자유이며, 이 점에서 벤야민과 브레히트가 강조 했듯이 기존의 예술기법을 기능전환하는 것도 고려할 수 있다. 그러나 예술가는 매 순간 절대주체의 위치에서 자신이 다루는 문제에 가장 적합한 방식을 구사하고 그 결과를 감당해야 한다. 물론 현실문제와 예술적으로 대결하는 방법으로서의 형상화가 아니라 형상화 자체에 매몰되는 것은 리얼리즘과 무관하다.

리얼리즘이 예술의 모든 것은 아니다. 어떤 예술작품을 통해서도 우리는 인간을 좀 더 깊이 있게 이해하고, 일상에서와는 다른 새로운 눈으로 현실을 들여다보고, 생존을 위한 맹목적 반응에 한 순간 제동을 걸기도 하고, 익숙하게 달려온 진로에서 벗어나 다른 길을 찾을 수도 있다. 물론 이와 반대로 예술작품들이 지배질서를 더욱 절대화하고 노예적인 자세를 본능으로 고착시키는 데에 훨씬 더 유용할 경우도 얼마든지 있다. 예술을 평가하는 척도에는 여러 가지가 있지만, 기존 지배질서 너머의 평등하고 자유로운 사회를 꿈꾸도록 고무하느냐, 아니면 지금의 야만상태를 당연한 것으로 받아들이도록 단련시키느냐 하는 것은 최종척도라고 할 수 있다. 현실의 근본문제들을 몸으로 절실히 깨닫지 않는 한 새로운 질서는 꿈을 꾸기도 어렵다. 질적으로 새로운 미래사회의 싹은 예술가의 비현실적 몽상 속에 존재하는 것이 아니다. 리얼리즘 예술은 해방의 가능성을 지배만 아니라 저항의 역사이기도 한 현실 속에서 찾아내고 확장함으로써 미래사회의 성격을 새롭게 규정하려고 노력한다. 이를 위해 리얼리즘 예술은 포괄적이고 깊이 있는 인간이해와 현실인식을 도울 뿐 아니라, 그러한 인식에 부합하는 감성도 유발한다. 불의를 보고도 분노하지 않고 정의로운 투쟁에 공감하지 못하는 사회는 희망의 싹을 길러내지도 못한다.[14] 리얼리즘 예술은 추한 것을 향해 추하다고 말하고 멋있는 것을 멋있게 보여줌으로써 예술적 진실과 윤리적 감각을 화합시킨다. 그래서 추악한 지배자들은 리얼리즘을 거북하고 불경스러운 사회악으로 다스리고 싶어 한다. 언론과 대중매체와 교육과 종교 등등 우리사회의 거의 전 영역이 사실들의 단편들로 본질적인 역사적 진실과 근본문제들을 은폐하고 왜곡하고 전도시켜놓을수록, 풍부하고 예리한 리얼리즘적 감성의 부활이 절실

---

14 루카치는 '신성한 증오'라는 표현을 쓰기도 한다. G. Lukács: Zur Frage der Satire, in: Georg Lukács Werke. Bd. 4, Neuwied-Berlin 1971, 100쪽. 벤야민은 사민주의가 증오와 희생정신을 망각함으로써 노동자계급의 가장 훌륭한 힘의 힘줄을 잘라버렸다고 비판한다. W. Benjamin: Über den Begriff der Geschichte, in: Gesammelte Schriften Bd. I-2, hrsg. von R. Tiedemann/ H. Schweppenhäuser, Frankfurt/M. 1980, 12번 테제 참조.

히 필요한 시대다. 바이스는 『저항의 미학』 끝부분에서 절망적인 시대 상황을 그려놓는다. 이차대전이 끝났을 때, 파시즘에 맞섰던 주요 인물들 대다수가 목숨을 잃고 이름조차 남기기 어려운데, 파시스트들은 다시 자본권력과 손잡고 또 다른 억압과 살육을 준비하고 있는 시대였다. 그래도 바이스는 일인칭 화자의 입을 빌어 좌절보다 희망이 더 근원적이라고 단언한다. "희망이란 다름 아니라 생명력 자체일 뿐이기 때문에 언제나 희망이 좌절보다 더 강했다"[15]는 것이다. 생명력 자체가 희망인지는 불확실하다. 노예적인 삶을 돌아보지도 저항하지도 않는 한, 삶을 희망과 동일시할 수는 없다. 그러나 야만에 저항하는 감성이 살아있다면 아직 희망도 살아 있다는 것은 분명하다.

15 P. Weiss: Die Ästhetik des Widerstandes, Frankfurt/M. 1986, 3권 261쪽.

• 참고문헌


권욱동: 「반성적 몸의 지속가능성」, 『미래문화 1』, 대구대학교 출판부 2011.

김인숙: 「반성과 대안의 현대미술」, 『미래문화 1』, 대구대학교 출판부 2011.

G. 루카치: 『역사와 계급의식』, 박정호/ 조만영 역, 거름 1986.

Th. W. 아도르노: 『미학이론』, 홍승용 역, 문학과지성사 1984.

—: 『부정변증법』, 홍승용 역, 한길사 1998.

—: 『프리즘』, 홍승용 역, 문학동네 2000.

L. 아코스타: 「대중매체와 제국주의 이데올로기」, 『문화 · 계급 · 선전』, 박호진 역, 백산서당 1986.

I. 칸트: 『판단력 비판』, 이석윤 역, 박영사 1980.

M. 호르크하이머/ Th. W. 아도르노: 『계몽의 변증법』, 김유동 외 역, 문예출판사 1995.

Th. W. Adorno: Kulturkritik und Gesellschaft I, Frankfurt/M. 1977.

W. Benjamin: Über den Begriff der Geschichte, in: Gesammelte Schriften Bd. I-2, hrsg. von R. Tiedemann/ H. Schweppenhäuser, Frankfurt/M. 1980.

M. Horkheimer: Die gesellschaftliche Funktion der Philosophie, Frankfurt/M. 1979.

L. Kofler: Haut den Lukács-Realismus und Subjektivismus. Marcuses ästhetische Gegenrevolution, Verlag Andreas Achenbach Lollar 1977.

W. I. Lenin: Über Kunst und Literatur, Frankfurt/M. 1977.

G. Lukács: Zur Frage der Satire, in: Georg Lukács Werke. Bd. 4, Neuwied-Berlin 1971.

P. Weiss: Die Ästhetik des Widerstandes, Frankfurt/M. 1986.